Bem-Vindo!

A LÍNGUA PORTUGUESA NO MUNDO DA COMUNICAÇÃO

Português para Estrangeiros

BEM-VINDO!
A LÍNGUA PORTUGUESA
NO MUNDO DA COMUNICAÇÃO
5ª Edição 2003

Coordenação Editorial	Susanna Florissi
Projeto Gráfico/Editoração	Cia. de Desenho
Ilustrações Especiais	Leonardo Teodoro Delfino
Fotos	Photodisc/Folha Imagem
Fotolito Digital	Fast Film
Impressão	EGB

SBS - SPECIAL BOOK SERVICES
Avenida Casa Verde, 463
02519-000 São Paulo SP
Brasil
Tel: 55-11-6238-4477
Fax: 55-11-6977-1384
E-mail: editora@sbs.com.br
Website: www.sbs.com.br

00-1666

Florissi, Susanna
Bem-vindo! a língua portuguesa no mundo da comunicação / Susanna Florissi, Maria Harumi Otuki de Ponce, Silvia R. B. Andrade Burim. -- São Paulo: Special Book Services Livraria, 2000.

Suplementado pelo manual do professor.
Inclui fita cassete e áudio CD.

1. Português - Brasil 2. Português - Estudo e ensino - Estudantes estrangeiros 3. Português - Livros-texto para estrangeiros I. Ponce, Maria Harumi Otuki de. II. Burim, Silvia R. B. Andrade. III. Título.

1. Português: Livros-texto para estrangeiros 469.824
2. Português para estrangeiros 469.824

CDD-469.824

AGRADECIMENTOS

Agradecemos às professoras Diva, Shalimar, Maria Luiza, Celene e Itana que colaboraram com sugestões e dicas para o enriquecimento de nosso livro e a Maria Augusta B. de Mattos pelas primeiras revisões do Livro do Aluno.
Às empresas NEC e TELEFÔNICA pela valiosa oportunidade que tivemos em pilotar o material com nossos alunos. E a todos, que direta ou indiretamente, contribuíram para a concretização deste trabalho. Valeu!

APRESENTAÇÃO

"Psiu!" Fique atento ao que você vai ler agora!

*Idealizado por **Torre de Babel Idiomas**
especialmente para a **SBS-Special Book Services,**
Bem-Vindo! A Língua Portuguesa no Mundo da Comunicação
é um livro feito "ao vivo e em cores" para você que quer aprender
o nosso português falado como ele é, sem deixar de lado as
necessárias referências à Gramática Normativa.*

*Você vai se deparar, no decorrer das vinte unidades,
com as expressões coloquiais mais usadas,
dialetos regionais e muito vocabulário útil a situações diversas:
no trabalho, em casa, na rua, em restaurantes, etc.*

*Um pouco da História, cultura e sociedade brasileiras
fazem parte deste livro elaborado especialmente
para suprir a grande necessidade de um material dinâmico
e interativo cujo foco central é a COMUNICAÇÃO.*

Bem-Vindo!

GRUPO 1

EU E VOCÊ

Prazer em Conhecê-lo

Meu Presente, Meu Passado (1)

Meu Presente, Meu Passado (2)

Meu Futuro

GRUPO2

O BRASIL E SUA LÍNGUA

Minhas Expectativas

Meus Sonhos e Desejos

A Chegada

O País e O Idioma

GRUPO3

A SOCIEDADE E SUA ORGANIZAÇÃO

O lar

O Bairro

A Educação

A Saúde

GRUPO4

O TRABALHO E SUAS CARACTERÍSTICAS

A Cultura Brasileira no Trabalho

Trabalho, Trabalho, Trabalho...

GRUPO5

DIVERSÃO - CULTURA

Lazer em Casa

Saindo de casa

Esportes

Arte - Música

TEMPOS VERBAIS MAIS USADOS

Modo	Tempos	Tempo	Conjugação
MODO INDICATIVO	TEMPOS SIMPLES	PRESENTE	estudar: eu estudo, você estuda, ela estuda, nós estudamos, vocês estudam, elas estudam
			vender: eu vendo, você vende, ela vende, nós vendemos, vocês vendem, elas vendem
			partir: eu parto, você parte, ela parte, nós partimos, vocês partem, elas partem
		PRETÉRITO PERFEITO	estudar: estudei, estudou, estudou, estudamos, estudaram, estudaram
			vender: vendi, vendeu, vendeu, vendemos, venderam, venderam
			partir: parti, partiu, partiu, partimos, partiram, partiram
		PRETÉRITO IMPERFEITO	estudar: estudava, estudava, estudava, estudávamos, estudavam, estudavam
			vender: vendia, vendia, vendia, vendíamos, vendiam, vendiam
			partir: partia, partia, partia, partíamos, partiam, partiam
		FUTURO DO PRESENTE	estudar: estudarei, estudará, estudará, estudaremos, estudarão, estudarão
			vender: venderei, venderá, venderá, venderemos, venderão, venderão
			partir: partirei, partirá, partirá, partiremos, partirão, partirão
		FUTURO DO PRETÉRITO	estudar: estudaria, estudaria, estudaria, estudaríamos, estudariam, estudariam
			vender: venderia, venderia, venderia, venderíamos, venderiam, venderiam
			partir: partiria, partiria, partiria, partiríamos, partiriam, partiriam
	TEMPOS COMPOSTOS	PRETÉRITO PERFEITO	tenho, tem, temos, têm ESTUDADO
			tenho, tem, temos, têm VENDIDO
			tenho, tem, temos, têm PARTIDO
		PRETÉRITO MAIS-QUE-PERFEITO	tinha, tinha, tínhamos, tinham ESTUDADO
			tinha, tinha, tínhamos, tinham VENDIDO
			tinha, tinha, tínhamos, tinham PARTIDO
		FUTURO DO PRESENTE	terei, terá, teremos, terão ESTUDADO
			terei, terá, teremos, terão VENDIDO
			terei, terá, teremos, terão PARTIDO
		FUTURO DO PRETÉRITO	teria, teria, teríamos, teriam ESTUDADO
			teria, teria, teríamos, teriam VENDIDO
			teria, teria, teríamos, teriam PARTIDO

MODO	TEMPOS	TEMPO	CONJUGAÇÃO
MODO SUBJUNTIVO	TEMPOS SIMPLES	PRESENTE	estudar: que eu estude, que você/ele estude, que nós estudemos, que vocês/eles estudem vender: que eu venda, que você/ele venda, que nós vendamos, que vocês/eles vendam partir: que eu parta, que você/ele parta, que nás partamos, que vocês/eles partam
		IMPERFEITO	estudar: se eu estudasse, se você/ele estudasse, se nós estudássemos, se vocês/eles estudassem vender: se eu vendesse, se você/ele vendesse, se nós vendêssemos, se vocês/eles vendessem partir: se eu partisse, se você/ele partisse, se nós partíssemos, se vocês/eles partissem
		FUTURO	estudar: quando eu estudar, quando você/ela estudar, quando nós estudarmos, quando vocês/elas estudarem vender: quando eu vender, quando você/ela vender, quando nós vendermos, quando vocês/elas venderem partir: quando eu partir, quando você/ela partir, quando nós partirmos, quando vocês/elas partirem
	TEMPOS COMPOSTOS	PRETÉRITO PERFEITO	que eu tenha, que você/ela tenha, que nós tenhamos, que vocês/eles tenham ESTUDADO que eu tenha, que você/ela tenha, que nós tenhamos, que vocês/eles tenham VENDIDO que eu tenha, que você/ela tenha, que nós tenhamos, que vocês/eles tenham PARTIDO
		PRETÉRITO MAIS-QUE-PERFEITO	se eu tivesse, se você/ela tivesse, se nós tivéssemos, se vocês/eles tivessem ESTUDADO se eu tivesse, se você/ela tivesse, se nós tivéssemos, se vocês/eles tivessem VENDIDO se eu tivesse, se você/ela tivesse, se nós tivéssemos, se vocês/eles tivessem PARTIDO
		FUTURO	quando eu tiver, quando você/ela tiver, quando nós tivermos, quando vocês/eles tiverem ESTUDADO quando eu tiver, quando você/ela tiver, quando nós tivermos, quando vocês/eles tiverem VENDIDO quando eu tiver, quando você/ela tiver, quando nós tivermos, quando vocês/eles tiverem PARTIDO
MODO IMPERATIVO	IMPERATIVO	AFIRMATIVO	(2ª pessoa do singular e 1ª e 2ª pessoas do plural) estudar: estude (você), estudemos (nós), estudem (vocês) vender: venda (você), vendamos (nós), vendam (vocês) partir: parta (você), partamos (nós), partam (vocês)
		NEGATIVO	(2ª pessoa do singular e 1ª e 2ª pessoas do plural) estudar: não estude (você), não estudemos (nós), não estudem (vocês) vender: não venda (você), não vendamos (nós), não vendam (vocês) partir: não parta (você), não partamos (nós), não partam (vocês)

FORMAS NOMINAIS	INFINITIVO IMPESSOAL	estudar vender partir
	INFINITIVO PESSOAL	estudar, estudar, estudarmos, estudarem vender, vender, vendermos, venderem partir, partir, partirmos, partirem
	GERÚNDIO	verbo estar (no tempo desejado) + estudando / vendendo / partindo
	PARTICÍPIO PASSADO	estudado vendido partido
VOZES VERBAIS	ATIVA	<u>O sujeito pratica a ação</u> Ex.: O cão mordeu o menino.
	PASSIVA	<u>O sujeito sofre a ação</u> Verbo ser (no tempo adequado) + verbo no Particípio Passado Ex.: O menino foi mordido pelo cão.
	REFLEXIVA	<u>O sujeito pratica e sofre a ação</u> Ex.: O menino se cortou com a faca.

SÍMBOLOS UTILIZADOS NESTE LIVRO

CONTEÚDO GRAVADO NA FITA/CD QUE ACOMPANHA O LIVRO

EXERCÍCIO PARA QUE O ALUNO FALE SOBRE SI MESMO/SUA REALIDADE

DADOS PARA AMPLIAR SEU CONHECIMENTO E SEU VOCABULÁRIO

EXERCÍCIO PARA SER TRABALHADO EM DUPLA

EXERCÍCIO PARA SER TRABALHADO EM GRUPOS DE TRÊS ALUNOS

EXERCÍCIO SUGERIDO PARA DESENVOLVER A HABILIDADE ESCRITA

EXERCÍCIO DE CONTEÚDO GRAMATICAL JÁ VISTO ANTERIORMENTE

CORES EMPREGADAS PARA OS VERBOS

Bem-Vindo!

A LÍNGUA PORTUGUESA NO MUNDO DA COMUNICAÇÃO

PRAZER em conhecê-lo

APRENDA

Cumprimentos

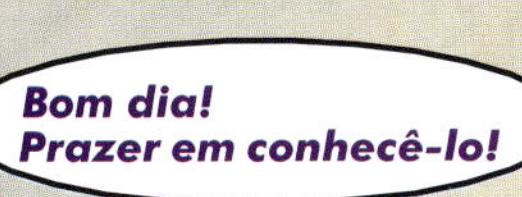

Dias da Semana

FIM DE SEMANA

SÁBADO DOMINGO

Meses do Ano

JANEIRO	JULHO
FEVEREIRO	AGOSTO
MARÇO	SETEMBRO
ABRIL	OUTUBRO
MAIO	NOVEMBRO
JUNHO	DEZEMBRO

O Alfabeto (as letras)

A B C D E F G H I J K L M N O P Q R S T U V W X Y Z

/p/	/b/	/t/	/d/	/k/	/g/	/f/	/v/	/s/	/z/	/m/	/n/	/l/	/r/	/R/	/ʃ/	/ɲ/
pata	bata	tola	data	cala quero	gata guerra	faca	vala	sala cebola	casa vazio exato	mata	nada	lata	ara	carro	cheiro xícara	pinha

/é/	/ó/	/a/	/e/	/i/	/o/	/u/	/ã/	/ẽ/	/õ/	/ĩ/	/ũ/	/ʎ/
pé	pó	xá	mesa	bica	goma	bula	canta	senta	conta	linda	mundo	alho

AFIRMATIVA

O menino brasileiro brinca muito.

NEGATIVA

O menino brasileiro não brinca muito.

INTERROGATIVA

O menino brasileiro brinca muito?

ARTIGOS

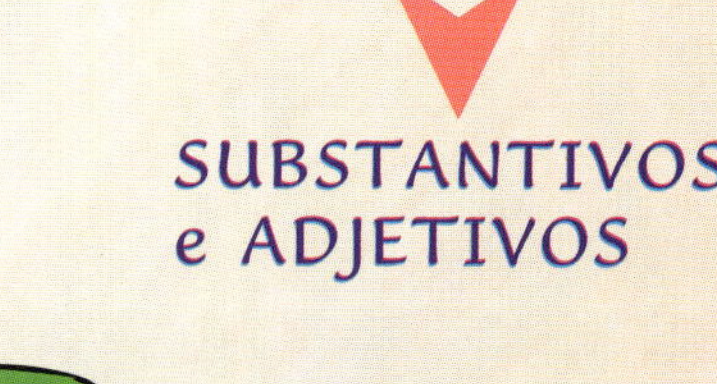

SUBSTANTIVOS e ADJETIVOS

carro **verde**

casa **branca**

livros **azuis**

blusas **amarelas**

VERBOS

cantar

escrever

sorrir

UNIDADE 1

Presente Simples
Pronomes Pessoais
Pronomes Interrogativos

EU E MINHA FAMÍLIA

Muito prazer! Meu nome é Adachi e sou japonês. Minha família não é toda japonesa. Eu tenho dois filhos lindos. Minha primeira filha é japonesa. O nome dela é Ayako. Ela é muito tímida, tem sete anos. Meu segundo filho é brasileiro. O nome dele é Fernando. Ele é do signo Escorpião e nasceu em novembro. Fernando tem um ano e é extrovertido. Minha esposa é muito alegre. Somos uma família muito feliz. Agora estamos no Brasil e temos uma casa muito grande. Estou feliz em trabalhar aqui e minha esposa também está contente em aprender um novo idioma.

PRONOMES PESSOAIS

EU sou Adachi. VOCÊ é um aluno de português. Minha esposa (ELA) é alegre. Fernando (ELE) é brasileiro. NÓS somos uma família bonita. VOCÊS estão conhecendo a nossa família. Minha esposa e minha filha (ELAS) são japonesas. Fernando e meu amigo Paulo (ELES) são brasileiros.

1 Estude a página 10 e preencha os espaços com os verbos TER, SER e ESTAR:

O nome dela _______ Mary e _______ americana. Ela _______ 19 anos e ________ estudante. ______ muito alegre e inteligente. _____ no Brasil há 3 meses e ________ contente em viver aqui. ______ solteira e seus pais _________ nos Estados Unidos. Ela _____ duas irmãs. Uma ______ 17 anos e _________ no Canadá. A outra _______ 21 anos e _______ na Espanha. As duas ______ estudantes e ______ solteiras também.

Agora ouça a fita e corrija as respostas.

Responda oralmente:

1. Qual é o seu nome?
2. De onde você é?
3. Quantos anos você tem?
4. Você é casado?
5. Sua esposa é japonesa?
6. Vocês têm filhos?
7. Quantos?
8. Onde está sua família?

NACIONALIDADES

2 Substitua o sujeito por pronomes pessoais e coloque o verbo na forma correta.

1. Ana e eu ( ) ________________ contentes.
2. Adachi ( ) ________________ japonês.
3. João e Carlos ( ) ________________ 35 anos.
4. Carla ( ) ________________ muito tímida.
5. Maria e sua filha ( ) ________________ alegres.
6. Paula e eu ( ) ________________ 2 filhos.
7. Mário e eu ( ) ________________ extrovertidos.
8. Minha esposa ( ) ________________ no Brasil há 1 ano.

3 Veja as fotos e adivinhe QUEM É. Você conhece estas pessoas?

Juca Varella/Folha Imagem

Seu nome é ________________ (nome)
Ele é ________________ (profissão)
É ________________ (nacionalidade)
Ele tem ________________ (idade)
Agora ele está ________________ (moradia)

Patrícia Santos/Folha Imagem

Seu nome é ________________ (nome)
Ele é ________________ (profissão)
É ________________ (nacionalidade)
Ele aparenta ________________ (idade)
Agora ele está ________________ (moradia)

Patrícia Santos/Folha Imagem

O nome dele é ________________ (nome)
Ele é ________________ (profissão)
É ________________ (nacionalidade)
Ele parece ter ________________ (idade)
Agora ele está ________________ (moradia)

Rosane Marinho/Folha Imagem

O nome dela é ________________ (nome)
Ela é ________________ (profissão)
É ________________ (nacionalidade)
Ela tem uns ________________ (idade)
Agora ela está ________________ (moradia)

4 Trabalhem em trios. O Aluno A se encontra com o aluno B, seu amigo, e se cumprimentam. O aluno A apresenta o aluno C ao aluno B, dando algumas informações sobre C. C e B se apresentam. Sigam o modelo abaixo e pratiquem.

A: Oi B, tudo bem?
B: Oi A, tudo bem. E você?
A: Bem, obrigado. B, gostaria de lhe apresentar C, um amigo do Chile. C está no Brasil há 2 meses.
C: Prazer em conhecê-lo! Me chamo C. Sou arquiteto.
B: B, muito prazer (O prazer é todo meu). Sou advogado. Quantos anos você tem?
C: Tenho 28 (anos). E você?
B: Sou mais velho: tenho 32 anos. Você é casado?
C: Não, ainda não sou casado, mas tenho uma namorada.
B: Ela é brasileira?
C: Não, ela é chilena, mas agora está no México. (...)

HÁ

QUANTOS ALUNOS HÁ NA SALA?
HÁ 5 ALUNOS.

QUANTAS PESSOAS HÁ NO SEU ESCRITÓRIO HOJE?
HÁ 13 PESSOAS NO MEU ESCRITÓRIO HOJE.

HÁ QUANTOS MESES VOCÊ ESTÁ NO BRASIL?
ESTOU NO BRASIL HÁ 3 MESES.

UNIDADE 1

VAMOS CONHECER BENEDITA COSTA

REP: Qual é o seu nome?
BENE: Benedita Costa.
REP: Prazer em conhecê-la.
BENE: O prazer é meu.
REP: Você é estudante?
BENE: Não, sou atleta.
REP: Profissional?
BENE: Não, hoje não sou mais atleta profissional. Sou empresária.
REP: Quem são estas pessoas nestas fotos?
BENE: Esta sou eu e minha família. Aqui nós estamos no Ceará. Nós todos somos Cearenses, de Fortaleza.
REP: Seu pai também é empresário?
BENE: Não, meu pai é professor universitário e minha mãe é dona-de-casa.
REP: Quem é esta moça?
BENE: Carla, minha irmã. E ao lado dela está José, seu filho. Hoje ele está na França. Carla é psicóloga e hoje em dia nós duas estamos em São Paulo.
REP: Como é o seu dia-a-dia?
BENE: Bem, pela manhã eu normalmente estou em casa e à tarde no escritório. Tenho sempre muitas coisas a fazer em casa: escrevo artigos para jornais, leio novidades sobre o atletismo, estudo inglês, faço ligações de negócios.
À tarde tenho reuniões de trabalho.
Normalmente chego em casa à noite.
Minha irmã também trabalha muito.
À noite estamos sempre muito cansadas.

Leia o texto, assinale as alternativas corretas e corrija as incorretas:

	CORRETO	INCORRETO	
a. Benedita é jogadora de squash.	☐	☐	....
b. A família toda de Benedita é baiana.	☐	☐	....
c. O pai dela é universitário.	☐	☐	....
d. A irmã dela é tenista.	☐	☐	....
e. Carla está em São Paulo.	☐	☐	....
f. Pela manhã, Benedita está em casa.	☐	☐	....

Traga uma foto de sua família e apresente-a ao seu/sua colega. Trabalhe em pares. Utilize também os verbos introduzidos no texto acima. Tome nota das informações do seu/sua colega e escreva uma redação sobre a família dele/a.

FAMÍLIA

AVÔ/AVÓ
NETO/NETA
CUNHADO/CUNHADA
PAI/MÃE
SOGRO/SOGRA
TIO/TIA
IRMÃO/IRMÃ
MARIDO/ESPOSA
FILHO/FILHA
SOBRINHO/SOBRINHA
PRIMO/PRIMA

Descubra o ERRO e corrija a frase:

1. Eu estou brasileiro.

2. *Nós é amigos.*

3. Minha esposa é dona-de-casa e meu filho está estudante.

4. *Hoje é frio.*

5. Quando eu sou no Brasil eu falo português.

6. *Benedita não está atleta profissional mas sua irmã está psicóloga.*

7. João e Peter está na escola de idiomas para aprender português.

8. *Como tem você?*

9. Elas são francesas e são no Brasil a trabalho.

10. Estou na aula e minha esposa e meu filho está em casa.

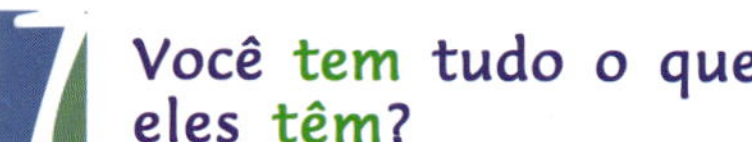

Você tem tudo o que eles têm?

Nós temos muitas dúvidas.

Paulo tem um carro novo.

Vocês têm uma conta no banco.

Eu tenho três cadernos e dois lápis.

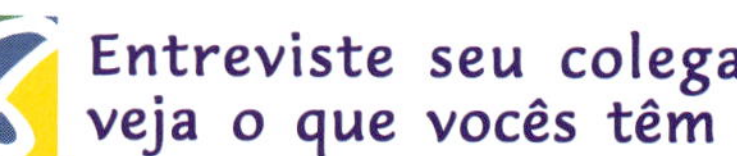

Entreviste seu colega/professor e veja o que vocês têm em comum:

* Bens Materiais: casa, carro, terreno, TV, vídeo, computador, dinheiro, conta no banco, dívida, etc.

* Relacionamento Humano: família, irmãos, filhos, namorado/a, amigos, inimigos, etc.

* Coisas Abstratas: problema, dúvida, pergunta, resposta, compromisso, etc.

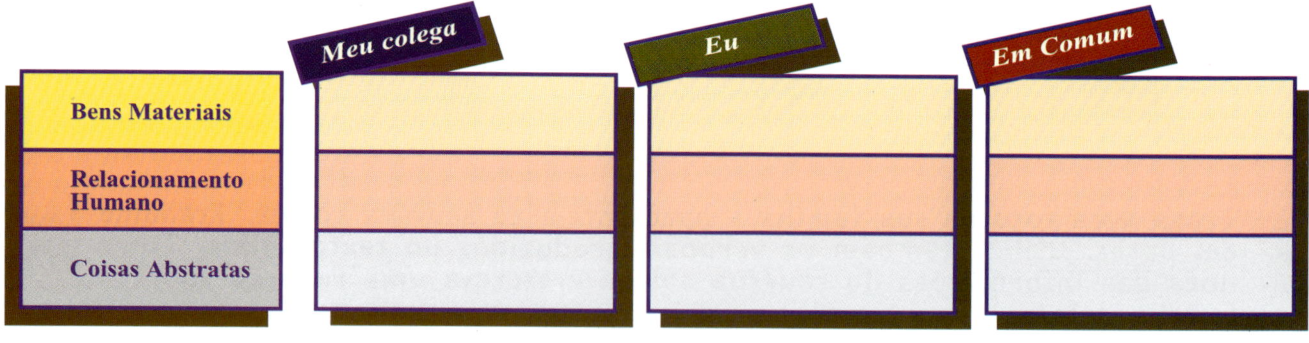

	Meu colega	Eu	Em Comum
Bens Materiais			
Relacionamento Humano			
Coisas Abstratas			

CORES

ROSA
AMARELO/A
ROXO/A
MARROM
AZUL
LARANJA
CINZA
PRETO/A
LILÁS
VERMELHO/A
VERDE
BRANCO/A...

VAMOS CONHECER A ROTINA DE ADACHI E SEUS AMIGOS BRASILEIROS

Adachi é uma pessoa muito alegre. Ele está no Brasil a trabalho. Ele acorda muito cedo e após tomar café da manhã vai de carro para o escritório. Ele gosta muito daqui e fala português muito bem porque estuda bastante. Adachi trabalha em uma fábrica em Guarulhos e quer melhorar ainda mais seu vocabulário. Por isso, conversa com todos os colegas em português. Seu horário de trabalho é longo. Ele começa a trabalhar às 7h30 e termina às 17h30. Seu almoço é de uma hora e ele e seus amigos almoçam juntos no restaurante da empresa. A esposa de Adachi e seus filhos almoçam em casa. Enquanto Adachi estuda português, seus colegas estudam inglês e espanhol. Alguns estudam também japonês e acham esse idioma muito difícil. Os alunos de inglês, espanhol e de japonês vão à aula duas vezes por semana mas estudam muito em casa também. Para eles é muito importante aprender outro idioma, para um dia ir a outros países trabalhar para sua empresa. Quando viajam, eles vão aos Estados Unidos, à Bolívia, à Colômbia, à Venezuela e, muitas vezes, ao Japão. Nos fins de semana, eles jogam futebol, tênis e baralho. Quando estão em casa conversam com suas famílias, assistem à televisão e vão passear pela cidade. Gostam muito de ir ao cinema e, quando é feriado, de ir à praia ou às montanhas. Agora nós conhecemos (= *a gente* conhece) melhor Adachi e seus amigos.

9 Copie no seu caderno os verbos que aparecem no texto e coloque-os na forma do infinitivo.

EXEMPLO: é - ser
está - estar

E você? O que você gosta de fazer nas horas livres?
Você fala espanhol, japonês ou inglês?

10 Observe as seguintes estruturas, treine-as e depois pratique falando sobre a rotina de um amigo seu.

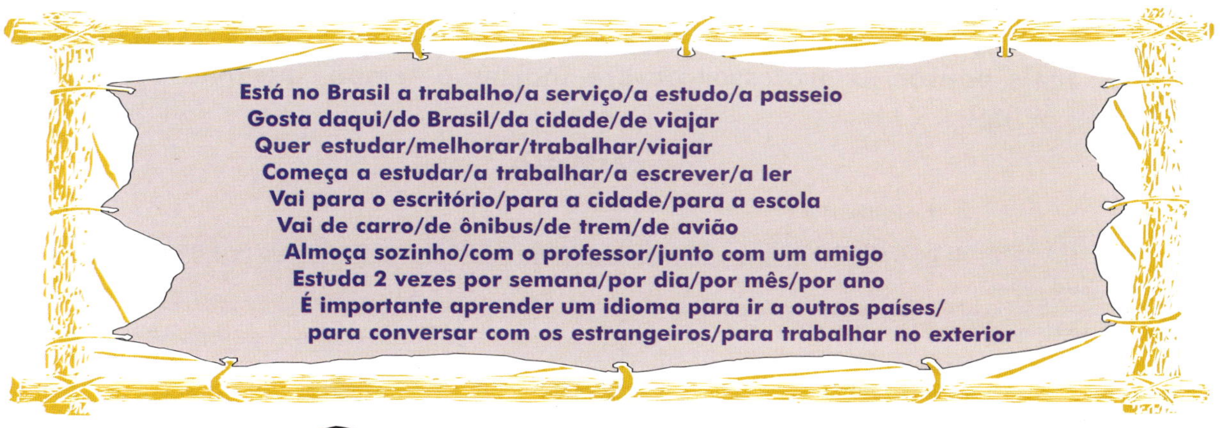

Está no Brasil a trabalho/a serviço/a estudo/a passeio
Gosta daqui/do Brasil/da cidade/de viajar
Quer estudar/melhorar/trabalhar/viajar
Começa a estudar/a trabalhar/a escrever/a ler
Vai para o escritório/para a cidade/para a escola
Vai de carro/de ônibus/de trem/de avião
Almoça sozinho/com o professor/junto com um amigo
Estuda 2 vezes por semana/por dia/por mês/por ano
É importante aprender um idioma para ir a outros países/ para conversar com os estrangeiros/para trabalhar no exterior

PROFISSÕES

O/A POLICIAL
VENDEDOR/A
O/A DENTISTA
MÉDICO/A
ADVOGADO/A
ENGENHEIRO/A
MECÂNICO/A
SECRETÁRIO/A...

11 Ouça a fita e preencha os espaços com os verbos:

1. Eu ______________ (ACORDAR) muito cedo todos os dias.
2. João e Lucas ____________ (ESTUDAR) em uma escola particular.
3. Carla __________ (ESCREVER) cartas para suas amigas na Itália todas as semanas.
4. O açougueiro ___________ (VENDER) carne fresca.
5. Você __________ (ABRIR) a porta do escritório todos os dias às 8h da manhã.
6. Elas _________ (SORRIR) sempre que alguém faz um elogio.

12 Relacione e construa frases *oralmente* usando os verbos que você conhece e as informações abaixo:

Exemplo: *"Adachi é casado."*

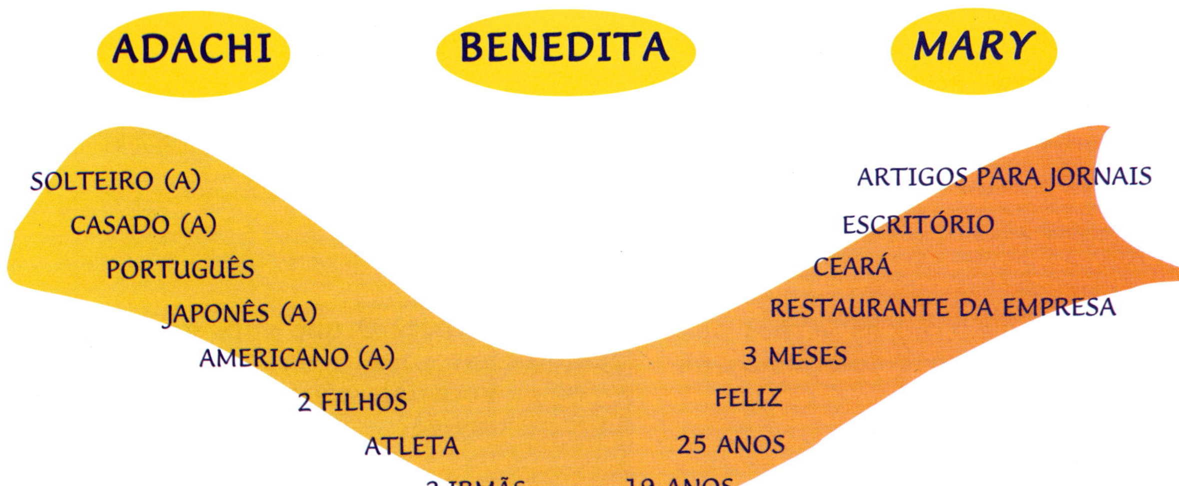

13 O aluno A diz um verbo no infinitivo e o aluno B forma frases com o verbo. Quanto mais informações tiver a frase, mais pontos ele ganhará. Vence quem fizer mais pontos. O professor deverá indicar o tempo, que não deverá ser muito longo.

EXEMPLO:

A: Trabalhar!

B: Eu (1) trabalho (2) todos os dias (3) no escritório (4) da firma (5) em São Paulo (6) das 8h às 17 h (7).

(7 informações = 7 pontos)

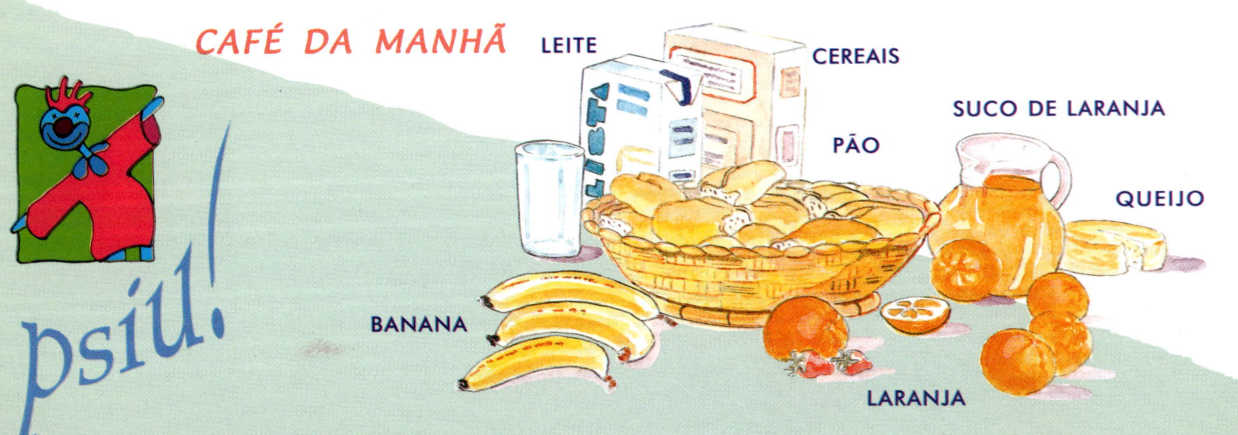

14 Escreva perguntas para as seguintes respostas:

1. ______________________________
Ele acorda às 7h30.
2. ______________________________
Ele conversa com seus colegas em português porque quer melhorar seu vocabulário.
3. ______________________________
Sua esposa e seus filhos almoçam em casa.
4. ______________________________
Os alunos vão à aula 2 vezes por semana.
5. ______________________________
Nos fins de semana eles jogam futebol, tênis e baralho.
6. ______________________________
Ele almoça junto com seus colegas de trabalho.
7. ______________________________
Ele é uma pessoa muito alegre.
8. ______________________________
Ele assiste à televisão quando está em casa.

Agora use os mesmos tipos de perguntas para entrevistar seu colega/professor.

Fale de sua rotina, do seu dia-a-dia, usando os verbos dados:

Gramática

PRESENTE DO INDICATIVO

REGULARES

	TRABALHAR	ESCREVER	ASSISTIR
EU	TRABALHO	ESCREVO	ASSISTO
VOCÊ	TRABALHA	ESCREVE	ASSISTE
ELE/ELA	TRABALHA	ESCREVE	ASSISTE
NÓS	TRABALHAMOS	ESCREVEMOS	ASSISTIMOS
VOCÊS	TRABALHAM	ESCREVEM	ASSISTEM
ELES/ELAS	TRABALHAM	ESCREVEM	ASSISTEM

OBSERVAÇÃO: O pronome TU é usado em algumas regiões do Brasil; O pronome VÓS é usado em textos mais antigos.

TU	TRABALHAS	ESCREVES	ASSISTES
VÓS	TRABALHAIS	ESCREVEIS	ASSISTIS

IRREGULARES

	CONSEGUIR	DORMIR	ESTAR	FAZER	IR	PÔR
EU	CONSIGO	DURMO	ESTOU	FAÇO	VOU	PONHO
VOCÊ	CONSEGUE	DORME	ESTÁ	FAZ	VAI	PÕE
ELE/ELA	CONSEGUE	DORME	ESTÁ	FAZ	VAI	PÕE
NÓS	CONSEGUIMOS	DORMIMOS	ESTAMOS	FAZEMOS	VAMOS	POMOS
VOCÊS	CONSEGUEM	DORMEM	ESTÃO	FAZEM	VÃO	PÕEM
ELES/ELAS	CONSEGUEM	DORMEM	ESTÃO	FAZEM	VÃO	PÕEM

TU	CONSEGUES	DORMES	ESTÁS	FAZES	VAIS	PÕE
VÓS	CONSEGUIS	DORMIS	ESTAIS	FAZEIS	IDES	PONDES

	QUERER	SAIR	SER	SORRIR	TER	VIR
EU	QUERO	SAIO	SOU	SORRIO	TENHO	VENHO
VOCÊ	QUER	SAI	É	SORRI	TEM	VEM
ELE/ELA	QUER	SAI	É	SORRI	TEM	VEM
NÓS	QUEREMOS	SAÍMOS	SOMOS	SORRIMOS	TEMOS	VIMOS
VOCÊS	QUEREM	SAEM	SÃO	SORRIEM	TÊM	VÊM
ELES/ELAS	QUEREM	SAEM	SÃO	SORRIEM	TÊM	VÊM

TU	QUERES	SAIS	ÉS	SORRIS	TENS	VENS
VÓS	QUEREIS	SAÍS	SOIS	SORRIDES	TENDES	VINDES

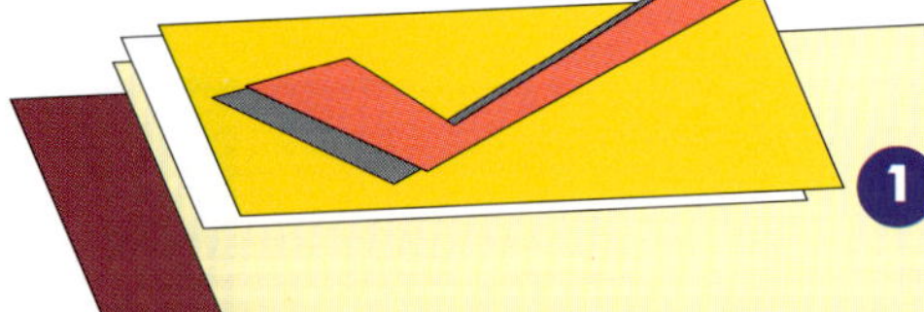

ATENÇÃO!!!

1. PARA A FORMA NEGATIVA, BASTA ACRESCENTAR **NÃO** ANTES DO VERBO.
2. ALGUNS VERBOS MUDAM NA ESCRITA:
   DIRIGIR — eu dirijo
   CONHECER — eu conheço

MEU PRESENTE

Meu passado 1

APRENDA

QUE HORAS SÃO, POR FAVOR?

NÚMEROS ORDINAIS

1º - Primeiro/a/os/as
2º - Segundo
3º - Terceiro
4º - Quarto
5º - Quinto
6º - Sexto
7º - Sétimo
8º - Oitavo
9º - Nono
10º - Décimo
12º - Décimo-segundo
23º - Vigésimo-terceiro
34º - Trigésimo-quarto
45º - Quadragésimo-quinto
56º - Quinquagésimo-sexto
67º - Sexagésimo-sétimo
78º - Septuagésimo-oitavo
89º - Octogésimo-nono
91º - Nonagésimo-primeiro
100º - Centésimo

Ascensorista - *"Que andar?"*
Pedro - "3º andar, por favor."

POSSESSIVOS

Adjetivos/Pronomes

Meu carro/O meu Minha filha/A minha	Teu carro/O teu Tua filha/A tua	Seu carro/O seu Sua filha/A sua	Nosso carro/O nosso Nossa filha/A nossa
	O carro dela/O dela A filha dele/A dele	O carro delas/O delas A filha deles/A deles	

SEU(S) - SUA(S) → para as 2as pessoas
SEU(S) - SUA(S) - DELE(S) - DELA(S) → para as 3as pessoas

REFLEXIVOS

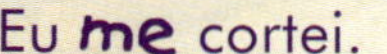

Eu **me** cortei.

Ela **se** penteou.

Nós **nos** sentamos.

Eles **se** beijaram.

Vocês **se** abraçaram?

PREPOSIÇÃO + ARTIGO

De	+	o	=	Do
		a	=	Da
		os	=	Dos
		as	=	Das
Em	+	o	=	No
		a	=	Na
		os	=	Nos
		as	=	Nas
Em	+	um	=	Num
		uma	=	Numa
		uns	=	Nuns
		umas	=	Numas
Por	+	o	=	Pelo
		a	=	Pela
		os	=	Pelos
		as	=	Pelas

ALGUMAS CONJUNÇÕES IMPORTANTES

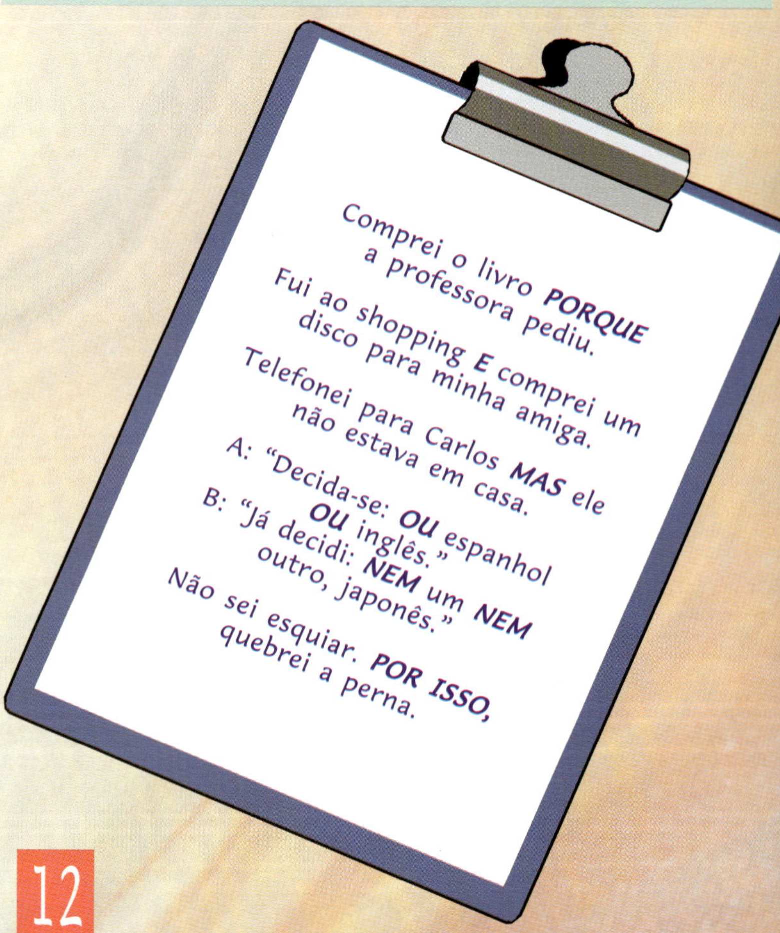

UNIDADE 2

Pretérito Perfeito
Pronomes Possessivos
Pronomes Reflexivos
Conjunções

MEU PASSADO, MEU PRESENTE

Eu nasci no dia 23 de outubro de 1976 numa pequena cidade do interior. Fui o primeiro filho de um casal de agricultores. Meu pai ficou muito orgulhoso e deu uma grande festa. Convidou quase toda a vizinhança e ofereceu um grande churrasco. Meu avô e minha avó também ficaram muito emocionados e dançaram o tempo todo. Minha mãe tirou umas fotografias lindas!

Fui filho único por apenas dois anos porque depois nasceu minha irmã, Josefa. Ela deu muito trabalho, chorou muito nos primeiros anos de vida.

Hoje eu tenho 23 anos e minha irmã, 21.

Terminei a faculdade no ano passado e agora trabalho numa firma de engenharia. Não é uma empresa grande mas gosto do meu trabalho e dos meus colegas. Tenho bastante serviço mas recebo um bom salário. Estudo inglês à noite e nos fins de semana saio com minha namorada. Ela é linda e estou muito feliz! Minha irmã Josefa estuda na Faculdade de Economia. É muito comportada e já não dá trabalho aos meus pais. Ela ainda não tem namorado.

1 Prepare algumas perguntas sobre o texto e exercite com seu colega:

Quando Quem
Por que Quantos
Qual O que Onde

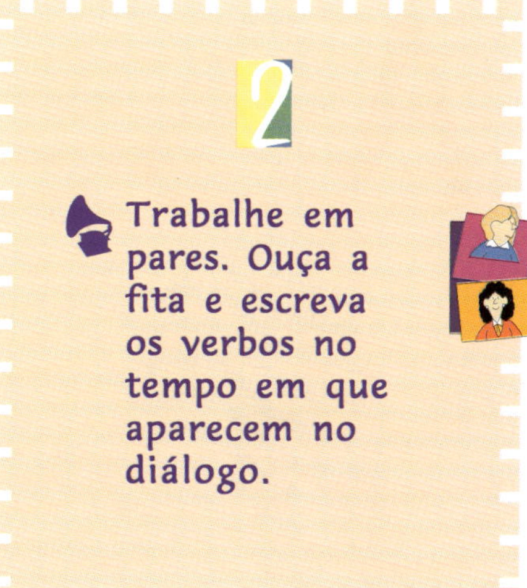

2 Trabalhe em pares. Ouça a fita e escreva os verbos no tempo em que aparecem no diálogo.

LEGUMES e VERDURAS

ABOBRINHA
ACELGA
AGRIÃO
ALFACE
BATATA
BETERRABA
CENOURA
CHUCHU
COUVE-FLOR
PEPINO
REPOLHO
VAGEM...

psiu!

3 Escolha um verbo e preencha os espaços usando o **PRESENTE SIMPLES** ou o **PRETÉRITO PERFEITO**:

GOSTAR(2X) SER(3X) ESTUDAR TER CONVIDAR NASCER DAR FICAR GANHAR ESTAR(2X) VIR TIRAR FALAR

Mary _________ em abril de 1977, em Nova Iorque, nos EUA. _________ a segunda filha, mas seus pais _________ muito contentes e ___________ uma grande festa. _________ parentes e amigos. ________ quase 100 pessoas. Mary _______ muitos presentes mas, é claro, ela não se lembra de nada. Seus pais e avós ________ muitas fotos e agora elas ________ no álbum da família. Hoje, Mary _____ 22 anos e _______ há 3 meses no Brasil. ________ estudante de uma faculdade em São Paulo e ________ de sair com seus colegas. Ainda não ________ bem o português mas _________ do Brasil, dos brasileiros e do idioma. __________ muito aplicada. Ela ________ muito.

4 **Aluno A:** Seu colega (aluno B) voltou de férias recentemente e você gostaria de saber as novidades. Use o quadro abaixo para fazer perguntas sobre a viagem dele/dela.

Aluno B: Você esteve em férias no Estado do Rio de Janeiro: Capital e Angra dos Reis. Ao retornar, você encontra um colega (aluno A) que vai fazer perguntas sobre sua viagem. Use o quadro abaixo para responder às perguntas dele/dela.

Exemplo:

A: Aonde você foi nas férias?

B: Fui ao Rio de Janeiro. Fiquei em Ipanema, na praia.

ALCATRA
CONTRA FILÉ
CORAÇÃOZINHO (DE GALINHA)
COSTELAS
CUPIM
FILÉ MIGNON
LOMBO (ROSBIFE)
MAMINHA
PICANHA...

Um pouco mais sobre PREPOSIÇÃO + ARTIGO DEFINIDO ou INDEFINIDO:

1. Moro (em) _______ cidade pequena.
2. Passei (por) _______ farmácia para comprar remédios.
3. Estudei (em) _______ Universidade de São Paulo.
4. Eles gostaram (de) _______ filmes.
5. Andei (por) _______ cidade procurando um hotel.
6. Nasci (em) _______ dia 12 de abril.
7. Trabalho (em) _______ São Paulo, (em) _______ pequena loja de roupas.
8. Perguntei (por) _______ ela na recepção.
9. Falo (de) _______ tudo que sei.
10. Quando fui a São Francisco andei (em) _______ bondes muito antigos.

O que Carlos fez ontem pela manhã?

Primeiro _______________________.

Depois _______________________

e _______________________.

Mais tarde _______________________

e _______________________.

E no domingo?

Domingo pela manhã, _______________________ .

Depois, _______________________ .

À tarde, _______________________ .

À noite, _______________________ .

E você? O que você fez ontem à noite?
O que você faz sempre nos fins de semana?
Você fez isso no último fim de semana?
Você costuma trabalhar ou estudar nos fins de semana?
Você fez compras esta semana?
Se sim, o que você comprou?

ANTES	AGORA	DEPOIS
ONTEM/ANTEONTEM	HOJE	AMANHÃ/DEPOIS DE AMANHÃ
SEMANA PASSADA/SEMANA RETRASADA	ESTA SEMANA	SEMANA QUE VEM = PRÓXIMA SEMANA
MÊS PASSADO/MÊS RETRASADO	ESTE MÊS	MÊS QUE VEM = PRÓXIMO MÊS
ANO PASSADO/ANO RETRASADO	ESTE ANO	ANO QUE VEM = PRÓXIMO ANO

psiu!

7 Vamos praticar os verbos SER, TER e ESTAR:

B. - Alô.

A. - Alô, *donde* fala?

B. - Transportadora Alves, bom dia!

A. - Bom dia! O Antônio está?

B. - Quem gostaria?

A. - Aqui é Benedito.

B. - Um momento, por favor. Ele está na outra sala.

C. - Alô, Benedito, tudo bem?

A. - Oi, Antônio, tudo bem. Você tem tempo amanhã à noite? Tenho duas entradas para um show. É de um cantor muito famoso.

C. - Ah! Que pena! Já tenho um compromisso. Amanhã à noite já estou ocupado.

A. - Que pena!

8 Entreviste seu colega de classe. Será que ele tem boa memória?

1. Quem foi a primeira pessoa que você cumprimentou hoje?
2. A que horas você se levantou no sábado passado ?
3. O que você comeu no almoço do último domingo?
4. Qual foi o último presente que você deu a alguém?
5. A que horas você saiu da empresa/escola antes de ontem?
6. A que horas você desligou a TV ontem à noite?

Agora pergunte e responda sobre os outros colegas.

Exemplos:
A: Qual foi a primeira pessoa que João cumprimentou hoje?____________________
B: O que Maria comeu no almoço do último domingo?____________________

9 Hoje é segunda-feira e algumas crianças acabaram de chegar à escola. Ouça a fita e responda às questões:

1. Quem levou José ao clube? ___
2. O que Pedro fez no fim de semana? ___
3. Andréia gostou de seu fim de semana? Por quê? ___
4. O que José fez no sábado? ___

10 Qual dos pronomes reflexivos abaixo você colocaria nos espaços?

Ontem eu _____ levantei cedo, _____ vesti e fui à casa do Nestor. Prometemos ir ao cinema juntos. Ele tomou banho, _____ vestiu e _____ preparou para sair. No caminho, encontramos uma amiga de Nestor, Clara.
Eles _____ abraçaram e _____ beijaram. Eu até pensei: será que eles são namorados? Eu _____ apresentei a ela. Ela me pareceu muito simpática e _____ veste muito bem, também. Conversamos um pouco e depois _____ despedimos. Perguntei, então, ao Nestor: vocês _____ amam? Ele respondeu: nos _____ amamos.

Levantei-me às 5 horas, atrasado, me penteei e me vesti para ir trabalhar. Aí me lembrei que era domingo. Troquei-me e me deitei outra vez, mas não consegui dormir e então me sentei no sofá para assistir à televisão.

Já aconteceu isto com você?

Agora use os verbos abaixo para formar frases:

levantar-se **vestir-se** **pentear-se** **trocar-se** **lembrar-se** **sentar-se** **deitar-se**

VIAJAR DE

AVIÃO
BARCO
CAMINHÃO
CARRO
HELICÓPTERO
IATE
METRÔ
NAVIO
ÔNIBUS
TÁXI
TREM...

11 Circule os PRONOMES/ADJETIVOS POSSESSIVOS e indique a que SUBSTANTIVOS eles se referem:

ESTOU VENDO QUE O SENHOR ENTENDE BEM DA SUA PROFISSÃO!

QUANDO O MODELO É BOM, QUALQUER FOTÓGRAFO É BOM, MADAME!

ESTOU TÃO CANSADO QUE OS MEUS JOELHOS ESTÃO DOBRANDO!

OS MEUS TAMBÉM!

JÁ FALEI PRA VOCÊ NÃO MOSTRAR A CARA. NÃO QUERO QUE SAIBAM QUE ESTE É O NOSSO ESCONDERIJO. LEIA ISSO!

12 Conjunções:

E PORQUE MAS

1. Nós estudamos .... temos uma prova amanhã.
2. Ela estuda .... trabalha.
3. Eliza está doente .... vai trabalhar.
4. Alberto é inteligente .... tem muito dinheiro.
5. Aline não saiu de casa .... hoje é sexta-feira 13.
6. Ele nunca tem dinheiro .... não gosta de trabalhar.

13 Circule os pronomes reflexivos e possessivos e complete os espaços, quando necessário, com conjunções e preposições (preposição + artigo):

_____ ano passado quis ir _____ Argentina _____ carro, _____ com minha esposa. _____ não conseguimos ir _____ Argentina _____ nosso carro quebrou _____ e tivemos _____ ficar três dias _____ velho hotel _____ pequena cidade desconhecida. Foi horrível! Fico furioso só de lembrar! Minha esposa se queixa até hoje!

psiu!

PEIXES

ANCHOVA
ATUM
BACALHAU
BONITO
CORVINA
LINGUADO
PESCADINHA
PINTADO
SALMÃO
SARDINHA
TAINHA...

14 **Use as sugestões entre parênteses para formar duas sentenças seguindo o exemplo abaixo:**

Ex. O <u>livro</u> está sobre a mesa. (eu)

1. MEU livro está sobre a mesa. *2. O MEU está sobre a mesa.*

1. A <u>casa</u> fica perto da estação. (de Maria) ______
2. O <u>filho</u> trabalha no supermercado. (de João) ______
3. O <u>quarto</u> fica no segundo andar, perto do banheiro. (meu e de Cíntia) ______
4. O <u>pai</u> tem uma reunião hoje. (eu) ______
5. O <u>trabalho</u> é duro mas divertido. (de Sueli e Marta) ______
6. O <u>dinheiro</u> está neste cofre. (dos funcionários) ______
7. Os <u>carros</u> estão na garagem. (meu e dela) ______

15 **Vamos trabalhar em pares?**

O aluno **A** lê a frase sugerida e o aluno **B** completa essa frase usando qualquer uma das palavras abaixo (e vice-versa):

PORQUE  **MAS**  **POR ISSO** **E**

1. Hoje é domingo ______
2. Cláudia é uma menina muito alegre e simpática ______
3. Meu carro está na oficina ______
4. Comprei um computador novo ______
5. Nunca viajei ao exterior ______
6. Estou com muita dor de cabeça ______
7. Ele está sem dinheiro ______

PREFEITURA DA CIDADE DE SÃO PAULO

ESTABELECIMENTOS PÚBLICOS

RECEITA FEDERAL
POLÍCIA FEDERAL
DELEGACIA DE POLÍCIA
MEC
DETRAN
CARTÓRIO
PALÁCIO DO GOVERNO...

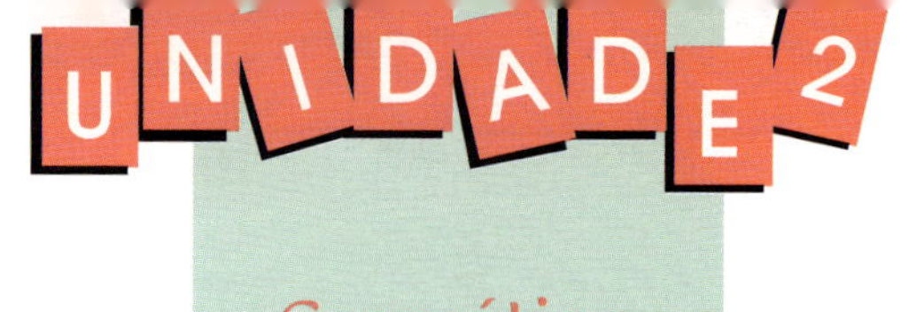

Gramática

PRETÉRITO PERFEITO

REGULARES

	TRABALHAR	ESCREVER	ASSISTIR
EU	TRABALHEI	ESCREVI	ASSISTI
VOCÊ	TRABALHOU	ESCREVEU	ASSISTIU
ELE/ELA	TRABALHOU	ESCREVEU	ASSISTIU
NÓS	TRABALHAMOS	ESCREVEMOS	ASSISTIMOS
VOCÊS	TRABALHARAM	ESCREVERAM	ASSISTIRAM
ELES/ELAS	TRABALHARAM	ESCREVERAM	ASSISTIRAM

TU	TRABALHASTE	ESCREVESTE	ASSISTISTE
VÓS	TRABALHASTES	ESCREVESTES	ASSISTISTES

IRREGULARES

	DAR	ESTAR	FAZER	IR	PODER	PÔR	QUERER
EU	DEI	ESTIVE	FIZ	FUI	PUDE	PUS	QUIS
VOCÊ	DEU	ESTEVE	FEZ	FOI	PÔDE	PÔS	QUIS
ELE/ELA	DEU	ESTEVE	FEZ	FOI	PÔDE	PÔS	QUIS
NÓS	DEMOS	ESTIVEMOS	FIZEMOS	FOMOS	PUDEMOS	PUSEMOS	QUISEMOS
VOCÊS	DERAM	ESTIVERAM	FIZERAM	FORAM	PUDERAM	PUSERAM	QUISERAM
ELES/ELAS	DERAM	ESTIVERAM	FIZERAM	FORAM	PUDERAM	PUSERAM	QUISERAM

TU	DESTE	ESTIVESTE	FIZESTE	FOSTE	PUDESTE	PUSESTE	QUISESTE
VÓS	DESTES	ESTIVESTES	FIZESTES	FOSTES	PUDESTES	PUSESTES	QUISESTES

	SABER	SER	TER	VIR
EU	SOUBE	FUI	TIVE	VIM
VOCÊ	SOUBE	FOI	TEVE	VEIO
ELE/ELA	SOUBE	FOI	TEVE	VEIO
NÓS	SOUBEMOS	FOMOS	TIVEMOS	VIEMOS
VOCÊS	SOUBERAM	FORAM	TIVERAM	VIERAM
ELES/ELAS	SOUBERAM	FORAM	TIVERAM	VIERAM

TU	SOUBESTE	FOSTE	TIVESTE	VIESTE
VÓS	SOUBESTES	FOSTES	TIVESTES	VIESTES

ATENÇÃO!!!

CUIDADO COM ALGUNS VERBOS SEGUIDOS POR PREPOSIÇÃO!

POR EXEMPLO: GOSTO DE, PRECISO DE, FALEI DE/COM, INTERESSAR-SE POR...

MEU PRESENTE

Meu passado 2

APRENDA

ESTAÇÕES DO ANO

primavera

verão

inverno

outono

TEMPO

Temperatura Máxima
Temperatura Mínima

Hoje no Rio de Janeiro
o calor chegou a 40° (= graus centígrados).
Ontem, a máxima
foi de 38° e a mínima de 22°.

Como está o tempo hoje?

Está chovendo! Está nevando! Está nublado! Está ventando! Está fazendo sol!

Luas

Lua Nova
Quarto Crescente
Lua Cheia
Quarto Minguante

SEPARAÇÃO SILÁBICA

 NÃO se separam:

1. letras de **mesma sílaba** (grupo de fonemas emitido num só impulso da voz)

   ex: noi-te, res-pei-to, sa-guão

2. **ch**, **lh**, **nh**, **qu**, **gu**

   ex: pe-chin-cha, mi-lho, a-ma-nhã, quen-te, san-gue

3. **consoante** + **l** ou **r**

   ex: cla-ro, pra-do, trei-no, de-cla-ro

4. **consoante** + **consoante** que **começam palavras**

   ex: pneu, psi-co-lo-gia, gno-mo

 Separam-se:

1. No interior da palavra, **consoante não seguida de vogal** junta-se à sílaba que a precede:

   ex: ab-sol-ver, am-né-sia, téc-ni-co, de-sig-nar, núp-cias

2. As letras: **rr**, **ss**, **sc**, **sç**, **xc**

   ex: er-ro, pas-so, des-cen-der, cres-çam, ex-ce-ção

UNIDADE 3

Imperfeito do Indicativo
Gerúndio
Comparativos/Superlativos

Nós moramos em Petrolina durante 10 anos e Josefa e eu freqüentamos a escola primária local. Mais tarde, meu pai resolveu mudar para uma cidade grande. Eu gostava do interior. Nós éramos livres lá. Me lembro que podíamos brincar na rua sem perigo e que íamos à aula a pé. Eu levava Josefa pela mão porque ela era menor. Me recordo que passava horas das minhas tardes sentado perto do riacho e que conversava com meus amigos. Nós brincávamos muito e inventávamos muitas brincadeiras.

Não assistia à televisão porque não me interessava. Aos sábados, íamos pescar com nossos pais e muitas vezes passávamos o dia inteiro fora. Minha mãe cozinhava muito bem e aos domingos após o almoço eu e Josefa ficávamos deitados na rede.

(Petrolina = Cidade do Interior de PE)

E você, o que você fazia no seu país?

1 Preencha os espaços com os verbos dados no Presente, Perfeito ou Imperfeito:

Quando __________ (SAIR) de Petrolina algumas coisas mudaram. Não havia mais tanta liberdade. Os estudos também __________ (SER) difíceis. Josefa já ___________ (TER) oito anos. Que menina chata!

Nós ___________ (MORAR) lá até a hora em que eu fui para o Colegial. Então meu pai mais uma vez ___________ (PROCURAR) emprego em outro lugar e ________ (IR) para Recife. Para Josefa aquilo era muito, muito difícil. Nós __________ (TER) feito muitas amizades em Petrolina. Mas enfim, nos _______________ (ACOSTUMAR). Foi lá que ___________ (FAZER) vestibular, _____________ (INGRESSAR) na universidade, nos __________ (FORMAR) e nos __________ (CASAR). Foi em Recife que ________ (INICIAR) nossa vida profissional.

Hoje eu _____ (SER) médico e Josefa ________ (SER) arquiteta. Eu ________ (SER) casado e ___________ (TER) dois filhos: um casal. ____________ (PRETENDER) fazer o caminho inverso e ir morar no interior. Josefa ___________ (ESTUDAR) muito, ____________ (FAZER) até pós-graduação fora do Brasil. Hoje ____________ (MORAR) em Porto Alegre com seu marido Jean-Paul e seus filhos Françoise e Peter. _________ (TER) saudades deles.

JOGOS e BRINCADEIRAS

AMARELINHA
BAMBOLÊ
CORDA
ELÁSTICO
ESCONDE-ESCONDE
ESTÁTUA
PEGA-PEGA
PETECA
PIÃO
PIPA
QUEIMADA...

Agora fale sobre você:

1. Onde você morou antes? No interior ou numa cidade grande?
2. Quanto tempo você morou em cada lugar?
3. O que você fazia nos finais de semana?
4. Você brincava com seus amigos? Qual era sua brincadeira predileta?
5. Onde você estudou?
6. Qual foi o seu primeiro emprego?

2 Ouça a estória e complete os espaços em branco:

Era uma vez uma linda moça que _____________ num enorme castelo. Luana __________ muito de ler e caminhar. Cada dia ela _____________ em um quarto diferente do castelo, pois nunca ___________ o caminho de volta para seu quarto antes de anoitecer. Todas as manhãs ela __________ do lindo jardim que ______ de frente para o mar. Suas companhias favoritas ____________ os pássaros e as flores.

Luana _____________ uma pessoa muito alegre. ____________ sempre sorrindo pois ________ que cada dia ________ uma surpresa nova em sua vida.

3 Ouça e escreva:

Alejandro vai falar sobre o que ele fazia quando estava na Espanha. Observe as figuras, coloque os acontecimentos em ordem e então numere-os:

4 Entreviste seu/sua colega sobre a infância dele/a e depois relate à classe. Faça perguntas relacionadas às palavras abaixo:

hobby esporte casa amigos comida brincadeira

psiu!

HOBBIES

ACAMPAR
ANDAR DE BICICLETA
COLECIONAR SELOS
JOGAR GOLFE
LER
OUVIR MÚSICA
PESCAR
TOCAR PIANO...

COMPARATIVO

Menos alegre **(do) que** os outros. João é **tão** rápido **quanto** Mário. **Mais** alto **(do) que** eu.

O Estado da Bahia é **maior do que** o Estado do Ceará.

O Monte Evereste é **mais** alto **do que** o Monte Fuji.

Esta gravata custou **tanto quanto** a camisa.

Hoje o tempo está **pior do que** ontem.

Ele é **o mais** feliz do grupo.

SUPERLATIVO

O/A mais ____________________.
O/A menor ____________________.
Os/As melhores ____________________.
Os/As maiores ____________________.
Os/As piores ____________________.

O Monte Evereste, na Ásia, é **o mais** alto do mundo.

O rio Amazonas e o rio Nilo são **os mais** longos do mundo.

Kátia e Fernanda são **as mais** magras da classe.

"Feijão com arroz" é **o** prato **mais** barato deste restaurante.

As pinturas de Monet são **as mais** caras do museu.

EXPRESSÕES

- *Por que é que* você não foi à festa?
- *É que* eu estava com dor de cabeça.

- *Quem foi que* comeu o meu bolo?
- Desculpe, fui eu.

- *Onde é que* você foi ontem?
- Fui a Santos.

5 Ouça a fita e preencha os dados sobre Marta e Marina:

Marta

Marina

E você? Você é muito diferente de seus irmãos e amigos? Fale-nos sobre essas diferenças.

6 Preencha os espaços com: "**mais/menos...(do) que**", ou "**tão...quanto**". Concorde ou discorde de seus colegas:

a. Português é ________ difícil ________ Química.

b. Viajar é ________ divertido ________ nadar.

c. Minha bolsa é ________ pesada ________ a da professora.

d. O noticiário da televisão é ________ interessante ________ o do rádio.

e. A comida italiana é ________ gostosa ________ a comida francesa.

f. Frank Sinatra é ________ famoso ________ Michael Jackson.

g. No Brasil, janeiro é ________ quente ________ agosto.

h. Um apartamento é ________ confortável ________ uma casa.

7 Que palavras têm relação entre si? Liste-as em pares e compare-as. Trabalhe com seu/sua colega. Se for necessário use as expressões: "Eu acho que..." ou "Parece que..."

bola	**moeda**	**mala**	**conhaque**	**avião**	**lapiseira**	**fax**	**Paris**	**vodka**
ônibus	**bexiga**	**nota**	**mochila**	**e-mail**	**lápis**	**Nova Iorque**		

psiu!

ALGUNS ADJETIVOS MUITO USADOS

GRANDE/PEQUENO - BOM/RUIM - CARO/BARATO - LEVE/PESADO
BONITO/FEIO - COMPRIDO/CURTO - ALTO/BAIXO - GORDO/MAGRO
POBRE/RICO - FÁCIL/DIFÍCIL - RÁPIDO/LENTO - NOVO/VELHO - CHEIO/VAZIO
PERIGOSO/SEGURO - ALEGRE/TRISTE - QUENTE/FRIO - CONFORTÁVEL/DESCONFORTÁVEL

8 Veja as duas fotos, compare-as e faça frases usando o comparativo e o superlativo:

1.São Paulo 30 anos atrás

2.São Paulo hoje

1. ....quando pequeno.

2................................hoje.

9 Paula e Jorge estão fora do país participando de uma importante conferência. Eles telefonam para Bernardo, seu colega de trabalho. Ouça a fita e leia o diálogo:

BERNARDO: Recursos Humanos, Bernardo!

PAULA: Oi, Bernardo, como estão as coisas? Aqui é Paula.

BERNARDO: Olá, Paula! Estou sentindo sua falta. Estou trabalhando por mim e por você! E aí, como estão indo as palestras da conferência? Você está entendendo bem os palestrantes nativos?

PAULA: Eu estou encontrando muita dificuldade mas Jorge está entendendo tudo. Estamos aprendendo muito e ele está me ajudando bastante.

BERNARDO: Como está o tempo? Está fazendo muito frio?

PAULA: Sim, estamos gastando muito em agasalhos e também em comida pois com o frio estamos comendo mais! Temos muita fome e assim estamos engordando um pouco.

Por favor, diga ao chefe que estamos levando conosco muito material interessante. Um beijo. Vou passar pro Jorge.

JORGE: Bernardo, que saudades dos nossos jogos de futebol! Estou enferrujando todo. Os meus músculos estão doendo com este frio!

BERNARDO: Por aqui está chovendo muito e assim não estamos podendo jogar! Parabéns! Paula me disse que você está entendendo muito bem os palestrantes nativos! As aulas de Inglês estão dando bons resultados.

JORGE: Obrigado. Estou prestando muita atenção e tentando falar o máximo possível. Estou fazendo muitas perguntas. Alguma novidade?

BERNARDO: Não, por aqui tudo bem. Estamos aguardando a volta de vocês. O chefe está esperando ansiosamente pelas novidades que vocês estão trazendo. Tchau Jorge!

JORGE: Tchau Bernardo. Um abraço!

Agora ouça a fita e responda às perguntas.

ESTABELECIMENTOS

AÇOUGUE
BANCO
CINEMA
CORREIO
ESCOLA
FARMÁCIA
HOSPITAL
LIVRARIA
PADARIA
SUPERMERCADO...

psiu!

10 Você conhece a palavra *fofoca?* Ouça o diálogo, tente responder às perguntas e confirme ouvindo a fita.

A: Olhe ali! Não é a Ana?

B: É, sim. O que ela está fazendo lá?

A: Eu acho ________________________________

B: Por que você acha que ela está esperando João?

A: Você não sabia que ________________________________

B: Não, mas agora que você tocou no assunto, realmente eu já tinha notado que ________________________________

A: Eu acho que ________________________________

B: Você não acha que Ana ________________________________
Olhe só a saia curta que ela está vestindo! Ela não era assim, não!

A: É, como as amizades mudam as pessoas, não é mesmo?

Agora vamos *fofocar*, usando as expressões:
Você sabia que..., Você não sabia que..., Verdade?, Não acredito!, Eu acho que..., Não acho que ..., Olhe só ..., etc.

11 Una com um traço a palavra da esquerda com a frase da direita:

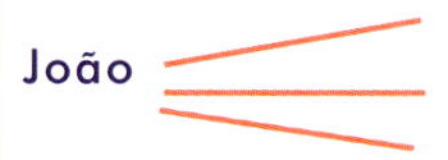

João	antes	fez a faculdade de direito.
	depois	era um ajudante de escritório (office-boy).
	hoje	é um bom advogado.

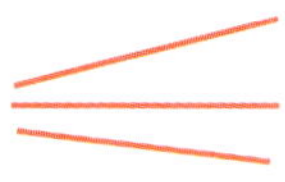

Carolina	antes	trabalhou e ganhou muito dinheiro.
	depois	tem um belo carro novo.
	agora	tinha um carro velho e feio.

Agora conte ao seu colega algo sobre você: sua vida (antes, depois e hoje), seu gosto (antes, depois e agora) e suas atividades (antigamente, posteriormente e atualmente).

psiu!

ESTADO CIVIL

SOLTEIRO/A
CASADO/A
VIÚVO/A
DIVORCIADO/A
DESQUITADO/A
SEPARADO/A...

12 Ouça a fita e escreva o que você acha que está acontecendo neste momento:

1.______________________________

2.______________________________

3.______________________________

4.______________________________

5.______________________________

6.______________________________

7.______________________________

13 Relacione as palavras abaixo:

cesto de	pilha
buquê de	bordo
receita de	lixo
licença de	ouro
doce de	flores
dor de	bolo
revista de	dente
rádio de	motorista
relógio de	coco

Você é bom em mímica?

Usando os verbos do quadro ao lado e as expressões do exercício 13, imagine uma situação e faça uma mímica. Marque um ponto para o colega que primeiro adivinhar o que você está fazendo

Boa Sorte!

A: Fazendo a mímica (jogando papel no cesto de lixo).
B: Você está jogando papel no cesto de lixo.
C: Correto!

ESPORTES

ATLETISMO
BASQUETE
BEISEBOL
FUTEBOL
HIPISMO
IATISMO
NATAÇÃO
TÊNIS
VOLEI...

Gramática

PRETÉRITO IMPERFEITO

REGULARES

	TRABALHAR	ESCREVER	ASSISTIR
EU	TRABALHAVA	ESCREVIA	ASSISTIA
VOCÊ	TRABALHAVA	ESCREVIA	ASSISTIA
ELE/ELA	TRABALHAVA	ESCREVIA	ASSISTIA
NÓS	TRABALHÁVAMOS	ESCREVÍAMOS	ASSISTÍAMOS
VOCÊS	TRABALHAVAM	ESCREVIAM	ASSISTIAM
ELES/ELAS	TRABALHAVAM	ESCREVIAM	ASSISTIAM

TU	TRABALHAVAS	ESCREVIAS	ASSISTIAS
VÓS	TRABALHÁVEIS	ESCREVÍEIS	ASSISTÍEIS

IRREGULARES

	PÔR	SER	TER	VIR
EU	PUNHA	ERA	TINHA	VINHA
VOCÊ	PUNHA	ERA	TINHA	VINHA
ELE/ELA	PUNHA	ERA	TINHA	VINHA
NÓS	PÚNHAMOS	ÉRAMOS	TÍNHAMOS	VÍNHAMOS
VOCÊS	PUNHAM	ERAM	TINHAM	VINHAM
ELES/ELAS	PUNHAM	ERAM	TINHAM	VINHAM

TU	PUNHAS	ERAS	TINHAS	VINHAS
VÓS	PÚNHEIS	ÉREIS	TÍNHEIS	VÍNHEIS

GERÚNDIO

	FALAR		ESCREVER		PARTIR		PÔR	
EU	ESTOU	FALANDO	ESTOU	ESCREVENDO	ESTOU	PARTINDO	ESTOU	PONDO
VOCÊ	ESTÁ	FALANDO	ESTÁ	ESCREVENDO	ESTÁ	PARTINDO	ESTÁ	PONDO
ELE/ELA	ESTÁ	FALANDO	ESTÁ	ESCREVENDO	ESTÁ	PARTINDO	ESTÁ	PONDO
NÓS	ESTAMOS	FALANDO	ESTAMOS	ESCREVENDO	ESTAMOS	PARTINDO	ESTAMOS	PONDO
VOCÊS	ESTÃO	FALANDO	ESTÃO	ESCREVENDO	ESTÃO	PARTINDO	ESTÃO	PONDO
ELES/ELAS	ESTÃO	FALANDO	ESTÃO	ESCREVENDO	ESTÃO	PARTINDO	ESTÃO	PONDO

TU	ESTÁS	FALANDO	ESTÁS	ESCREVENDO	ESTÁS	PARTINDO	ESTÁS	PONDO
VÓS	ESTAIS	FALANDO	ESTAIS	ESCREVENDO	ESTAIS	PARTINDO	ESTAIS	PONDO

ATENÇÃO!!

CUIDADO COM ALGUNS VERBOS
SEGUIDOS POR INFINITIVO:
PARECE ESTAR, PRECISA IR, QUER ESTUDAR, CONSEGUE TRABALHAR, SABE FALAR...

MEU FUTURO

DINHEIRO

MOEDAS

0,01

0,05

0,10

0,25

0,50

1,00

NOTAS

1,00

5,00

10,00

50,00

100,00

EXPRESSÕES

Quanto custa?

Quanto é?

Quanto sai?

Tem trocado?

Confira o troco, por favor.

PAGAMENTOS

cartão de crédito
à vista
a prazo
(em parcelas/em "x" vezes/em "x" prestações)
cartão de banco
cheque
dinheiro

COMO PREENCHER UM **CHEQUE** *NO BRASIL:*

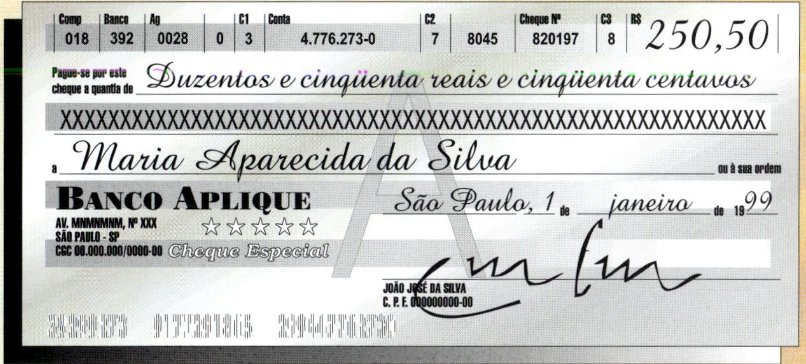

Comp	Banco	Ag		C1	Conta	C2		Cheque Nº	C3	R$
018	392	0028	0	3	4.776.273-0	7	8045	820197	8	250,50

Pague-se por este cheque a quantia de *Duzentos e cinqüenta reais e cinqüenta centavos*

XXXXXXXXXXXXXXXXXXXXXXXXXXXXXXXXXXXXXXXXXXXXXXXXXXXXXXXXXXXXXXX

a *Maria Aparecida da Silva* ou à sua ordem

BANCO APLIQUE

AV. MNMNMNM, Nº XXX
SÃO PAULO - SP
CGC 00.000.000/0000-00 *Cheque Especial*

São Paulo, 1 de *janeiro* de 19*99*

JOÃO JOSÉ DA SILVA
C. P. F. 000000000-00

SÍLABA TÔNICA e SÍLABA ÁTONA

A sílaba que pronunciamos com **mais força** chama-se **sílaba tônica**.

Sílabas átonas são as sílabas pronunciadas com **menos força.**

TIPOS DE FRASES E SUAS PONTUAÇÕES

FRASE AFIRMATIVA	*Moro em São Paulo.*	.	=	ponto final
NEGATIVA	*Eles não são advogados.*	.	=	ponto final
INTERROGATIVA	*Onde você trabalha?*	?	=	ponto de interrogação
EXCLAMATIVA	*Parabéns!*	!	=	ponto de exclamação

Agora ouça a fita e indique os tipos de frases e suas pontuações. Circule também a sílaba tônica de cada palavra.

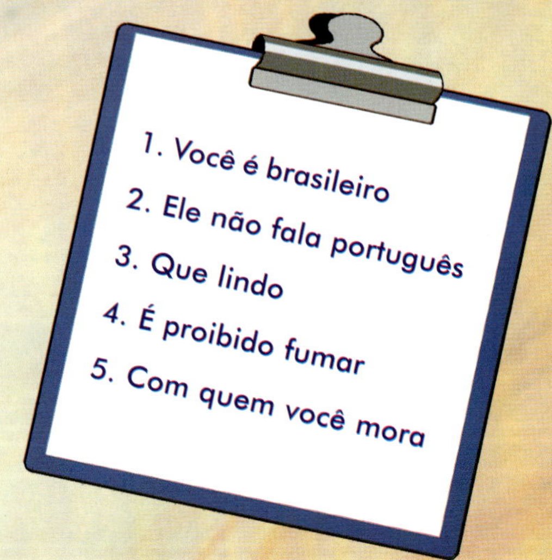

Futuro

Penso muito no meu futuro. Todos pensamos muito! Onde estarei daqui a 5 anos? Estarei trabalhando? Continuarei na mesma cidade? Terei filhos? Minha vida será mais fácil ou mais difícil? Como estará a minha saúde? E minha família, como andará? Meus irmãos continuarão perto de mim? Precisarei estudar mais? Vou me especializar? Falarei mais idiomas? Estarei mais familiarizado com o computador? O mundo terá resolvido seus grandes problemas? Teremos um meio-ambiente mais amigável?

E você? Quais são as suas perguntas sobre o seu FUTURO?

1 Siga as ilustrações e formule mais algumas perguntas com os verbos entre parênteses.

(VIAJAR)

(CONHECER)

(PRATICAR)

(GANHAR)

2 Vocês foram eleitos governantes de um país e têm plena autoridade para fazer o que quiserem. Que mudanças vocês farão para construir um "país ideal"? O que vocês não aprovam no país em que vocês moram agora e gostariam de mudar? Depois, discutam com o professor/outros grupos sobre a viabilidade ou não de implantar esta mudança no país.

Ex.: Atualmente o povo está pagando impostos pesados. Achamos injusto, por isso, no nosso "país" ninguém precisará pagar impostos.

(Mas o que o governo fará para arrecadar verbas para a realização de obras?...)

ADVÉRBIOS DE FREQÜÊNCIA

SEMPRE = constantemente
COM FREQÜÊNCIA = geralmente, normalmente
ÀS VEZES = de vez em quando
NÃO MUITO = poucas vezes
DIFICILMENTE = raras vezes, raramente
NUNCA = jamais...

psiu!

Estou sentado na sala, em frente à televisão, mas não estou acompanhando a programação. Ao meu lado, meu irmão está brincando e minha irmã está estudando. Meus pais estão fora, estão jantando com amigos. Estou pensando...
Não estou muito feliz com minha vida. Não sinto que estou progredindo. Preciso mudar!!!
Meus pais reclamam muito do meu comportamento e meus professores também não estão satisfeitos comigo. Assim, eu não estou feliz e meus pais e meus professores também não. Vou mudar!!!
Daqui pra frente vou ser diferente: vou estudar mais, não vou mais responder mal aos meus pais e não vou deixar de fazer as tarefas de casa. Serei mais aplicado no meu treino de futebol e não faltarei às aulas de inglês e computação.

3 Leia o texto e responda:

1. Onde está Paulo?
2. O que ele está fazendo?
3. Ele está gostando da programação?
4. O que Mariana está fazendo?
5. E Carlos, o irmão de Paulo?
6. Onde estão os pais deles?
7. Por que Paulo não está feliz?
8. Que decisões ele toma? O que vai fazer?

E você? O que está fazendo agora?
Você está feliz com sua vida?
O que você vai mudar?
Você acha que vai ser fácil mudar?
O que você tem certeza de que não vai mudar de jeito nenhum?
O que você já mudou (para melhor) até agora?
Que tipo de pessoa você acha que é? Simpática? Amigável? Chata? Aborrecida? Por quê?

4 Algumas pessoas estão se preparando para sair de férias. Veja o que elas estão colocando nas suas malas e adivinhe o que cada uma fará durante as férias.

algumas das coisas que Marta está levando	algumas das coisas que Jaime está levando	algumas das coisas que Célia está levando
• guia de viagem	• vara de pescar	• livros
• raquete de tênis	• bicicleta	• papéis e envelopes
• traje de banho	• máquina fotográfica	• máquina de escrever

psiu!

FLORES

CRAVOS
FLORES DO CAMPO
GIRASSÓIS
LÍRIOS
MARGARIDAS
ORQUÍDEAS
PALMAS
ROSAS
VIOLETAS...

5 Observe os desenhos e diga o que VAI ACONTECER:

O ÍNDIO

UM ÍNDIO DESCERÁ DE UMA ESTRELA
COLORIDA, BRILHANTE
DE UMA ESTRELA QUE VIRÁ
NUMA VELOCIDADE ESTONTEANTE
E POUSARÁ NO CORAÇÃO DO HEMISFÉRIO SUL
NA AMÉRICA, NUM CLARO INSTANTE

DEPOIS DE EXTERMINADA
A ÚLTIMA NAÇÃO INDÍGENA
E O ESPÍRITO DOS PÁSSAROS
DAS FONTES DE ÁGUA LÍMPIDA
MAIS AVANÇADO QUE A MAIS AVANÇADA
DAS MAIS AVANÇADAS DAS TECNOLOGIAS

VIRÁ, IMPÁVIDO QUE NEM MOHAMED ALI
VIRÁ QUE EU VI
APAIXONADAMENTE COMO PERI
VIRÁ QUE EU VI
TRANQÜILO E INFALÍVEL COMO BRUCE LEE
VIRÁ QUE EU VI
O AXÉ DO AFOXÉ, FILHOS DE GANDHI
VIRÁ (...)

Caetano Veloso

REFAZENDA

ABACATEIRO, ACATAREMOS TEU ATO
NÓS TAMBÉM SOMOS DO MATO
COMO O PATO E O LEÃO
AGUARDAREMOS, BRINCAREMOS NO REGATO
ATÉ QUE NOS TRAGAM FRUTOS
TEU AMOR, TEU CORAÇÃO

ABACATEIRO, TEU RECOLHIMENTO
É JUSTAMENTE O SIGNIFICADO
DA PALAVRA TEMPORÃO
ENQUANTO O TEMPO
NÃO TROUXER TEU ABACATE
AMANHECERÁ TOMATE
E ANOITECERÁ MAMÃO (...)

Gilberto Gil

DATAS COMEMORATIVAS

ANO NOVO (1º DE JANEIRO)
CARNAVAL
TIRADENTES (21 DE ABRIL)
DIA DO TRABALHO (1º DE MAIO)
DIA DAS MÃES
CORPUS CHRISTI
DIA DOS NAMORADOS (12 DE JUNHO)
FESTAS JUNINAS
DIA DOS PAIS
DIA DA INDEPENDÊNCIA (7 DE SETEMBRO)
N.SRA. APARECIDA (12 DE OUTUBRO)
DIA DAS CRIANÇAS (12 DE OUTUBRO)
DIA DOS PROFESSORES (15 DE OUTUBRO)
FINADOS (2 DE NOVEMBRO)
PROCLAMAÇÃO DA REPÚBLICA (15 DE NOVEMBRO)
NATAL (25 DE DEZEMBRO)

psiu!

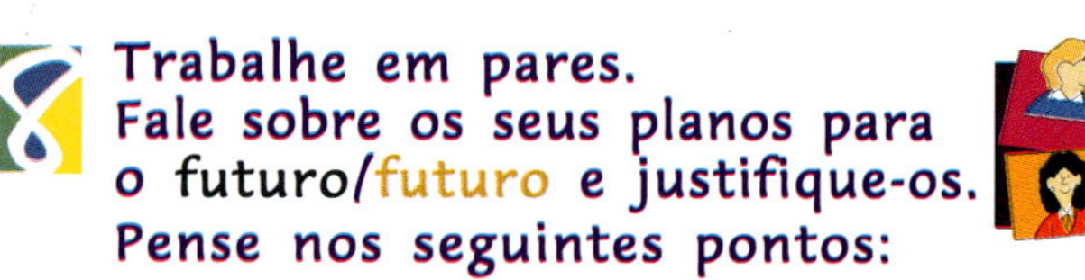

6 O que a cigana está dizendo ao rapaz? Use as palavras entre parênteses:

EXEMPLO

"Você vai viajar muito para o exterior."

(loira) (novo) (exterior)
(pessoas) (no campo)

7 O que mais você acha que a cigana vai dizer para o rapaz???

A. ______________________
B. ______________________
C. ______________________
D. ______________________
E. ______________________

Agora ouça a fita e compare suas anotações com as previsões da cigana.

8 Trabalhe em pares. Fale sobre os seus planos para o futuro/futuro e justifique-os. Pense nos seguintes pontos:

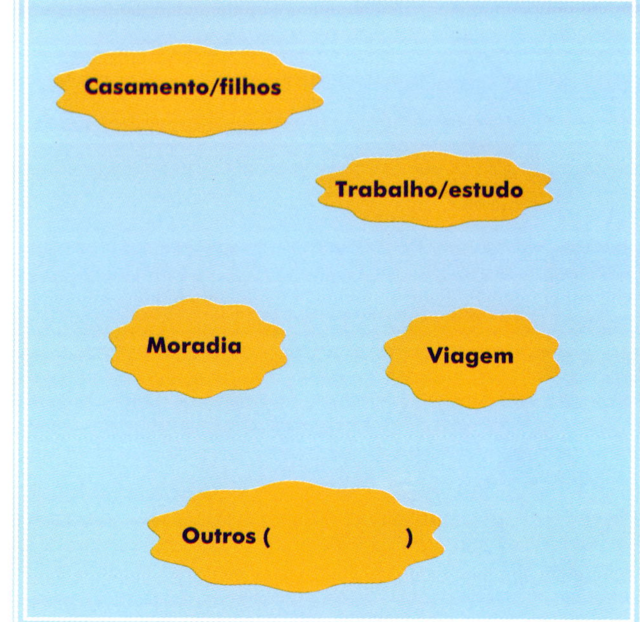

9 Você e seu/sua colega estão participando de uma Convenção Internacional de Engenharia Ecológica. Planejem uma Cidade Futurista no coração da Amazônia com o mínimo de destruição do meio-ambiente possível.

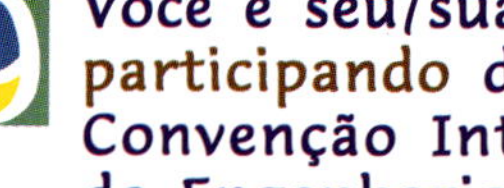

Ex.: Preservaremos a natureza.
Não derrubaremos as árvores.

psiu!

SALÃO DE BELEZA

CABELEIREIRO/BARBEIRO
CORTAR/PENTEAR
DEPILAR/DEPILAÇÃO
FAZER A BARBA/O BIGODE
FAZER O CABELO/PERMANENTE/ESCOVA
MANICURE (ESMALTE, LIXA...)
MAQUIAR (MAQUIAGEM)...

5 Observe os desenhos e diga o que VAI ACONTECER:

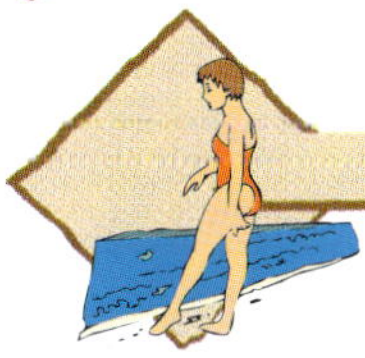

O ÍNDIO

REFAZENDA

ABACATEIRO, ACATAREMOS TEU ATO
NÓS TAMBÉM SOMOS DO MATO
COMO O PATO E O LEÃO
AGUARDAREMOS, BRINCAREMOS NO REGATO
ATÉ QUE NOS TRAGAM FRUTOS
TEU AMOR, TEU CORAÇÃO

ABACATEIRO, TEU RECOLHIMENTO
É JUSTAMENTE O SIGNIFICADO
DA PALAVRA TEMPORÃO
ENQUANTO O TEMPO
NÃO TROUXER TEU ABACATE
AMANHECERÁ TOMATE
E ANOITECERÁ MAMÃO (...)

Gilberto Gil

UM ÍNDIO DESCERÁ DE UMA ESTRELA
COLORIDA, BRILHANTE
DE UMA ESTRELA QUE VIRÁ
NUMA VELOCIDADE ESTONTEANTE
E POUSARÁ NO CORAÇÃO DO HEMISFÉRIO SUL
NA AMÉRICA, NUM CLARO INSTANTE

DEPOIS DE EXTERMINADA
A ÚLTIMA NAÇÃO INDÍGENA
E O ESPÍRITO DOS PÁSSAROS
DAS FONTES DE ÁGUA LÍMPIDA
MAIS AVANÇADO QUE A MAIS AVANÇADA
DAS MAIS AVANÇADAS DAS TECNOLOGIAS

VIRÁ, IMPÁVIDO QUE NEM MOHAMED ALI
VIRÁ QUE EU VI
APAIXONADAMENTE COMO PERI
VIRÁ QUE EU VI
TRANQÜILO E INFALÍVEL COMO BRUCE LEE
VIRÁ QUE EU VI
O AXÉ DO AFOXÉ, FILHOS DE GANDHI
VIRÁ (...)

Caetano Veloso

DATAS COMEMORATIVAS

ANO NOVO (1º DE JANEIRO)
CARNAVAL
TIRADENTES (21 DE ABRIL)
DIA DO TRABALHO (1º DE MAIO)
DIA DAS MÃES
CORPUS CHRISTI
DIA DOS NAMORADOS (12 DE JUNHO)
FESTAS JUNINAS
DIA DOS PAIS
DIA DA INDEPENDÊNCIA (7 DE SETEMBRO)
N.SRA. APARECIDA (12 DE OUTUBRO)
DIA DAS CRIANÇAS (12 DE OUTUBRO)
DIA DOS PROFESSORES (15 DE OUTUBRO)
FINADOS (2 DE NOVEMBRO)
PROCLAMAÇÃO DA REPÚBLICA (15 DE NOVEMBRO)
NATAL (25 DE DEZEMBRO)

psiu!

6 O que a cigana está dizendo ao rapaz? Use as palavras entre parênteses:

EXEMPLO

"Você vai viajar muito para o exterior."

(loira) (novo) (exterior) (pessoas) (no campo)

7 O que mais você acha que a cigana vai dizer para o rapaz???

A. ______________________________

B. ______________________________

C. ______________________________

D. ______________________________

E. ______________________________

Agora ouça a fita e compare suas anotações com as previsões da cigana.

8 Trabalhe em pares. Fale sobre os seus planos para o futuro/futuro e justifique-os. Pense nos seguintes pontos:

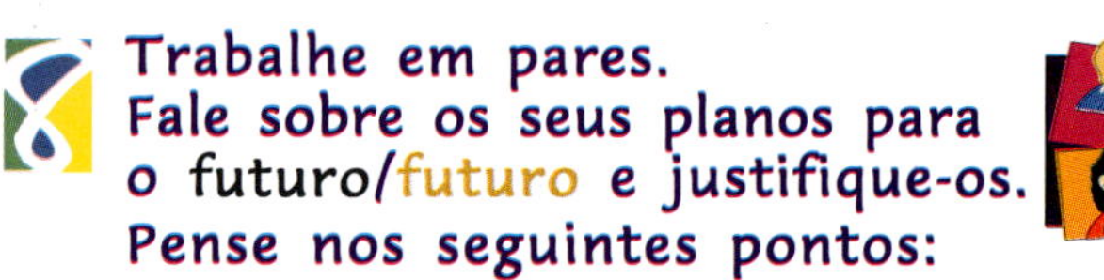

9 Você e seu/sua colega estão participando de uma Convenção Internacional de Engenharia Ecológica. Planejem uma Cidade Futurista no coração da Amazônia com o mínimo de destruição do meio-ambiente possível.

Ex.: Preservaremos a natureza.
Não derrubaremos as árvores.

psiu!

SALÃO DE BELEZA

CABELEIREIRO/BARBEIRO
CORTAR/PENTEAR
DEPILAR/DEPILAÇÃO
FAZER A BARBA/O BIGODE
FAZER O CABELO/PERMANENTE/ESCOVA
MANICURE (ESMALTE, LIXA...)
MAQUIAR (MAQUIAGEM)...

10 **Leia a história da vida de Patrícia, contada por ela mesma. Complete os espaços com os verbos no tempo correto.**

Eu ____________ (nascer) em Sorocaba, uma cidade do interior de São Paulo. Não ____________ (lembrar-se) muito da cidade, porque quando ____________ (ter) 3 anos, meus pais ____________ (mudar-se) para São José dos Campos. Agora, São José dos Campos ____________ (ser) uma cidade grande, desenvolvida, com muitos shoppings, mas antigamente, ____________ (haver) muitas árvores e rios limpos. (Nós) ____________ (poder) brincar nas ruas, sem problema de segurança. (Nós) ____________ (nadar) nos rios, hoje poluídos. Muitos dos rios já não ____________ (existir) mais. Nos anos 80, muitas indústrias ____________ (instalar-se) na cidade e ela ____________ (crescer) de um dia para outro. Muita gente de fora ____________ (vir) a São José em busca de trabalho.

Depois, com a crise do petróleo, tudo ____________ (mudar). Muitos ____________ (perder) o emprego. Como não ____________ (haver) trabalho na cidade, muitos ____________ (ir) buscar emprego em outras cidades, às vezes, bem distantes. Até hoje, muitos, inclusive eu, ____________ (morar) em São José e ____________(trabalhar) fora.

11 **Vamos praticar: observe o seguinte diálogo e exercite as estruturas conforme as instruções do professor.**

MITIE: Oi, tudo bem?
JOÃO: Tudo bem, e você?
MITIE: Bem, obrigada. João, quero te apresentar José.
JOÃO: Muito prazer.
JOSÉ: Prazer.
MITIE: O José também nasceu no Rio de Janeiro. É carioca.
JOÃO: Verdade? Quanto tempo você morou lá?
JOSÉ: Fiz até a faculdade lá. Saí da faculdade e logo vim para cá. Estou aqui em São Paulo há dois anos.
JOÃO: Em que faculdade você estudou?
JOSÉ: Na Federal do Rio.
JOÃO: Que coincidência! Eu também. Você estudou o quê?
JOSÉ: Engenharia Química.
JOÃO: Não é possível! Eu também! Em que ano você se formou?
JOSÉ: Em 95. Você também?
JOÃO: Ah, não! Eu me formei em 92. É por isso que não nos conhecemos.
JOSÉ: Vamos tomar um cafezinho?
MITIE: Vamos! Seu Manoel faz um café delicioso no bar da frente.

12 **COINCIDÊNCIAS**
Ande pela sala e, indagando, procure pessoas que tenham os mesmos hábitos (se você tem este hábito pode colocar o seu nome também):

Sempre lêem antes de dormir	____________	____________
Jantam assistindo à televisão	____________	____________
Rabiscam desenhos enquanto ouvem explicações ou atendem telefonemas	____________	____________
Roem as unhas quando estão nervosos	____________	____________
Não tomam líquidos durante as refeições	____________	____________

ANIMAIS

BOI
CACHORRO
CARNEIRO
CAVALO
COBRA
COELHO
GATO
MACACO
PORCO
TARTARUGA...

psiu!

13 Leia o pensamento de Luís e escreva o que ele **fará** nos próximos anos:

Você vai sair de férias e quer viajar. Trabalhe em pares.

Escolha um país e conte seus planos ao seu colega/professor.
Se desejar, use as dicas abaixo:

**ONDE / QUANDO / COM QUEM / O QUE LEVAR
DE QUE / ONDE SE HOSPEDAR / O QUE FAZER, ETC.**

14  Ouça parte de uma estória. Como você acha que a estória continua?

15 Faça 3 perguntas para cada uma das seguintes respostas:

REVISÃO

A. Márcia está estudando Engenharia na USP.

___
___
___

B. Ontem Cláudio viajou para a França a negócios.

___
___
___

C. Quando adolescentes, Antonio e Estela eram excelentes jogadores de tênis.

___
___
___

D. NO FUTURO, o computador ajudará a administrar as casas.

___
___
___

psiu!

AVES (1)

ANDORINHA
ARARA
BEIJA-FLOR
BEM-TE-VI
CANÁRIO
PAPAGAIO
PERIQUITO
PICA-PAU...

16 Leia as MANCHETES abaixo e discuta os acontecimentos com seu colega e/ou professor.

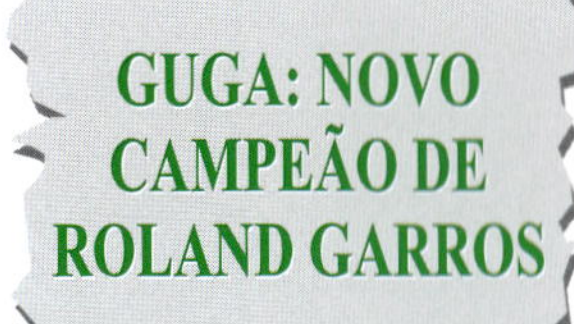

MERCOSUL JÁ ESTÁ TRAZENDO NOVOS NEGÓCIOS À AMÉRICA LATINA

CARROS ELÉTRICOS SÃO UMA REALIDADE

17 Fale-nos sobre uma (duas) etapa(s) da sua vida, usando o verbo indicado na forma adequada:

Exemplo:
ESTUDAR

(se você sempre faz):
Estudo depois do jantar.
(se você é estudante):
Estou estudando Direito na Universidade de São Paulo.
(se você se formou):
Eu ***estudei*** Direito na Universidade de São Paulo.
(se você quer falar sobre uma determinada época passada):
*Eu **estudava** e trabalhava quando tinha 18 anos.*
(se o estudo está nos seus planos futuros):
Eu ***vou estudar*** português porque vou viajar ao Brasil no próximo ano.
Estudarei *mais para ser alguém na vida.*
(se nunca fez):
Nunca ***estudei*** árabe.

Agora vamos praticar? Então comece!

1. TRABALHAR
2. PRATICAR ESPORTES
3. SAIR COM OS AMIGOS
4. IR À PRAIA
5. TOMAR CERVEJA
6. FUMAR
7. ANDAR A PÉ

AVES (2)

GAIVOTA
GALINHA
GALO
GARÇA
MARRECO
PATO
PINTINHO
POMBO
URUBU...

psiu!

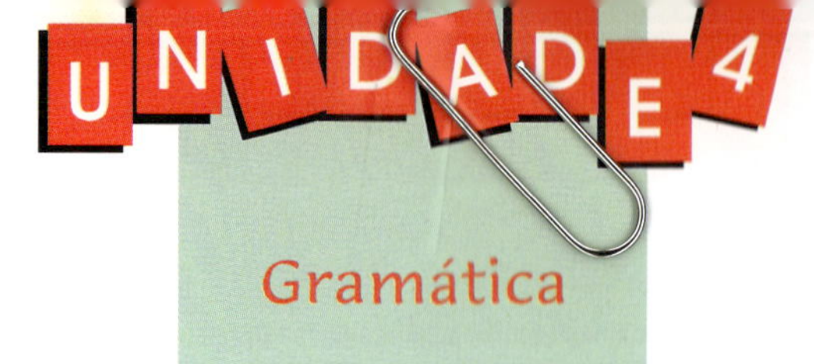

FUTURO

REGULARES

	FALAR	ESCREVER	PARTIR
EU	FALAREI	ESCREVEREI	PARTIREI
VOCÊ	FALARÁ	ESCREVERÁ	PARTIRÁ
ELE/ELA	FALARÁ	ESCREVERÁ	PARTIRÁ
NÓS	FALAREMOS	ESCREVEREMOS	PARTIREMOS
VOCÊS	FALARÃO	ESCREVERÃO	PARTIRÃO
ELES/ELAS	FALARÃO	ESCREVERÃO	PARTIRÃO

TU	FALARÁS	ESCREVERÁS	PARTIRÁS
VÓS	FALAREIS	ESCREVEREIS	PARTIREIS

IRREGULARES

	DIZER	FAZER	TRAZER
EU	DIREI	FAREI	TRAREI
VOCÊ	DIRÁ	FARÁ	TRARÁ
ELE/ELA	DIRÁ	FARÁ	TRARÁ
NÓS	DIREMOS	FAREMOS	TRAREMOS
VOCÊS	DIRÃO	FARÃO	TRARÃO
ELES/ELAS	DIRÃO	FARÃO	TRARÃO

TU	DIRÁS	FARÁS	TRARÁS
VÓS	DIREIS	FAREIS	TRAREIS

FUTURO

Eu **VOU FALAR** com o professor amanhã.
Você **VAI ESCREVER** para a sua amiga?
Nós **VAMOS FAZER** um bolo para mamãe, no aniversário dela.
Vocês **VÃO DIZER** a verdade, ou não?
Elas **VÃO AJUDAR** meu irmão a trazer os pacotes.

UNIDADE 5

MINHAS EXPECTATIVAS

APRENDA

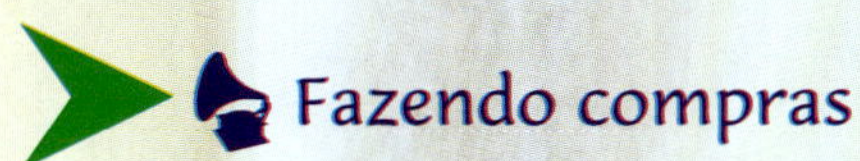

Fazendo compras

NO SUPERMERCADO

Pois não?

Quero 250 gr. de presunto!

E eu 300 gr. de mortadela.

1/2 QUILO (Kg.) de carne

500 GRAMAS (gr.) de queijo

1 GARRAFA de cerveja

1 PACOTE de açúcar

1 LATA de sardinha

1 LITRO (l.) de água mineral

NA FEIRA

O que vai hoje freguesa?

Hoje vou levar 1 PÉ de alface e 2 MAÇOS de espinafre.

Só isso?

Só isso, obrigada.

Já escolheu dona?

Sim, dê-me meia DÚZIA de laranjas.

Mais alguma coisa?

Vou levar também 3 CACHOS de uvas e 2 CAIXAS de morangos.

1 PÉ de alface | 2 MAÇOS de espinafre | 1 CAIXA de morangos | meia DÚZIA de laranjas | 1 CACHO de uvas

OUTROS

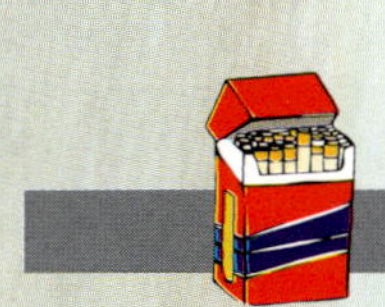

1 MAÇO de cigarro

1 METRO (m.) de tecido

30 CENTÍMETROS (cm.) de fita

PARA MEDIR *INGREDIENTES DE RECEITAS*

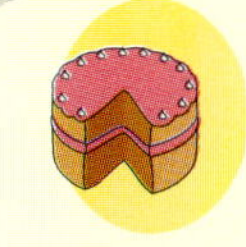

Você quer fazer um bolo? Então, você vai precisar de:

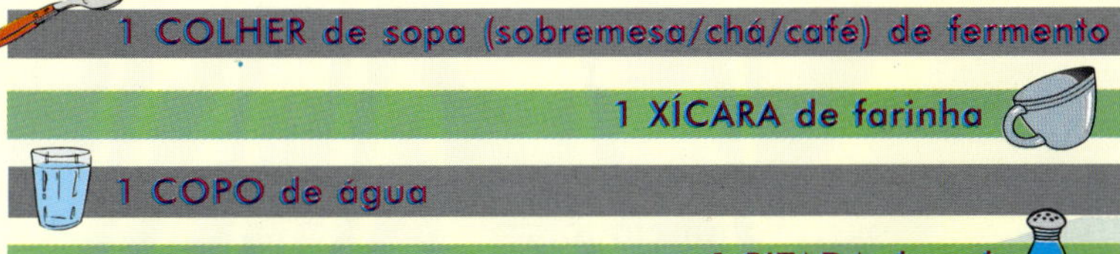

1 COLHER de sopa (sobremesa/chá/café) de fermento

1 XÍCARA de farinha

1 COPO de água

1 PITADA de sal

ESTUDO DE...

RECORDANDO:

SÍLABA TÔNICA é aquela que é pronunciada com **maior intensidade**.

Identifique as **SÍLABAS TÔNICAS** no quadrinho ao lado e depois confira suas respostas.

PO LÍ CIA ES TÃO

Observe que a PALAVRA pode ser:

a. OXÍTONA - a sílaba tônica é a última da palavra:
vo-**cê**, ca-**fé**, tal-**vez**

b. PAROXÍTONA - a sílaba tônica é a penúltima da palavra:
ca-**der**-no, po-**lí**-cia

c. PROPAROXÍTONA - a sílaba tônica é a antepenúltima da palavra:
má-gi-ca, **ár**-vo-re

Os MONOSSÍLABOS (palavras de uma só sílaba) TÔNICOS terminados em **a, e, o** são sempre acentuados:

pá, pé, pó, lá, nós, dó

Importante: ***1) PREPOSIÇÕES NÃO são acentuadas:***
Gosto **de** você. O cabelo **da** menina está preso.
2) dê / de — dá / da — pôr / por

´ = ACENTO AGUDO - utilizado nas vogais abertas (tônicas): vovó, saída, régua

^ = ACENTO CIRCUNFLEXO - utilizado nas vogais fechadas (tônicas): câmera, vovô, pêssego

~ = TIL - usado para marcar a vogal nasal: irmã, lã, amanhã, põe, mãe, irmão

` = ACENTO GRAVE (CRASE) - usado na contração da preposição a com o artigo a, as ou com o demonstrativo aquele, aquilo...:
às vezes, à noite, às escuras, àqueles

¨ = TREMA - só deve ser colocado sobre o u dos grupos gue, gui, que, qui, quando este u for pronunciado:
agüentar, lingüiça, freqüente, tranqüilo

UNIDADE 5

Presente do Subjuntivo
Futuro do Subjuntivo
Pronomes Oblíquos

BRASIL: MINHAS EXPECTATIVAS

Qual a imagem que você faz do Brasil? O que você sabe sobre ele?

Leia a redação de dois alunos e discuta sobre elas. Há algo de *estranho* nelas?

Na sala de aula

Prof.: Hoje eu *quero* que vocês escrevam uma pequena redação sobre o Brasil. Quero que me descrevam a imagem que vocês têm do país. Coloquem tudo o que vocês acham que vão encontrar lá. Vocês entenderam? Podem começar.

Aluno 1: É a primeira vez que vou ao Brasil, mas me disseram que é um país tropical e que o povo é muito alegre. *É pena* que eu não tenha estudado espanhol para poder falar com eles. *Tomara* que eu possa comunicar-me através de gestos e de desenhos. Mas *receio* que não consiga fazer amigos, principalmente porque vou ficar apenas dois meses. Vou ficar na capital, Rio de Janeiro, famosa pelo Carnaval e pelas mulatas bonitas. Vou poder ver o Carnaval porque vou em abril para lá. *Espero* que alguma mulata bonita me ensine a sambar.

Aluno 2: A firma onde eu trabalho *exige* que eu fique um ano no Brasil, mas não gostaria de ficar tanto tempo separado de minha família.

Receio que eu não saiba muita coisa sobre o Brasil. Sei que os brasileiros gostam muito de futebol, café e rumba. *Talvez* eu *goste* de morar lá, porque adoro futebol e dança. Mas quase nunca tomo café. *Quem sabe* eu me acostume com a bebida. *Talvez* seja mais saudável do que cerveja, que eu tomo sempre. Será que eles não tomam cerveja?

Ouvi dizer que é proibido fumar dentro de casa. *Tomara* que seja verdade para que eu possa deixar de fumar.

E você? Que outra informação teria a acrescentar sobre o Brasil?

1 **Imagine a seguinte situação:**

**Em alguns dias você fará uma viagem à Europa.
Pense nos detalhes, discuta-os com seu colega e complete as frases abaixo:**

Espero que...	Receio que...
Tomara que...	Que pena que...
Não estou certo de que...	Peço que...
Talvez...	Estou contente que...

TIPOS DE LOJAS

BUTIQUE
DROGARIA/FARMÁCIA
LOJA DE CALÇADOS (SAPATARIA)
LOJA DE CONVENIÊNCIA
LOJA DE DEPARTAMENTOS
LOJA DE ELETRODOMÉSTICOS
LOJA DE MÓVEIS
PAPELARIA/LIVRARIA...

psiu!

 O que você diria a um colega nas situações que você vai ouvir agora?

Exemplo: (ambulância)

Espero que eles cheguem a tempo no hospital.
Tomara que não seja nada grave.

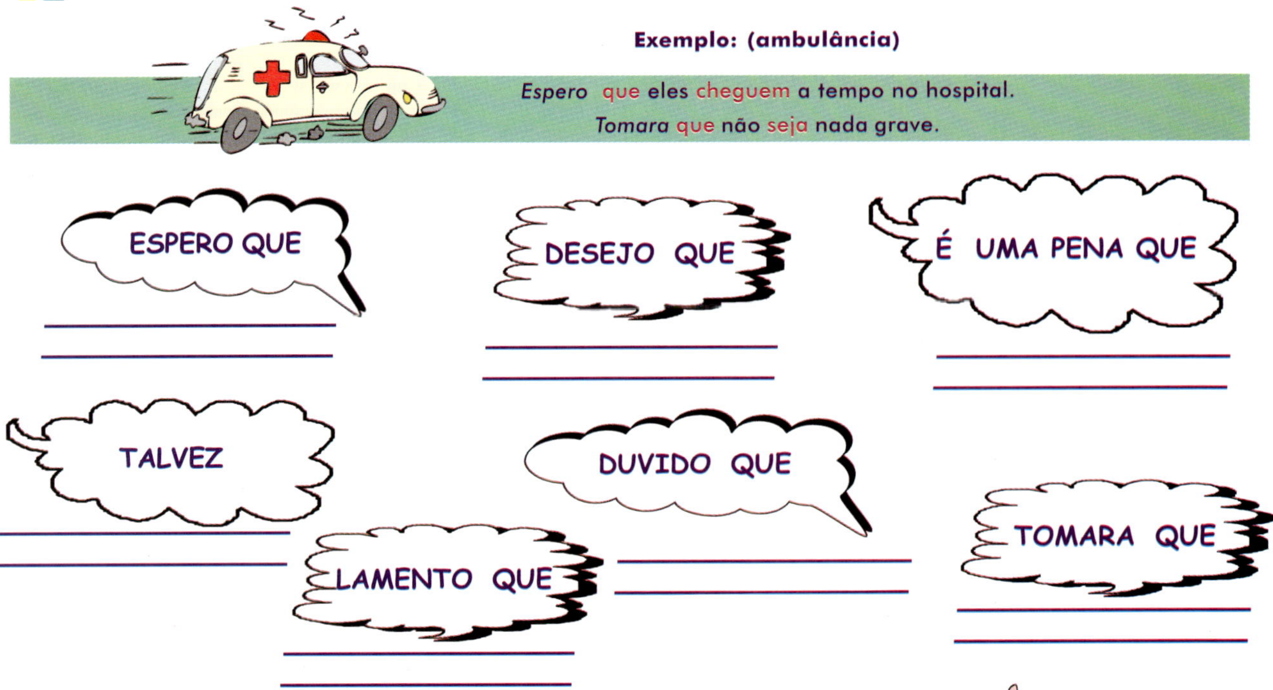

 Coloque os verbos na forma adequada e complete o texto:

Ontem Carla ____________ (ir) ao supermecado da esquina. ____________ (ser) sábado à tarde, por isso o supermercado ____________ (estar) muito cheio. ____________ (comprar) um monte de coisas.

Ela sempre ____________ (fazer) suas compras semanais neste supermercado por duas razões: uma porque ____________ (ser) barato; outra porque ____________ (ficar) perto de sua casa. A partir da semana que vem ____________ (haver) uma terceira razão: ele ____________ (abrir) aos domingos também. Agora ela ____________ (poder) deixar as compras de supermercado para domingo.

Ela ____________ (aproveitar) o sábado para outras coisas.

Em que seção do supermercado Carla comprou cada um dos seguintes produtos? (ver PSIU no rodapé)

leite	____________
presunto	____________
latas de ervilha	____________
flocos de milho	____________
1 vinho tinto	____________
1 kg. de carne	____________
detergente	____________
sabonete	____________
condicionador	____________

SEÇÕES DE UM SUPERMERCADO

BEBIDAS
CARNES E AVES
CEREAIS
ENLATADOS
FRIOS
LATICÍNIOS
MATERIAL DE (LIMPEZA/HIGIENE...)
PEIXES
VERDURAS E FRUTAS...

UNIDADE 5

Presente do Subjuntivo
Futuro do Subjuntivo
Pronomes Oblíquos

BRASIL: MINHAS EXPECTATIVAS

Qual a imagem que você faz do Brasil? O que você sabe sobre ele?

Leia a redação de dois alunos e discuta sobre elas. Há algo de _estranho_ nelas?

Na sala de aula

Prof.: Hoje eu *quero* que vocês escrevam uma pequena redação sobre o Brasil. Quero que me descrevam a imagem que vocês têm do país. Coloquem tudo o que vocês acham que vão encontrar lá. Vocês entenderam? Podem começar.

Aluno 1: É a primeira vez que vou ao Brasil, mas me disseram que é um país tropical e que o povo é muito alegre. *É pena* que eu não tenha estudado espanhol para poder falar com eles. *Tomara* que eu possa comunicar-me através de gestos e de desenhos. Mas *receio* que não consiga fazer amigos, principalmente porque vou ficar apenas dois meses. Vou ficar na capital, Rio de Janeiro, famosa pelo Carnaval e pelas mulatas bonitas. Vou poder ver o Carnaval porque vou em abril para lá. *Espero* que alguma mulata bonita me ensine a sambar.

Aluno 2: A firma onde eu trabalho *exige* que eu fique um ano no Brasil, mas não gostaria de ficar tanto tempo separado de minha família.

Receio que eu não saiba muita coisa sobre o Brasil. Sei que os brasileiros gostam muito de futebol, café e rumba. *Talvez* eu goste de morar lá, porque adoro futebol e dança. Mas quase nunca tomo café. *Quem sabe* eu me acostume com a bebida. *Talvez* seja mais saudável do que cerveja, que eu tomo sempre. Será que eles não tomam cerveja?

Ouvi dizer que é proibido fumar dentro de casa. *Tomara* que seja verdade para que eu possa deixar de fumar.

E você? Que outra informação teria a acrescentar sobre o Brasil?

1 Imagine a seguinte situação:

Em alguns dias você fará uma viagem à Europa.
Pense nos detalhes, discuta-os com seu colega e complete as frases abaixo:

Espero que...	Receio que...
Tomara que...	Que pena que...
Não estou certo de que...	Peço que...
Talvez...	Estou contente que...

TIPOS DE LOJAS

BUTIQUE
DROGARIA/FARMÁCIA
LOJA DE CALÇADOS (SAPATARIA)
LOJA DE CONVENIÊNCIA
LOJA DE DEPARTAMENTOS
LOJA DE ELETRODOMÉSTICOS
LOJA DE MÓVEIS
PAPELARIA/LIVRARIA...

 O que você diria a um colega nas situações que você vai ouvir agora?

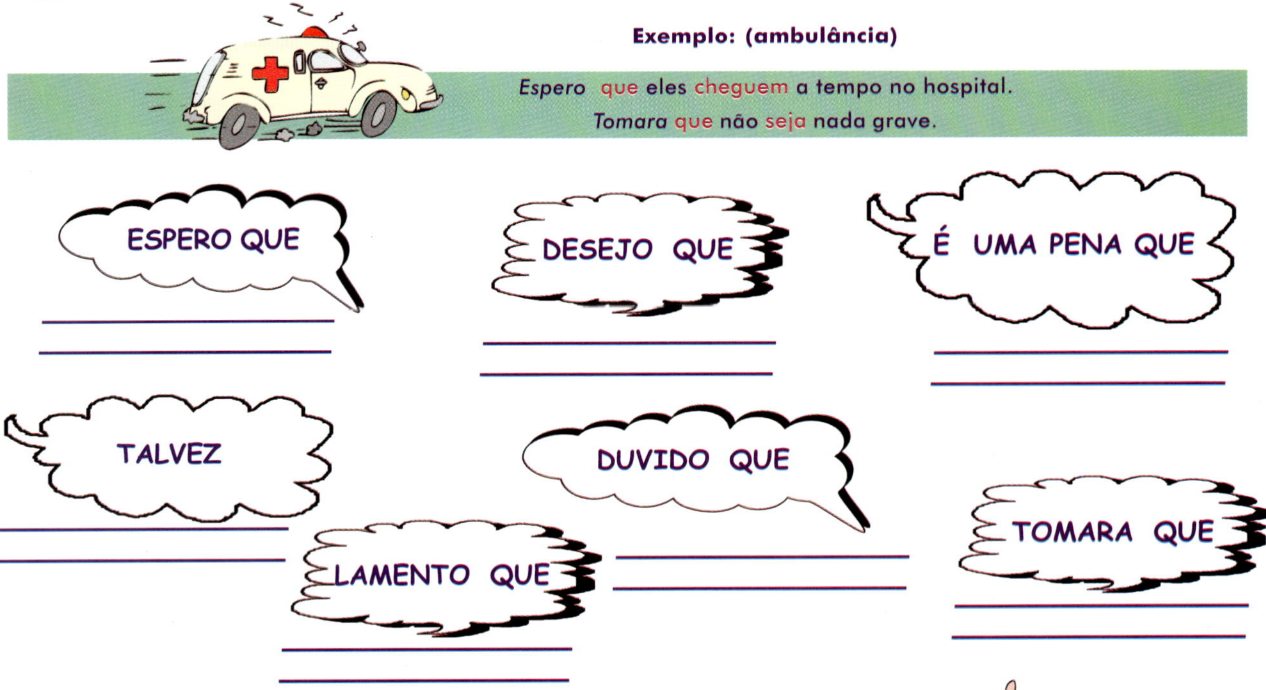

 Coloque os verbos na forma adequada e complete o texto:

Ontem Carla ______ (ir) ao supermecado da esquina. ______ (ser) sábado à tarde, por isso o supermercado ______ (estar) muito cheio. ______ (comprar) um monte de coisas.

Ela sempre ______ (fazer) suas compras semanais neste supermercado por duas razões: uma porque ______ (ser) barato; outra porque ______ (ficar) perto de sua casa. A partir da semana que vem ______ (haver) uma terceira razão: ele ______ (abrir) aos domingos também. Agora ela ______ (poder) deixar as compras de supermercado para domingo.

Ela ______ (aproveitar) o sábado para outras coisas.

Em que seção do supermercado Carla comprou cada um dos seguintes produtos? (ver PSIU no rodapé)

- leite ______
- presunto ______
- latas de ervilha ______
- flocos de milho ______
- 1 vinho tinto ______
- 1 kg. de carne ______
- detergente ______
- sabonete ______
- condicionador ______

psiu!

SEÇÕES DE UM SUPERMERCADO

BEBIDAS
CARNES E AVES
CEREAIS
ENLATADOS
FRIOS
LATICÍNIOS
MATERIAL DE (LIMPEZA/HIGIENE...)
PEIXES
VERDURAS E FRUTAS...

Escreva mensagens nos seguintes cartões:

Exemplo:
Aos noivos pelo casamento:

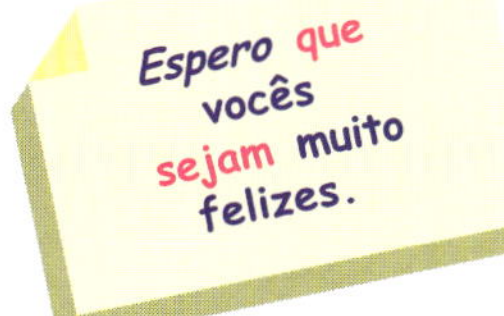

a. A um amigo pelo aniversário;

b. A uma amiga que está internada;

c. A uma colega que foi promovida;

d. A um amigo que não poderá participar de um encontro de ex-formandos.

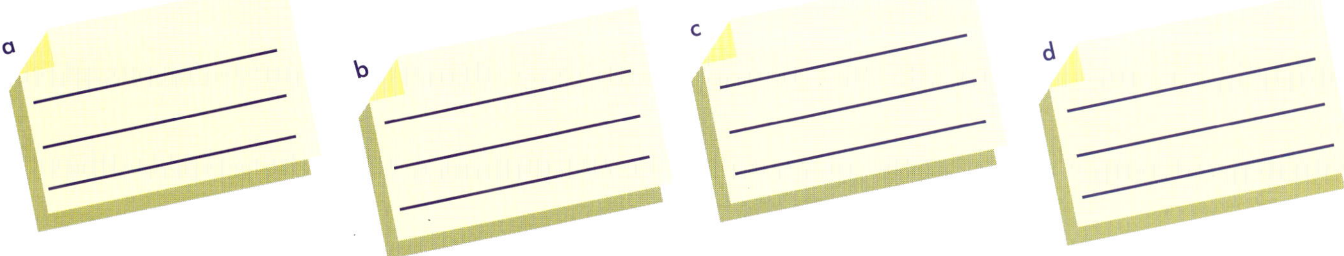

Trabalhe com seu colega.

Ouça a fita. UM de vocês anota o que Raquel diz e o OUTRO anota o que Pedro diz. Compare as duas partes do diálogo.
Há alguma semelhança no futuro dos dois?

PEDRO	RAQUEL	RAQUEL e PEDRO

No exercício anterior Pedro disse que:

Os pais dele querem <u>que ele</u> viaje para os E.U.A.
O pai dele quer <u>que ele</u> estude inglês.
Mas
Ele <u>quer</u> estudar espanhol.
Ele <u>quer</u> ganhar muito dinheiro.

<u>E você?</u>

Eu quero... Todos querem que eu...
Meu marido/minha esposa quer que eu...
Minha família e eu queremos... Eu quero que meu filho...

INSTRUMENTOS MUSICAIS

BATERIA
BERIMBAU
FLAUTA
GUITARRA
ÓRGÃO
PIANO
SAXOFONE
VIOLÃO
VIOLINO...

PERCUSSÃO

psiu!

Quando eu chegar ao Brasil, a primeira coisa que eu vou fazer é procurar um apartamento. Não quero viver num hotel por muito tempo.

Quando eu tiver minha própria casa, vou me sentir mais à vontade. Além disso, *talvez* eu tenha que comer sempre fora, mas *quando* sentir saudades de casa e quiser comer a comida do meu país, vou poder prepará-la eu mesmo.

Em segundo lugar, *quando* eu já estiver acostumado à vida no Brasil, vou comprar um carro. *Penso que* um carro seja necessário para poder viajar e conhecer melhor o país.

Se tiver tempo e puder viajar, quero conhecer o Rio de Janeiro, Brasília e Foz do Iguaçu.

Se o trabalho não tomar todo o meu tempo, quero fazer muitas outras coisas também: estudar português, praticar esportes, fazer amigos (quem sabe, arranjar uma namorada?...), etc.

E você? O que você gostaria de fazer *quando for* ao Brasil (ou a algum outro país)? Comente em classe, usando as expressões:
EM PRIMEIRO LUGAR, EM SEGUNDO LUGAR, QUANDO, SE...

6 Pratique o FUTURO DO SUBJUNTIVO completando as frases:

a. Quando o pneu do carro furar____.

b. Quando for despedido____.

c. Quando ganhar uma fortuna na loteria____.

d. Quando um brasileiro começar a conversar comigo em português__________________________________.

7 Pense em 5 pré-requisitos para a felicidade.

Exemplo:
Você será feliz *se* tiver muitos amigos.

8 Você vai ouvir uma cigana lendo a mão de Mauro. Escute com atenção e depois preencha os dados abaixo:

Qual é o futuro de Mauro?

1. Ele precisa aproveitar ______________________________ futuro.
2. Quando estiver em dificuldade ______________________________.
3. Quando fizer um negócio ______________________________.
4. Quanto às viagens, se ______________________________.
5. No amor, se ______________________________.
6. Quanto à saúde, se ______________________________.

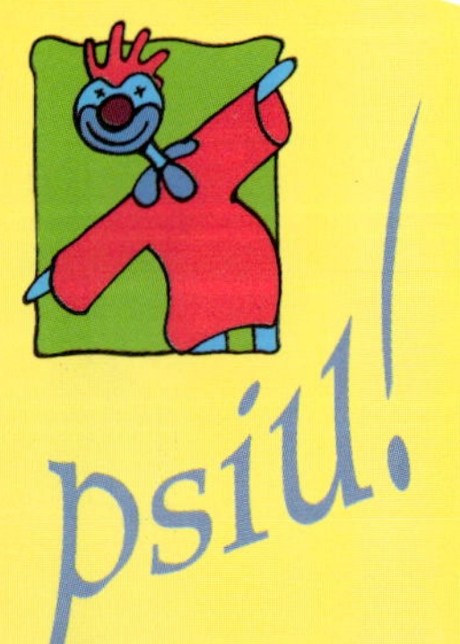

psiu!

RELIGIÕES

BUDISTA
CATÓLICA
ESPÍRITA
JUDAICA
MUÇULMANA
PROTESTANTE...

ATEU/ATÉIA

9 Una a profissão da coluna A à ação da coluna B correspondente:

A	B
ASTRONAUTA	Prender os ladrões e assaltantes.
MÉDICO	Não invadir a privacidade de pessoas famosas.
PRESIDENTE DA REPÚBLICA	Curar os doentes de câncer e de Aids.
JORNALISTA	Fazer amigos marcianos.
DIRETOR DE CINEMA	Governar democraticamente.
POLICIAL	Filmar a Natureza.

Vamos formar frases como a do exemplo abaixo, utilizando os elementos do exercício ao lado:

Exemplo: Quando eu for Presidente da República, governarei democraticamente.

1. ______________________________

2. ______________________________

3. ______________________________

4. ______________________________

5. ______________________________

Agora complete, oralmente, as informações da coluna A, imaginando a possibilidade destes fatos tornarem-se realidade:

Exemplo: Se eu me tornar Presidente da República, **(darei prioridade à Educação).**

10 Veja em que situações as pessoas abaixo se encontram e diga o que elas estão fazendo agora.

REVISÃO

Exemplo: Pedro (tem uma prova amanhã): **Ele deve estar estudando.**
Eu acho que ele está estudando.
Talvez ele esteja estudando.

Jaime (vai viajar amanhã de manhã) ______________________________

Cíntia (sua mãe está doente) ______________________________

Dalva (seu pai perdeu o emprego) ______________________________

Elza (vai dar uma festa na casa dela hoje à noite) ______________________________

Fátima (começou a namorar Josias) ______________________________

Maurício (a professora dele devolveu a prova com nota 3) ______________________________

HORÓSCOPO

CAPRICÓRNIO
AQUÁRIO
PEIXES
ÁRIES
TOURO
GÊMEOS
CÂNCER
LEÃO
VIRGEM
LIBRA
ESCORPIÃO
SAGITÁRIO

PRONOMES PESSOAIS

NÚMERO	PESSOA	CASO RETO	CASO OBLÍQUO
SINGULAR	1ª 2ª 3ª	EU TU, VOCÊ ELE, ELA	ME, MIM, COMIGO TE, TI, CONTIGO SE, SI, CONSIGO, O, A, LHE
PLURAL	1ª 2ª 3ª	NÓS VÓS, VOCÊS ELES, ELAS	NOS, CONOSCO VOS, CONVOSCO SE, SI, CONSIGO, OS, AS, LHES

Estude o emprego de:

PRONOMES DO CASO RETO

Eu cheguei atrasado.
Eles vão apresentar o trabalho.
Ei, você! Ande mais devagar.
Deram o contrato para eu assinar.
Emprestaram o livro para nós lermos.

PRONOMES DO CASO OBLÍQUO

Carla me telefonou.
Eles nos convidaram para a festa.
Eu lhe dei o dinheiro.
Eles viajaram conosco.
Eu o vi na cidade.

Na linguagem coloquial, é comum ouvir:

✗ errado	certo ✓
Chame ele para mim.	Chame-o para mim.
Eu vi ela no restaurante.	Eu a vi no restaurante.
Eles convidaram eu para a festa.	Eles me convidaram para a festa.
Ela quis falar com nós.	Ela quis falar conosco.
Eles partiram sem eu.	Eles partiram sem mim.
Por que você não obedeceu ele ?	Por que você não lhe obedeceu?
É para mim fazer.	É para eu fazer.

ATENÇÃO 1

Eles gostam muito de nós.
Nunca houve discussão entre mim e ti.
(certo)

ATENÇÃO 2

Formas verbais em R

Vou convidar ele para a festa.
(errado)

Vou convidá-lo para a festa.
Gostaria de convidar vocês para a festa.
Gostaria de convidá-los para a festa.
(certo)

ATENÇÃO 3

Formas verbais em M

Eles viram ela na cidade.
(errado)

Eles viram-na na cidade.
Eles a viram na cidade.
(certo)

psiu!

EXPRESSÕES

DROGA!
EU, HEIN!
LEGAL!
MAS QUE COISA!
MEU DEUS!
NOSSA!
PUXA!
PUXA VIDA!
VIRGEM MARIA!...

11 Use os pronomes abaixo (somente uma vez) para completar as frases:

VOCÊ · NOS · -LO · -LHES · MIM · ELAS · COMIGO · ME · ME · SE · OS · CONOSCO · ELA · NÓS · O

1. Amigo, há quanto tempo não ________ via. Por onde __________ andava?
2. Não fale _________ em tom alto, pois eu sempre o respeitei.
3. Você se lembra de Vilma e Tereza? ________ também estavam na festa.
4. Por que você não vem _________ ao cinema? Todos nós vamos ________ divertir muito.
5. Não esqueça de entregar- ________ o convite da reunião. Eles são muito importantes para nossa decisão final.
6. Confie em _________ . Nunca vou desapontá- ________ .
7. Sempre _______ visto bem, mas ela _______ veste melhor ainda.
8. Não sabemos por onde eles entraram. Ninguém ________ viu passar.
9. _________ encontramos esta pedra preciosa, mas não sabemos se _______ é verdadeira.
10. Meu nome é José, mas você pode _______ chamar de Zé.

12 Complete as frases com comparativos ou superlativos usando as palavras abaixo e una com um traço a expressão que completaria a frase:

REVISÃO

frio **difícil** **nervoso** **caro** **ruim** **atenção**

Hoje é o dia ___________________________ do ano.	Estou com muito frio.
Hoje a comida estava _________________________ do que ontem.	Joaquim estava certo.
A prova estava ________________________ do que eu esperava.	Estou com pena dele.
O filho mais velho recebeu _________________ do que a caçula, com quem todos conversavam.	Estou até com dor de cabeça.
Realmente, este restaurante é __________________________ do que aquele.	Ainda estou com fome.
Sandra parece agitada hoje. Ela está _____________________ do que todos no escritório.	Está sem paciência.

EXPRESSÕES

ESTOU {
COM CALOR/FRIO/SEDE/FOME
SEM PACIÊNCIA
COM RAZÃO(CERTO)/PENA/DOR DE...

psiu!

Gramática

PRESENTE DO SUBJUNTIVO (1)

REGULARES

VOLTAR		ESCOLHER	DIVIDIR
QUE EU	VOLTE	ESCOLHA	DIVIDA
QUE VOCÊ	VOLTE	ESCOLHA	DIVIDA
QUE ELE/ELA	VOLTE	ESCOLHA	DIVIDA
QUE NÓS	VOLTEMOS	ESCOLHAMOS	DIVIDAMOS
QUE VOCÊS	VOLTEM	ESCOLHAM	DIVIDAM
QUE ELES/ELAS	VOLTEM	ESCOLHAM	DIVIDAM
QUE TU	VOLTES	ESCOLHAS	DIVIDAS
QUE VÓS	VOLTEIS	ESCOLHAIS	DIVIDAIS

Formação dos Verbos Irregulares

1ª pessoa presente indicativo — 1ª pessoa presente subjuntivo

eu tenho — que eu tenha
faço — faça
trago — traga
venho — venha
leio — leia

Verbos que não seguem esta regra

eu quero — que eu queira
sei — saiba
sou — seja
estou — esteja
vou — vá

FUTURO DO SUBJUNTIVO

REGULARES

VOLTAR		ESCOLHER	DIVIDIR
QUANDO EU	VOLTAR	ESCOLHER	DIVIDIR
QUANDO VOCÊ	VOLTAR	ESCOLHER	DIVIDIR
QUANDO ELE/ELA	VOLTAR	ESCOLHER	DIVIDIR
QUANDO NÓS	VOLTARMOS	ESCOLHERMOS	DIVIDIRMOS
QUANDO VOCÊS	VOLTAREM	ESCOLHEREM	DIVIDIREM
QUANDO ELES/ELAS	VOLTAREM	ESCOLHEREM	DIVIDIREM
QUANDO TU	VOLTARES	ESCOLHERES	DIVIDIRES
QUANDO VÓS	VOLTARDES	ESCOLHERDES	DIVIDIRDES

Formação dos Verbos Irregulares

1ª pessoa pretérito perfeito indicativo — 1ª pessoa futuro subjuntivo

eu tive — quando eu tiver
estive — estiver
soube — souber
pude — puder
fiz — fizer

eu trouxe — quando eu trouxer
disse — disser
quis — quiser
pus — puser

Verbos que não seguem esta regra

eu vim — quando eu vier
fui — for
dei — der

MEUS SONHOS e desejos

APRENDA

NA RECEPÇÃO DE UM HOTEL

A. *Por favor, eu fiz uma reserva ontem, pelo telefone...*

B. Seu nome, por gentileza?

A. *Miguel Sanchez.*

B. Um momento!...Sr. Miguel Sanchez. Sim, uma reserva para o senhor, com estadia prevista até dia dezessete, certo?

A. *É isso mesmo.*

B. Então, preencha esta ficha, por favor.

A. *Pois não. Só o nome, o endereço e o número de telefone?*

B. Poderia mostrar-me também algum documento de identidade, por favor?

A. *Aqui está o meu passaporte.*

B. Obrigado. Aqui está a chave. O carregador irá acompanhá-lo.

A. *Obrigado. A que horas é o café da manhã?*

B. Das 7h às 10h. O senhor pode escolher entre o restaurante do primeiro e o do segundo andar.

NO QUARTO

C. Aqui estamos. Onde quer que coloque sua bagagem?

A. *Pode deixá-la no chão que eu mesmo me encarrego.*

C. Pois não. Vou abrir as cortinas e mostrar-lhe o quarto. Aqui, na parede, em cima da cama, estão os controles para ligar a TV, o ar condicionado, o rádio e para controlar a intensidade das luzes. Aqui dentro está o frigobar e aqui está a lista de bebidas e salgadinhos. Caso necessite, há uma máquina que fornece gelo em cada andar, perto das escadas. As instruções para o uso do telefone estão embaixo do aparelho. No banheiro o senhor pode encontrar xampu, sabonetes, secador de cabelos, e as demais coisas costumeiras.

A. *O café da manhã pode ser servido no quarto?*

C. Sim, nesse caso o senhor deve preencher este formulário e pendurá-lo do lado de fora da porta até as 24 horas do dia anterior.

A. *Como funciona o serviço de lavanderia?*

C. O serviço de lavanderia recolhe as peças que devem ser lavadas ou passadas duas vezes ao dia. Caso necessite do serviço com maior urgência, por favor entre em contato com a governança. Mais alguma informação?

A. *Não, está ótimo, obrigado. Aqui está uma 'cervejinha'.*

VOCABULÁRIO RELEVANTE

ACENTUAÇÃO - PARTE II

Aqui estão algumas regras para você memorizar!

1. Acentuam-se todas as **oxítonas** terminadas em: **á, é, ê, ó, ô** (seguidas ou não de **S**),**em**, **ens**.

Exemplos: Amap**á**, Pel**é**, buqu**ê**, cip**ó**, cap**ô**, ref**ém**, parab**éns**

2. Acentuam-se todas as **paroxítonas** terminadas em: **i, u, en, l, r, x, ia, ua, ie, ea, io** (seguidas ou não de **S**).

Exemplos: júr**i**, bôn**us**, híf**en**, ági**l**, repórte**r**, tóra**x**, polí**cia**, líng**ua**, sér**ie**, ár**ea**, exercíc**io**

3. Acentuam-se todas as **proparoxítonas**.

Exemplos: **lâ**mpada, **cá**lice, **bá**sico, **có**digo

4. Acentuam-se os **hiatos** em **i**, **u** sozinhos na sílaba.

Exemplos: sa-**ú**-de, sa-**í**-da

5. Acentuam-se os **ditongos abertos** éi, ói, éu

Exemplos: id**éi**a, c**éu**, her**ói**

CUIDADO: A palavra "ra-i-**nh**a" **NÃO** É ACENTUADA!

Acentue as palavras abaixo (quando necessário) e justifique a acentuação.

labio caju ninguem Itu pes ceu suiço

viuvo faisca cair caqui pontape relogio

familia biologo agradavel escolher

telegramas

Acentos diferenciais

Algumas palavras recebem acento excepcional para que sejam diferenciadas, na escrita, de seus homônimos (palavras que têm a mesma forma, embora o sentido e a origem sejam diferentes).

É, por exemplo, o caso do acento que diferencia a terceira pessoa do singular da terceira pessoa do plural do presente do indicativo dos verbos **ter** e **vir**:

EXEMPLO: ele **tem** - eles **têm** ele **vem** - eles **vêm**

Mas quanto aos derivados desses verbos, a terceira pessoa do singular do presente do indicativo leva acento agudo enquanto a terceira pessoa do plural leva acento circunflexo:

EXEMPLO: ele **mantém** - eles **mantêm** ele **obtém** - eles **obtêm**

Mais alguns exemplos de acentos diferenciais:

pôde (verbo - 3ª pes. sing. pret. perf. ind.) **pode** (verbo - 3ª pes. sing. pres. ind.)
pôr (verbo pôr) **por** (preposição)
pára (verbo para) **para** (preposição)
pêlo (substantivo) **pélo** (verbo pelar) **pelo** (contração de preposição e artigo)...

Imperfeito do Subjuntivo
Futuro do Pretérito
Preposições (1)

Ontem sonhei que estava sozinha numa ilha deserta e, assim como nos filmes, encontrei uma lâmpada, esfreguei-a e ... eis que me aparece um gênio! Sonhos são sonhos!! É claro que o meu gênio, como todos os outros, me pediu *para* que eu fizesse três pedidos mas, já que não estava num filme, o despertador tocou!!!!
Fiquei muito tempo deitada imaginando o que pediria a um gênio *caso* encontrasse um.
Meu primeiro desejo seria ter tempo e dinheiro para viajar, viajar muito.
Se eu tivesse tempo e dinheiro para viajar muito, daria a volta ao mundo.
Sim, viajaria de trem, de ônibus, de avião, de navio (ah!! faria muitos cruzeiros), a cavalo, de bicicleta... conheceria o mundo!
Para que pudesse me comunicar bem nas viagens, precisaria falar muitos idiomas. Esse seria então meu segundo desejo... falar vários idiomas fluentemente.
Pensei e pensei... não tem graça viajar sozinha! Assim, meu terceiro desejo seria poder viajar com mais gente. Se pudesse escolher, viajaria com meu noivo! Não seria romântico? Agora só falta achar um noivo...

1. E você? Se encontrasse uma lâmpada mágica, o que você pediria?
2. Se você pudesse mudar algo em sua vida, o que você gostaria de mudar?

1 **Leia o seguinte artigo de uma revista. Sublinhe os verbos no FUTURO DO PRESENTE e faça um círculo ao redor dos verbos no FUTURO DO PRETÉRITO:**

ESPAÇO ORBITAL

O alemão Werner Von Braun, o pai da era espacial, propôs, inutilmente, que todo o esforço dos americanos deveria concentrar-se na construção de uma estação orbital capaz de abrigar dezenas de tripulantes. A estação funcionaria como uma base, onde naves poderiam ser montadas e lançadas rumo à Lua ou a Marte de maneira mais eficiente, constante e barata. "A ciência nunca foi objetivo do programa espacial americano e uma viagem a Marte não seria diferente.", diz Robert O'Connell, astrônomo da Universidade de Virgínia. Os especialistas sugerem, com razão, que uma missão tripulada a Marte só deverá ser tentada num empreendimento que envolva o Japão, a Alemanha, a França e, claro, a Rússia. Sem a gana política de provar sua liderança no espaço, os Estados Unidos estão abrindo cada vez mais seu programa espacial à colaboração internacional. A estação espacial Freedom (Liberdade), que começará a ser montada no final deste ano, é um exemplo. O Brasil é um dos países do consórcio orbital e contribuirá com o projeto e a fabricação de instrumentos de monitoração da Terra que serão instalados na Freedom.

Fonte: Revista Veja, 16/06/1997

PRINCIPAIS PRODUTOS EXPORTADOS PELO BRASIL

BÁSICOS (MINÉRIO DE FERRO, SOJA, CAFÉ, FUMO, FRANGO)
SEMIMANUFATURADOS (DE FERRO E AÇO, ALUMÍNIO, CELULOSE, COUROS E PELES, FERRO-LIGAS)
MANUFATURADOS (CALDEIRAS E APARELHOS MECÂNICOS, CALÇADOS, PRODUTOS QUÍMICOS, TÊXTEIS, LAMINADOS DE FERRO E AÇO, PLÁSTICOS E BORRACHA, PAPEL)...

psiu!

Complete as frases usando o IMPERFEITO DO SUBJUNTIVO ou o FUTURO DO PRETÉRITO dos verbos entre parênteses:

a. Se eu ________________ (TER) muito dinheiro, ____________________ (VISITAR) muitos países, e ________________ (COMPRAR) muitas casas.

b. Se eles ________________ (SER) famosos, ____________________ (MORAR) em Hollywood.

c. Ele não ________________ (CONSEGUIR) correr tanto se ________________ (SER) mais velho.

d. Nós ____________________ (CONTAR) a todos se ______________________ (SABER) a verdade.

e. Se eu ____________________ (TER) mais filhos, ____________________ (TER) que mudar de casa, pois a minha só tem dois dormitórios pequenos.

Discuta as situações abaixo com um/uma colega. O que você faria se:

- Alguém deixasse uma criança na porta da sua casa?
- Você esquecesse o aniversário de sua esposa/marido?
- Alguém roubasse sua roupa enquanto você estivesse tomando banho nu em um riacho?
- Seu irmão lhe pedisse muito dinheiro emprestado para pagar a dívida de um jogo?

FORMAS POLIDAS

Use *poderia* para pedir um favor.
Exemplo:
Você *poderia*, por favor (ou: por gentileza), fechar a porta?

Use *gostaria* para oferecer algo a alguém e/ou fazer um convite.
Exemplo:
Vocês *gostariam* de tomar mais um cafezinho?
Você *gostaria* de almoçar conosco?

3 Analise as figuras e escreva o que cada pessoa está dizendo:

PRINCIPAIS PRODUTOS IMPORTADOS PELO BRASIL

BENS DE CONSUMO (ÓTICA, CINE-FOTO E SOM, PESCADO, HORTIFRÚTIS, LATICÍNIOS...)
BENS DE CAPITAL (AUTOMÓVEIS, TRATORES E PEÇAS, APARELHOS MECÂNICOS, MATERIAL ELÉTRICO...)
COMBUSTÍVEIS (PETRÓLEO BRUTO E OUTROS)
MATÉRIAS-PRIMAS (QUÍMICOS ORGÂNICOS E INORGÂNICOS, TÊXTEIS, TRIGO, MALTE, PLÁSTICO, ADUBOS E FERTILIZANTES, FERRO FUNDIDO, BORRACHA, CEREAIS...)

Escreva e discuta com seu colega: em que pontos um concorda com o outro?

Três coisas que você faria para se tornar famoso.

____
____
____

Três coisas que você faria se fosse demitido.

____
____
____

Três coisas que você faria se soubesse que iria morrer amanhã.

____
____
____

Três coisas que você faria antes de se mudar para um país estrangeiro/um lugar desconhecido.

____
____
____

Coloque as palavras abaixo nos círculos corretos:

sala de jantar agasalho *guarda-roupa* poltrona *computador* chinelos *secretária eletrônica* estante *varanda* casaco de pele *batedeira* quintal

Quais dos itens do exercício anterior você tem?
Que itens você ainda não possui mas gostaria de adquirir?

Faça frases como as do exemplo:

Se eu não tivesse um computador em casa, teria que trabalhar mais horas no escritório.
Se eu tivesse um guarda-roupa maior, minhas roupas não ficariam fora do lugar.

FRASES POPULARES

BATER PAPO
CAIR DO CAVALO
CARA DE PAU
DAR O CANO
ESTAR COM DOR-DE-COTOVELO
FICAR DE CARA AMARRADA
PRA CHUCHU...

 Você vai ouvir uma senhora ligando para um programa de rádio chamado CONSULTÓRIO ABERTO. Ela vai expor um problema e pedir conselhos.

Qual é o problema de Rita?

____

____

Quais conselhos ela recebeu?

____

____

____

Discuta com seu/sua colega. Qual foi o melhor conselho? Que conselho você daria?

 Como você cumprimenta as pessoas mais velhas no seu país quando você as vê pela primeira vez? E as pessoas de sua idade? Complete as questões abaixo e diga quais são consideradas "rudes" ou "educadas" para um primeiro encontro.

O QUE — QUANTO — ONDE — QUANTOS — O QUE
QUAL — QUANTOS — QUANDO — QUANTO — QUANTO

1. ________________ anos você tem?
2. ________________ você faz?
3. ________________ é sua religião?
4. ________________ você ganha por mês?
5. ________________ você mora?
6. Você é casado? ________________ filhos você tem?
7. ________________ sua esposa faz?
8. ________________ você chegou ao Brasil?
9. ________________ tempo você pretende ficar aqui?
10. Que relógio bonito! ________________ custou?

 Observe as figuras e escreva o que está acontecendo. Relacione, também, as frases abaixo com a expressão de cada pessoa.

1. Parece espantada/surpresa!
2. Parece concentrado!
3. Parecem admirados!
4. Parece aborrecido!
5. Parece tranqüila!
6. Parece preocupado!

VESTUÁRIO FEMININO

BERMUDA
BLUSA
CALÇA
CASACO
MEIA
SAIA
SAIA-CALÇA
SHORT
VESTIDO...

Enquanto estava me preparando para minha viagem ao Brasil, soube que precisaria de um visto para poder entrar no país. Fui ao Consulado mais próximo onde me disseram que precisaria providenciar alguns documentos.

Quando estava tirando as fotografias para anexar aos documentos, encontrei Paula que estava retornando de uma viagem a Manaus. Ela me contou que foi ver a Pororoca e que ficou maravilhada! Me disse que, quando estava olhando o encontro das águas, houve uma surpresa: ao lado do barco, alguns botos estavam pulando e brincando!

Estas atividades **ESTAVAM ACONTECENDO** ao mesmo tempo. Descreva-as:

Exemplo: Enquanto Ricardo estava telefonando, Marta estava digitando uma carta.

1. Enquanto ______________________, ______________________
2. Enquanto ______________________, ______________________
3. Enquanto ______________________, ______________________

Estas atividades **ESTAVAM ACONTECENDO** quando foram interrompidas. Descreva-as:

Exemplo: Quando Bento e Luís estavam gravando o disco, faltou luz.

1. Quando nós ______________________, o telefone ______________________
2. Ele ______________________ na rede quando o coco ______________ da árvore ao seu lado.
3. Quando ______________________ em férias, ______________________ uma linda garota e ______________________!!!

VESTUÁRIO MASCULINO

BERMUDA
BLUSÃO
BONÉ
CALÇA
CAMISA
CAMISETA
CHAPÉU
SHORT
SUÉTER
TERNO...

10 Encontre os complementos de cada verbo, que deve estar em seqüência, pintando-os da mesma cor, e elabore uma frase, como no exemplo.

Exemplo: Vim de avião para chegar mais rápido.

VOU	EM	DO	RIO	DIA 30	DE
COM	A	VOLTEI	EM	COM	NO
DE	VIM	SÃO PAULO	MINHA FAMÍLIA	EM	BRASÍLIA
AVIÃO	PARA	PARA	PARA	DESCANSAR	A
CHEGAR MAIS RÁPIDO	PARA	UMA REUNIÃO	DE	CHEGUEI	EM

11 Você está no Brasil há uma semana. Este é o seu DIÁRIO. Complete-o.

1- Coloque as palavras na FORMA GRAMATICAL ADEQUADA;
2- Obrigatoriamente, separe as sílabas quando necessário.

Querido Diário

Finalmente chegamos ao Brasil. A viagem foi mais ______ ____ (longo) do que eu esperava. O navio estava cheio e nós todos nos _________ ________ (divertir) muito durante a viagem.
Quando o capitão _________ ______ (anunciar) a chegada, nossos corações bateram forte. O dia estava lindo! Meus tios nos esperavam no porto. A emoção era tanta que não os víamos. A viagem até a casa deles levou duas horas e assim ______ _________ (poder) ver algumas praias que eu queria conhecer. Se eu ________ ________ (poder) moraria na praia. Durante a semana ________ ________ (conhecer) o interior do Rio Grande do Sul. Fomos _______ _________ (visitar) alguns vilarejos tipicamente alemães. Após esta semana de férias, segunda-feira começarei a trabalhar. Ainda não visitei o escritório em Porto Alegre. Estou ______ _____ (escrever) e imaginando: "Será que todos os meus colegas _______ _______ (gostar) de CHIMARRÃO?"

ACESSÓRIOS

BIJUTERIA (ANEL/BRINCO/BROCHE/COLAR/PULSEIRA)
BOLSA
BONÉ
CHAPÉU
CINTO
GRAVATA...

12 Preste atenção aos tempos dos verbos, ordene as frases abaixo e numere-as:

O ÍNDIO POTI

( ) Seu pai sempre lhe dizia: nunca fale com os homens brancos e nunca se aproxime da cidade grande.

( ) O índio Poti mora na floresta perto da grande cidade. Nasceu e cresceu na floresta e nunca saiu de lá. Sempre ouvia coisas horríveis sobre os homens brancos.

( ) Poti quer que os índios e os homens brancos sejam amigos. Embora Poti não conheça nenhum homem branco, sente que eles não podem ser tão ruins quanto lhe dizem.

( ) Quando criança, Poti gostava de ver, de longe, a grande cidade. Seu pai lhe explicava sobre o perigo de se aproximar do homem branco.

( ) Mas hoje Poti já é adulto e faz planos para o futuro. Sonha em ir para a cidade grande e lá fazer amigos. Quem sabe até trabalhar com eles?

( ) Quando isso acontecer, Poti será, provavelmente, o índio mais feliz da floresta.

( ) Se pudesse viver entre eles, poderia demonstrar que é possível uma convivência amistosa.

Agora ouça a fita e verifique a ordem correta.

13 Leia os cartões-postais recebidos por Lilian e responda:

1. Que tipo de cartão Lilian recebeu de cada um?
2. De onde eles escreveram?
3. Que tipo de relacionamento Lilian tem com cada um deles?

Olá Lilian! Tudo bem?

Sinto informá-la que não viajei a parte alguma porque fiquei doente. Estou "de molho", só dando trabalho à minha mãe.
Enfim, peço que me desculpe por não poder trazer-lhe o que prometi.
Fica para uma próxima vez, OK?

Abraços a todos os colegas da faculdade.

Gina

Oi Lilian, tudo bem?

Hoje chegamos a Cuiabá, de onde pretendemos viajar para o Pantanal, cercado pela Natureza ainda preservada. Acho que será emocionante! Só espero que não tenha muitos borrachudos lá!
Em uma semana tenho que voltar ao trabalho mas pretendo aproveitar ao máximo esta semana com minha família.
Abraços a todos os colegas, com muito carinho.

*Até Breve! Lúcia

Querida Lilian, como estão todos vocês?
Eu e Jorge visitamos duas fábricas de montagem de carros e ficamos muito impressionados com a tecnologia americana utilizada em todo o processo de montagem. Para a próxima semana estão programadas visitas e estágios curtos em mais duas empresas. Estaremos levando muitas novidades para casa. Espero que estejam sentindo saudades de nós.

Beijos,

Mauro

Estimada Lilian,
Enfim resolvi fazer aquela viagem que estava planejando há muito tempo. Acho que agora vou poder terminar aquela novela que ficou sem o final devido à falta de informações sobre o rio Nilo e as pessoas que vivem por aqui.
Nunca coloco informações falsas em meus livros, você sabe. Acho que vai ser uma viagem muito produtiva e quem sabe eu até comece a escrever um novo enredo? Se tudo der certo estarei voltando em 3 semanas.

Carinhosamente,

Sua amiga e vizinha, Margarete

CALÇADOS

BOTA
CHINELO
GALOCHA
SANDÁLIA
SAPATO
TÊNIS...

psiu!

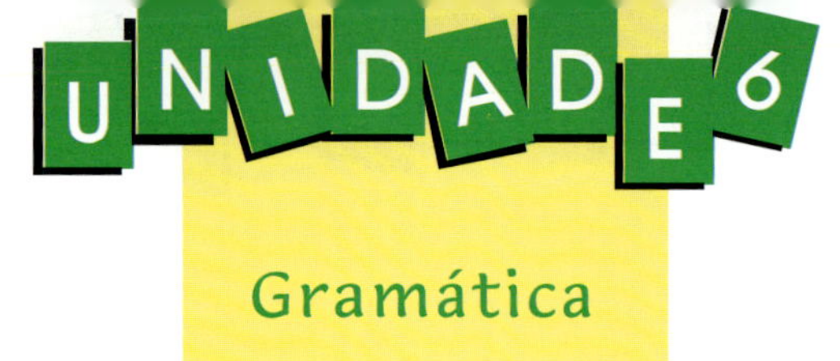

Gramática

IMPERFEITO + FUTURO DO PRETÉRITO

Se eu ganhasse na loto, compraria uma casa nova.
Se você tivesse tempo, poderíamos almoçar juntos.
Se ele/ela viesse cedo, a reunião terminaria ao meio-dia.
Se nós dividíssemos a sala, teríamos mais espaço.
Se vocês lessem mais, teriam mais vocabulário.
Se eles/elas jogassem bem, ganhariam o campeonato.
Se tu pudesses falar espanhol, me ensinarias.

IMPERFEITO DO SUBJUNTIVO

Formação dos Verbos Irregulares

1ª pessoa pretérito perfeito indicativo — 1ª pessoa imperfeito subjuntivo

eu pude — se eu pudesse
tive — tivesse
estive — estivesse
fiz — fizesse
trouxe — trouxesse
disse — dissesse
soube — soubesse
quis — quisesse
pus — pusesse

Verbos que não seguem esta regra

eu fui — se eu fosse
vim — viesse
li — lesse
vi — visse
dei — desse

FUTURO DO PRETÉRITO

ALGUNS IRREGULARES

	DIZER	FAZER	TRAZER
EU	DIRIA	FARIA	TRARIA
VOCÊ	DIRIA	FARIA	TRARIA
ELE/ELA	DIRIA	FARIA	TRARIA
NÓS	DIRÍAMOS	FARÍAMOS	TRARÍAMOS
VOCÊS	DIRIAM	FARIAM	TRARIAM
ELES/ELAS	DIRIAM	FARIAM	TRARIAM

TU	DIRIAS	FARIAS	TRARIAS
VÓS	DIRÍEIS	FARÍEIS	TRARÍEIS

GERÚNDIO

Eu estava falando ao telefone quando a campainha tocou.
Maria estava escrevendo o relatório quando o chefe dela a chamou.
Nós estávamos saindo quando eles chegaram.

UNIDADE 7

A CHEGADA

APRENDA

 NO CORREIO

A. Bom dia! Posso ajudá-la?
B. Gostaria de enviar esta carta para o México e este pacote ao Japão.
A. Preencha este formulário com o nome e endereço do remetente e o nome e endereço do destinatário, por favor. Escreva aqui o conteúdo do pacote e aqui, o valor aproximado do conteúdo.
B. Assim está bem?
A. Só falta assinar aqui embaixo. Vai enviar via aérea ou via marítima?
B. Quanto tempo demora de navio?
A. Uns três meses.
B. E de avião?
A. Uma semana, mais ou menos.
B. E o preço? A diferença é grande?
A. Com certeza. Se não tiver pressa é vantajoso enviar por via marítima.
B. Então via marítima, por favor.
A. Algo mais?
B. Ah, sim! Quero cinco selos nacionais e cinco internacionais.
A. Cinco nacionais e cinco internacionais.
B. Quanto fica?
A. Ao todo são 32 reais.

 VOCABULÁRIO RELEVANTE

CARTA
CARTÃO-POSTAL
CARTÃO DE NATAL
PACOTE
AEROGRAMA
TELEGRAMA (com aviso de recebimento)
FAX
SEDEX
IMPRESSO
ORDEM DE PAGAMENTO
SELO NACIONAL / INTERNACIONAL
ENVELOPE
REMETENTE
DESTINATÁRIO
VIA AÉREA
VIA MARÍTIMA
PACOTE
AR (Aviso de Recebimento)
CR (Carta Registrada)

PRONOMES DEMONSTRATIVOS

VARIÁVEIS	INVARIÁVEIS
este, esta, estes, estas	isto
esse, essa, esses, essas	isso
aquele, aquela, aqueles, aquelas	aquilo

PRONOMES INDEFINIDOS

VARIÁVEIS	INVARIÁVEIS
algum, alguma, alguns, algumas	algo
nenhum, nenhuma,	alguém
todo, toda, todos, todas	tudo
muito, muita, muitos, muitas	nada
pouco, pouca, poucos, poucas	ninguém
certo, certa, certos, certas	cada
outro, outra, outros, outras	quem
quanto, quanta, quantos, quantas	mais
tanto, tanta, tantos, tantas	menos
vário, vária, vários, várias	demais
diverso, diversa, diversos, diversas	outrem
um, uma, uns, umas	
qual, quais	
bastante	
qualquer, quaisquer	

João é uma pessoa que nunca dá uma resposta definida. Outro dia, tivemos a seguinte conversa:

Eu: Há quantos meses você está trabalhando?
João: Poucos.
Eu: Já se acostumou?
João: Um pouco.
Eu: Já fez amigos?
João: Alguns.
Eu: Que tipo de trabalho você faz?
João: Diversos.
Eu: O trabalho é difícil?
João: Uns são, outros não.
Eu: De qual trabalho você gosta mais?
João: Todos.
Eu: Alguém lhe ensinou o serviço?
João: Ninguém.
Eu: Quanto você está ganhando?
João: Bastante é que não é!
Eu: Quantas pessoas trabalham com você?
João: Várias.
Eu: Você trabalha aos sábados também?
João: Em alguns, sim; nos demais, não.
Eu: Você não quer ir ao cinema?
João: Algum dia, quem sabe.
Eu: Entendi (não entendi nada)!

Agora tente ser igual a João, isto é, responder às perguntas dos seus colegas, sem dar nenhuma informação exata. Trabalhe em pares.

A CHEGADA

APRENDA

NO CORREIO

A. Bom dia! Posso ajudá-la?
B. Gostaria de enviar esta carta para o México e este pacote ao Japão.
A. Preencha este formulário com o nome e endereço do remetente e o nome e endereço do destinatário, por favor. Escreva aqui o conteúdo do pacote e aqui, o valor aproximado do conteúdo.
B. Assim está bem?
A. Só falta assinar aqui embaixo. Vai enviar via aérea ou via marítima?
B. Quanto tempo demora de navio?
A. Uns três meses.
B. E de avião?
A. Uma semana, mais ou menos.
B. E o preço? A diferença é grande?
A. Com certeza. Se não tiver pressa é vantajoso enviar por via marítima.
B. Então via marítima, por favor.
A. Algo mais?
B. Ah, sim! Quero cinco selos nacionais e cinco internacionais.
A. Cinco nacionais e cinco internacionais.
B. Quanto fica?
A. Ao todo são 32 reais.

VOCABULÁRIO RELEVANTE

CARTA
CARTÃO-POSTAL
CARTÃO DE NATAL
PACOTE
AEROGRAMA
TELEGRAMA (com aviso de recebimento)
FAX
SEDEX
IMPRESSO
ORDEM DE PAGAMENTO
SELO NACIONAL / INTERNACIONAL
ENVELOPE
REMETENTE
DESTINATÁRIO
VIA AÉREA
VIA MARÍTIMA
PACOTE
AR (Aviso de Recebimento)
CR (Carta Registrada)

PRONOMES DEMONSTRATIVOS

VARIÁVEIS	INVARIÁVEIS
este, esta, estes, estas	isto
esse, essa, esses, essas	isso
aquele, aquela, aqueles, aquelas	aquilo

PRONOMES INDEFINIDOS

VARIÁVEIS	INVARIÁVEIS
algum, alguma, alguns, algumas	algo
nenhum, nenhuma,	alguém
todo, toda, todos, todas	tudo
muito, muita, muitos, muitas	nada
pouco, pouca, poucos, poucas	ninguém
certo, certa, certos, certas	cada
outro, outra, outros, outras	quem
quanto, quanta, quantos, quantas	mais
tanto, tanta, tantos, tantas	menos
vário, vária, vários, várias	demais
diverso, diversa, diversos, diversas	outrem
um, uma, uns, umas	
qual, quais	
bastante	
qualquer, quaisquer	

João é uma pessoa que nunca dá uma resposta definida. Outro dia, tivemos a seguinte conversa:

Eu: Há quantos meses você está trabalhando?
João: Poucos.
Eu: Já se acostumou?
João: Um pouco.
Eu: Já fez amigos?
João: Alguns.
Eu: Que tipo de trabalho você faz?
João: Diversos.
Eu: O trabalho é difícil?
João: Uns são, outros não.
Eu: De qual trabalho você gosta mais?
João: Todos.
Eu: Alguém lhe ensinou o serviço?
João: Ninguém.
Eu: Quanto você está ganhando?
João: Bastante é que não é!
Eu: Quantas pessoas trabalham com você?
João: Várias.
Eu: Você trabalha aos sábados também?
João: Em alguns, sim; nos demais, não.
Eu: Você não quer ir ao cinema?
João: Algum dia, quem sabe.
Eu: Entendi (não entendi nada)!

Agora tente ser igual a João, isto é, responder às perguntas dos seus colegas, sem dar nenhuma informação exata. Trabalhe em pares.

UNIDADE 7

Imperativo
Plural dos Substantivos

No avião

- Senhoras e senhores, apertem os cintos pois vamos aterrissar em alguns minutos. Esperamos que tenham feito uma ótima viagem. Agradecemos a preferência e esperamos vê-los em breve. Tenham todos um bom dia. Não esqueçam sua bagagem de mão.

Na polícia federal

A. Seu passaporte, senhor.
B. Como? Não entendi.
A. Mostre-me seu passaporte, senhor.
B. Ah, pois não, aqui está.
A. Tudo certo. Bem-vindo ao Brasil.

No duty-free

A. Por favor, quanto custa esta caixa de chocolates?
B. R$ 19,50. Gostaria de levá-la?
A. Sim, dê-me duas caixas, por favor.
B. Mais alguma coisa?
A. Não, só isso. Obrigado.
B. Então, por favor siga-me até o caixa.
CAIXA. *Passaporte e passagem, por favor.*
A. Aqui estão.
CAIXA. *Obrigado.*

Na alfândega

A. Por favor, coloque sua bagagem sobre o balcão e abra as malas maiores.
B. Pois não.
A. Qual é o conteúdo das malas?
B. Trago apenas roupas e objetos de uso pessoal.
A. Quanto tempo o senhor vai ficar no Brasil?
B. Venho a trabalho mas vou morar aqui durante dois anos.
A. Está bem, espero que goste do nosso país. Pode ir.
B. Obrigado, até logo.

Ainda no aeroporto

A. Por favor, onde é a casa de câmbio?
B. Vá em frente até a escada rolante e vire à esquerda. Não suba a escada. O câmbio é feito no banco, ao lado da lanchonete.
A. Obrigado.
B. De nada.

ABREVIAÇÕES

Sr. (Senhor)
Sra. (Senhora)
Srta. (Senhorita)
V. Sa. (Vossa Senhoria)
V. Excia. (Vossa Excelência)
Ilmo. (Ilustríssimo)
Ilma. (Ilustríssima)
Exmo. (Excelentíssimo)
Exma. (Excelentíssima)...

psiu!

Ao sair do aeroporto

A. Táxi!!
B. *Pra* onde, senhor?
A. Leve-me *pra* Avenida Paulista. Dirija devagar, não tenho pressa.
B. Sim, senhor.
A. Quanto tempo (leva) até lá?
B. Se não tiver trânsito, uns quarenta minutos.

B. Já estamos na Avenida Paulista. Onde vai descer?
A. Vá em frente até o Metrô Paraíso e vire a primeira à esquerda.
B. Chegamos. São 52 reais.
A. Aqui está. Fique com o troco.
B. Obrigado e até logo.
A. Tenha um bom dia.

  Ouça a fita e preencha o quadro abaixo:

VÔO	ORIGEM	DESTINO	HORÁRIO DECOLAGEM	HORÁRIO ATERRISSAGEM

COMO USAR UM TELEFONE PÚBLICO?

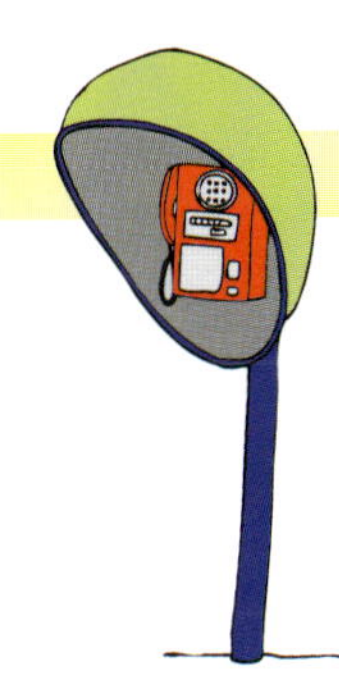

Disque	o fone do gancho
Coloque	a ficha ou o cartão
Aguarde	o número
Retire	o tom

COMO USAR UMA FOTOCOPIADORA?

Selecione	a tampa
Pressione	o papel com a face para baixo
Levante	o número de cópias
Coloque	o botão verde

COMO USAR UMA MÁQUINA FOTOGRÁFICA?

Pressione	visor
Olhe através do	a lente
Vire	o botão
Foque	o filme

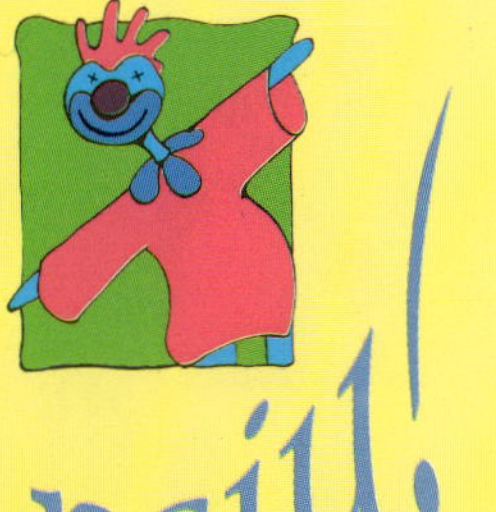

psiu!

VIAS

RUA (PARALELA)
TRAVESSA
AVENIDA (PERPENDICULAR)
QUADRA/QUARTEIRÃO
FAIXA DO PEDESTRE
CALÇADA
CRUZAMENTO
ESQUINA
PASSARELA
VIA EXPRESSA...

3 Dê instruções sobre outros aparelhos, por exemplo, como programar uma *secretária eletrônica*, como usar uma *máquina de lavar louças*, uma *impressora*, etc.

4 Leia atentamente o texto a seguir e responda às questões:

PARA UMA CARTA CHEGAR AO SEU DESTINO, TUDO DEPENDE SÓ DOS CORREIOS. TUDO MESMO ?

Nem tudo. Muita coisa depende de você. Depende de que você não se esqueça de colocar o endereço correto, com tudo o que é necessário: nome do destinatário, rua, bairro, cidade, estado, e o que é importantíssimo: o número do CEP (Código de Endereçamento Postal). E se a carta for remetida para uma Caixa Postal, não deixe de escrever corretamente o número da caixa e do CEP. O número do CEP é facilmente encontrado no Guia Postal que está à sua disposição em todas as Agências dos correios. Colocando o endereço completo e legível, sua carta sempre chega no lugar certo e com maior rapidez. Viu como nem tudo depende dos Correios?

Antes de entregar sua carta aos Correios, verifique também:

1 - Se você colocou o número do Código de Endereçamento Postal no lugar certo: antes do nome da cidade.

2 - Se o selo está colado no local adequado: no canto superior direito do envelope. E atenção: evite o excesso de cola e nunca use o grampeador para fechar o envelope.

Responda às perguntas:

Que informações nunca podem faltar para que sua carta chegue com maior rapidez a seu destino correto?

O que você deve fazer se não souber o CEP da cidade para onde está enviando a carta?

SINAIS DE TRÂNSITO (1)

PARADA OBRIGATÓRIA
DÊ A PREFERÊNCIA
SENTIDO PROIBIDO

PROIBIDO {
VIRAR À DIREITA
RETORNAR
ESTACIONAR
VIRAR À ESQUERDA

5 Agora você vai escrever uma carta a um parente ou a um amigo. Preencha corretamente o envelope:

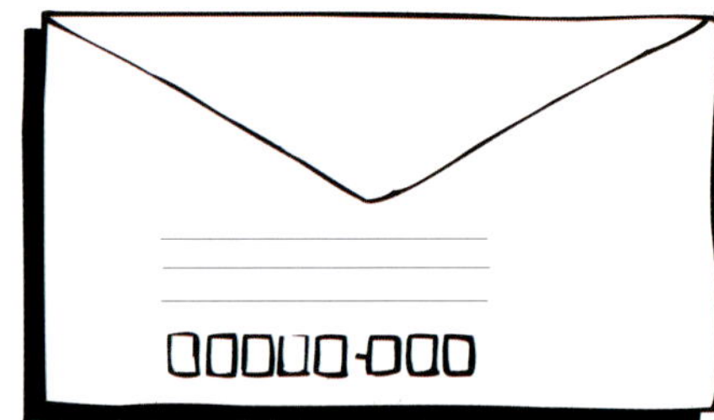

E no seu país? Existe algo parecido com o nosso CEP? Como ele é chamado? Quais as outras informações que devem constar no envelope para que a sua carta chegue ao seu destino? Existem caixas coletoras do correio espalhadas pelas cidades? Com que freqüência você escreve cartas? Para quem? Você prefere escrever uma carta ou prefere enviar um cartão-postal? E para receber? Você prefere cartas ou cartões?

6 Termine as orações abaixo: **REVISÃO**

1. Admiro pessoas que ______________________________
2. Não gosto de filmes que ______________________________
3. Gosto da lição que ______________________________
4. Sinto pena daqueles que ______________________________
5. Eu sempre digo que ______________________________

7 Transforme os pedidos em orações imperativas:

Você poderia me trazer um copo d'água?

____

Você não gostaria de sentar-se?

____

Você se importaria em falar mais baixo?

____

Eu gostaria muito que você fizesse estes relatórios para hoje.

____

Você poderia, por gentileza, dar prioridade às minhas necessidades?

____

SINAIS DE TRÂNSITO (2)

INTERSECÇÃO EM CÍRCULO
SENTIDO OBRIGATÓRIO
CONSERVE-SE À DIREITA
SIGA EM FRENTE

MÃO DUPLA
VELOCIDADE MÁXIMA PERMITIDA
PARADA OBRIGATÓRIA À FRENTE

Pedindo informações pelo telefone:

A: Alô! Gostaria de pedir informações sobre o seminário da próxima semana.
B: Pois não?
A: Quantas pessoas(1) vão participar?
B: Temos 25 pessoas confirmadas até agora.
A: Quantos homens(2) e quantas mulheres(3)?
B: 18 homens e 7 mulheres.
A: Todos vão ficar no mesmo hotel?
B: Não. Só conseguimos fazer reserva em dois hotéis(4) diferentes(5).
A: E os hotéis ficam perto do local do seminário?
B: Não exatamente, mas são os hotéis mais próximos. Ficam a 15 minutos(6) de carro.
A: Haverá facilidade de transporte?
B: Sim. Já providenciamos dois ônibus(7) para os participantes(8).
A: E quanto ao local? Como são as instalações(9)?
B: É um local muito popular para seminários, palestras, mesas-redondas, etc. Está equipado para qualquer necessidade. Tem 2 computadores(10) conectados a uma super-tela, equipamentos(11) de som e iluminação completos.
A: Obrigado.
B: Seu nome, por favor.
A: Luís Roberto Guimarães, da Universidade de Brasília.

8 No diálogo acima as palavras sublinhadas e numeradas estão no plural. Coloque-as no singular.

1. ______________________
2. ______________________
3. ______________________
4. ______________________
5. ______________________
6. ______________________
7. ______________________
8. ______________________
9. ______________________
10. ______________________
11. ______________________

9 Estude o item PLURAL DOS SUBSTANTIVOS COMPOSTOS na página 70 e complete as frases com o plural dos substantivos abaixo:

vice-diretor **beija-flor** **segunda-feira**
caneta-tinteiro **banana-maçã** **cirurgião-dentista**

1. As crianças preferem ______________________ a qualquer outro tipo, pois essas são bem docinhas.
2. Alguns dos presentes mais caros doados à instituição foram estas ______________________ banhadas a ouro e prata.
3. Todas as ______________________ são feitas reuniões com os ______________________ de cada área para o agendamento das atividades semanais.
4. Foram convidados todos os ______________________ da Universidade de São Paulo para o 10º Congresso Brasileiro de Odontologia.
5. É deslumbrante admirar tantos ______________________ enfeitando as varandas e sacadas dos hotéis, com suas cores e encanto.

SINAIS DE TRÂNSITO (3)

ESTACIONAMENTO REGULAMENTADO
PROIBIDO {
TRÂNSITO DE VEÍCULOS AUTOMOTORES
ULTRAPASSAR
MUDAR DE FAIXA DE TRÂNSITO
}

CURVA À ESQUERDA
CURVA À DIREITA
SALIÊNCIA OU LOMBADA

psiu!

10 Passe as palavras sublinhadas para o plural. Algumas frases necessitarão também de outras mudanças.

a. Aquele <u>homem</u> é um <u>cidadão</u> <u>alemão</u>.

____

b. Eu vi um <u>pardal</u> azul no bosque.

____

c. <u>Ele</u> tem uma <u>plantação</u> de milho e uma <u>criação</u> de galinhas.

____

d. O <u>freguês</u> comprou pão e feijão para o <u>irmão</u>.

____

e. O professor passou uma <u>lição</u> muito difícil.

____

f. O <u>rapaz</u> vivia feliz na cidade tranqüila.

____

g. O <u>camponês</u> tomou o ônibus, foi para a cidade e ficou no hotel.

____

h. O <u>equipamento</u> é útil para detectar vírus.

____

i. O <u>hospital</u> recebeu uma vistoria da equipe de fiscalização.

____

OUTROS MEIOS DE TRANSPORTE

Além da possibilidade de viajar de avião, existem em todos os países, outros meios de transporte tão eficientes quanto as viagens aéreas. Para quem tem tempo, não tem muito dinheiro, tem medo de avião e não quer dirigir seu próprio carro, recomenda-se viajar de ônibus, de trem ou de navio. Inúmeras pessoas, especialmente quando estão em férias, preferem ir à Estação Rodoviária e optar por um ônibus para ir de um lugar a outro. De ônibus, elas sabem que terão a oportunidade de conhecer melhor o país vendo por onde passam. Já outras, optam pelo trem. Como o trem é um meio de transporte dos mais antigos, muitas vezes as Estações Ferroviárias são edificações velhas, verdadeiros marcos históricos. Já para viajar de navio precisamos ir ao Porto. Apesar de se situarem na costa, muitas vezes os portos são lugares feios e, com freqüência, perigosos.

Se você fosse viajar durante as <u>férias</u>, que meio de transporte utilizaria? Por quê? Se você fosse à praia, além dos <u>óculos-escuros</u>, o que mais levaria? O que você acha que deveria haver nos <u>arredores</u> da sua "residência de férias"? Que tipo de pessoa você é? Do tipo caseiro que, mesmo nas férias, fica em casa, ajudando nos <u>afazeres</u> domésticos? Do tipo artístico que gosta de <u>belas-artes</u> e passa as férias visitando museus? Do tipo festeiro que passa as férias dando festas na sua casa porque gosta de receber os <u>parabéns</u> pelas maravilhosas festas que você realiza?

*** NÃO SE ESQUEÇA: As palavras acima sublinhadas são SEMPRE usadas NO PLURAL!**

PARTES DO CARRO (1)

1. DIREÇÃO
2. PÁRA-BRISA
3. FREIO (BREQUE)
4. MAÇANETA
5. FREIO DE MÃO
6. CÂMBIO
7. ACELERADOR
8. BUZINA
9. EMBREAGEM
10. RETROVISOR
11. CINTO DE SEGURANÇA
12. LIMPADOR DE PÁRA-BRISA

11 Ouça como Peter, Edna e seus amigos planejaram sua viagem de férias ao Brasil de modo a conhecer o máximo possível do país. Escreva as informações solicitadas considerando que parte da viagem foi em grupo mas que em alguns momentos os amigos resolveram visitar lugares diferentes:

EDNA

DIA:____________________

ORIGEM:____________________

DESTINO:____________________

MEIO DE TRANSPORTE:____________________

DURAÇÃO:____________________

OPINIÃO:____________________

ATIVIDADES DURANTE A VIAGEM:____________________

PONTOS NEGATIVOS:____________________

PETER

DIA:____________________

ORIGEM:____________________

DESTINO:____________________

MEIO DE TRANSPORTE:____________________

DURAÇÃO:____________________

OPINIÃO:____________________

ATIVIDADES DURANTE A VIAGEM:____________________

PONTOS NEGATIVOS:____________________

KAREN e MARTHA

DIA:____________________

ORIGEM:____________________

DESTINO:____________________

MEIO DE TRANSPORTE:____________________

DURAÇÃO:____________________

OPINIÃO:____________________

ATIVIDADES DURANTE A VIAGEM:____________________

PONTOS NEGATIVOS:____________________

JOHN, LUCAS e PHILIPPE

DIA:____________________

ORIGEM:____________________

DESTINO:____________________

MEIO DE TRANSPORTE:____________________

DURAÇÃO:____________________

OPINIÃO:____________________

ATIVIDADES DURANTE A VIAGEM:____________________

PONTOS NEGATIVOS:____________________

TODOS JUNTOS

DIA:____________________

ORIGEM:____________________

DESTINO:____________________

MEIO DE TRANSPORTE:____________________

DURAÇÃO:____________________

OPINIÃO:____________________

ATIVIDADES DURANTE A VIAGEM:____________________

PONTOS NEGATIVOS:____________________

E você? Você já conhece algum lugar turístico do Brasil? Que (outros) lugares do Brasil você gostaria de visitar? Por quê? Quais são os locais turísticos do Brasil mais conhecidos pelas pessoas do seu país? Além de viajar, o que mais você gostaria de fazer no Brasil?

PARTES DO CARRO (2)

1. PORTA-MALAS
2. FAROL
3. PÁRA-CHOQUE
4. PLACA
5. RODA
6. CAPÔ
7. LANTERNA
8. PNEU (ESTEPE)

psiu!

Gramática

IMPERATIVO

FALAR
(você) Fale mais baixo.
(vocês) Falem mais alto.
(nós) Falemos dos nossos problemas.

CORRER
Corra!
Não corram!
Corramos juntos!.

IMPRIMIR
Imprima 2 cópias.
Não imprimam novamente.
Imprimamos mais uma vez.

DAR
(você) Dê uma olhada!
(vocês) Dêem uma olhada!

FAZER
Faça como quiser!
Não façam barulho!
Façamos tudo outra vez.

PÔR
Ponha a mesa!
Ponham os casacos!

PLURAL DE SUBSTANTIVOS

terminados em	acrescenta-se	exemplo
vogal	s	casa - casas
r, z	es	cor - cores / vez - vezes
s (monossílabos e oxítonos)	es	gás - gases
terminados em	**troca-se**	**exemplo**
al, el, ol, ul	l por is	hotel - hotéis
il (oxítonos)	il por is	fuzil - fuzis
il (paroxítonos)	il por eis	projétil - projéteis
m	m por ns	homem - homens
terminados em		**exemplo**
s (não oxítonos)	invariáveis	o ônibus - os ônibus
x	invariáveis	o tórax - os tórax
terminados em	**plural em**	**exemplo**
ão	ãos	mão - mãos
ão	ães	cão - cães
ão	ões	anão - anões
*** algumas palavras admitem mais de uma forma de plural**		
ancião	anciãos	anciões
vulcão	vulcãos	vulcões

PLURAL DOS SUBSTANTIVOS COMPOSTOS

1. Quando o substantivo composto não é separado por hífen, o plural se faz normalmente por meio de **s**.
Exemplo: o vaivém - os vaivéns
o passatempo - os passatempos

2. Quando o substantivo composto é separado por hífen, temos os seguintes casos:

a) Variam todos os elementos se eles forem substantivos, adjetivos ou numerais.
Exemplo: o cartão-postal - os cartões-postais
a terça-feira - as terças-feiras
Obs.:quando o 2º elemento indica característica ou qualidade do 1º, geralmente só este vai para o plural.
Exemplo: o salário-família - os salários-família

b) Apenas o 2º elemento vai para o plural quando:
o 1º elemento é um verbo ou palavra invariável
Exemplo: o alto-falante - os alto-falantes
o guarda-roupa - os guarda-roupas
o substantivo é composto de palavras repetidas ou onomatopaicas
Exemplo: o tico-tico - os tico-ticos
o 1º elemento é **grão**, **grã**, **vice** ou **ex** seguido de substantivo
Exemplo: o grão-fino - os grão-finos
o vice-presidente - os vice-presidentes

c) Apenas o 1º elemento vai para o plural quando eles forem ligados por preposição.
Exemplo: a dona-de-casa - as donas-de-casa
o chapéu-de-sol - os chapéus-de-sol

d) Os dois elementos ficam invariáveis quando o substantivo é composto de verbos de sentidos opostos ou de palavras que não admitem flexão.
Exemplo: o leva-e-traz - os leva-e-traz
o bota-fora - os bota-fora

O PAÍS E O IDIOMA

APRENDA

NO RESTAURANTE

Garçom: Quantas pessoas?
A: Duas.
G: Fumantes ou não fumantes?
A: Não fumantes.
G: Por aqui, por favor. Estejam à vontade.
(Entregando o cardápio)
A: Qual é o prato do dia?
G: Hoje temos arroz, feijão, peito de frango, purê de batatas e salada mista.
A: Para mim está ótimo. E você, Laura, o que você vai pedir?
B: Bem, eu prefiro bife no lugar de frango. O que o senhor me sugere?
G: Temos bife à milanesa com fritas ou com maionese e salada de alface.
B: Maionese, por favor.
G: Algo para beber?
A: Para mim, um guaraná.
B: Um suco de laranja, sem gelo e sem açúcar, por favor.
G: Um guaraná e um suco de laranja. Desejam couvert?
A: Não, não é necessário.
G: Sobremesa?
A: Pudim de leite, por favor.
B: Para mim somente um cafezinho. Tem creme?
G: Não, não trabalhamos com creme.
A: A conta pode vir junto, por favor.
A: Vocês aceitam cartão de crédito?
G: Sim, todos.
A: O serviço já está incluído?
G: Não, não está.

VOCABULÁRIO RELEVANTE

Couvert
Aperitivo
Entrada
Sobremesa
Maître
Garçom/Garçonete
Cardápio
Lista de vinhos
Talheres (garfo, faca, colher)
Toalha de Mesa
Guardanapo
Pratos (raso, fundo, de sobremesa)
Conta
Gorjeta

EXPRESSÕES PARA USO DIÁRIO NO RESTAURANTE

Uma mesa para..........pessoas, por favor.
Com licença, esta mesa está ocupada? (tem alguém aqui?)
Quanto tempo de espera?
O que vai pedir? O que deseja?
Eu quero o bife bem passado (mal passado).
Um canudinho, por favor.
Uma colherzinha (colher, garfo, faca), por favor.
Um cafezinho, por favor.
Açúcar/adoçante, por favor.

RESTAURANTES e AFINS

rodízio, churrascaria, pizzaria, cantina, self-service, (por) quilo, lanchonete, fast-food, café, boteco, padaria, bar, trattoria

ESTUDO DE...

AUMENTATIVO
ão *ona*

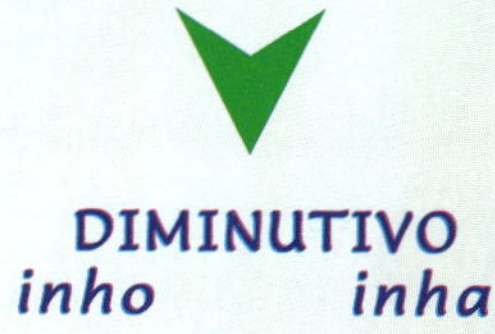

DIMINUTIVO
inho *inha*

Muitas vezes os AUMENTATIVOS e DIMINUTIVOS dão sentido

AFETIVO  e *CARINHOSO* e outras *PEJORATIVO*  ou *IRÔNICO*

Ela mora sozinha numa casona!

Eles compraram um carrão, último modelo!

O relatório deu um trabalhão...

Colhemos muitas florzinhas no campo.

Vocês aceitam um cafezinho?

Eles têm uma fazendinha no interior do Mato Grosso.

Ele é um amorzinho!

Ele é um velhinho simpático!

Que menininha chata!

Ô transitozinho!

UNIDADE 8

Voz Passiva

O PAÍS E O IDIOMA

Esta imensidão cercada pelo Oceano Atlântico, pelas Guianas, pelo Suriname, pela Venezuela, pela Colômbia, pelo Peru, pela Bolívia, pelo Paraguai, pela Argentina e pelo Uruguai tem um nome imponente: REPÚBLICA FEDERATIVA DO BRASIL. É um país bom para nós, brasileiros, e para todos que nos visitam ou que mudam para cá: não temos guerras nem grandes catástrofes naturais. Muitos de nós, contudo, passam por muitas dificuldades financeiras mas é da nossa gente enfrentá-las sempre com otimismo e alegria. O Brasil é dividido em 5 regiões e cada qual é conhecida dentro e fora do país por algumas características bem marcantes. O *Norte* abrange a Amazônia com seu grande rio, afluentes, sua linda e rica floresta, seus índios, seus botos-cor-de-rosa e demais lendas. É num estado *Nordestino* que se fala o português mais correto do Brasil: no Maranhão. É também no *Nordeste* que se encontram algumas das praias mais famosas e tão bonitas que atraem turistas do mundo inteiro. Na Região *Sudeste* está uma das cidades mais conhecidas do mundo, verdadeiro cartão-postal do Brasil: o Rio de Janeiro com sua belíssima vista, a estátua do Cristo Redentor e... suas mulheres bonitas. A capital do país, Brasília, se situa no Distrito Federal que está na Região *Centro-Oeste*. Já boa parte dos imigrantes italianos, japoneses e alemães optou por habitar na Região *Sul* onde provavelmente o clima se aproxima mais ao das suas terras de origem. Um grande elo de união do nosso povo é que em todas as regiões do Brasil fala-se português!

No decorrer desta unidade você terá oportunidade de conhecer muito, muito mais sobre esta linda terra *onde canta o sabiá*!!

1 Ouça a fita, preencha os espaços em branco e pratique o diálogo:

A: Você já estudou para a sua prova de conhecimentos gerais de amanhã?
B: Já. Estudei ontem e hoje o dia inteiro.
A: Vamos ver! Vou fazer algumas perguntas pra você...
B: Tudo bem. Pode começar.
A: Quando a presidência do Brasil foi assumida por Fernando Henrique Cardoso?
B: Em ______________________, com mandato até o fim de 1998. Foi então reeleito para novo mandato.
A: Certo! Quando o Muro de Berlim, na Alemanha, foi derrubado?
B: Em ______________________. O muro separava a Alemanha Ocidental da Oriental.
A: Exato! Quando a Estátua da Liberdade, em Nova Iorque, foi inaugurada?
B: Em ______________________ . E foi um presente dos franceses para os americanos.
A: Qual foi o único presidente do Brasil deposto pelo processo de 'impeachment'?
B: Fernando Collor de Melo, em ____________________ .
A: Muito bem. Agora uma última questão. Quando a Torre Eiffel foi concluída?
B: Ah, esta é fácil também. Ela foi construída para comemorar os cem anos da Revolução Francesa. A Torre Eiffel ficou pronta em ______________________ .
A: Parabéns! Você acertou todas as questões. Sua prova vai ser moleza!

A BANDEIRA BRASILEIRA

VERDE = MATAS
AMARELO = OURO
AZUL = CÉU
BRANCO DAS ESTRELAS = ESTADOS

2 **São muitos os parques nacionais brasileiros que você pode visitar. Em outros, você pode até se alojar ou acampar. Ouça a fita e circule no mapa os números referentes aos parques mencionados.**

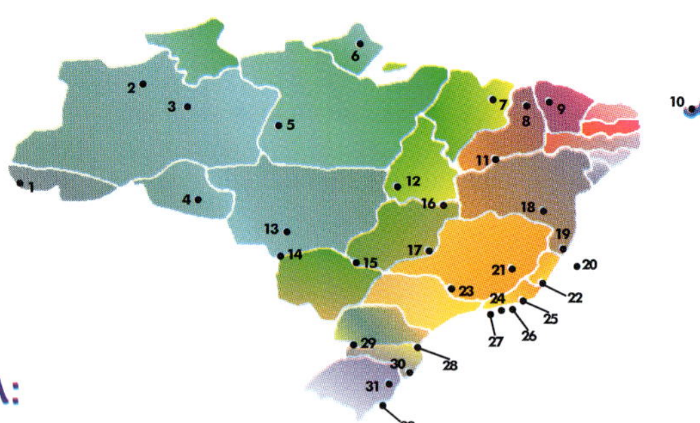

3 **Trabalhe com seu amigo/a: VOCÊS ESTÃO VERIFICANDO A LISTA DE PREPARATIVOS PARA:**

1 - uma festa de aniversário
(BOLO/ENCOMENDAR, CONVITE/ENVIAR, SALÃO/RESERVAR.............)
2 - uma viagem ao exterior
(PASSAGEM/COMPRAR, HOTEL/RESERVAR.........)
3 - uma mudança
(TRANSPORTADORA/CONTACTAR, LIVROS/ENCAIXOTAR..........)

Pergunte, alternadamente, se os preparativos já foram feitos ou não.

4 **Olhe os desenhos e diga o que aconteceu:**

Exemplo:** a) **O cachorro mordeu o menino.
*b) **O menino foi mordido pelo cachorro.***

(carro/atropelar) ____________________

(polícia/prender) ____________________

(O marceneiro/consertar) ____________________

(João/escrever) ____________________

(Diretor/despedir) ____________________

5 **Ouça a fita e marque nas frases abaixo as palavras que NÃO correspondem às que você vai ouvir:**

1- Em 22 de abril de 2.000, o navio, que será construído em Valença (BA), vai levantar suas velas decoradas com a Cruz da Ordem de Cristo para navegar até Porto Seguro e jogar âncora na baía de Santa Cruz Cabrália.
2- ... nasceu de um trabalho feito pelo engenheiro português Ivo Gouveia, 44 anos, e pelo médico paulista Marcello de Ferrari, 38 anos...
3- Diante do problema, Gouveia e Ferrari resolveram basear sua nau do descobrimento na São Gabriel, com a qual Vasco da Gama chegou à Índia em 1948.
4- ... onde foi feita a cópia da Nina, caravela de Cristóvão Colombo usada no seriado 1492 — a conquista do paraíso, de Ridley Scott.
5- Fica pronta em dezembro de 1999 e, depois das celebrações dos 500 anos da descoberta, vira um museu flutuante viajando do Amapá ao Chuí.

Agora ouça a fita novamente e corrija as informações.

O HINO NACIONAL

OUVIRAM DO IPIRANGA ÀS MARGENS PLÁCIDAS
DE UM POVO HERÓICO O BRADO RETUMBANTE,
E O SOL DA LIBERDADE, EM RAIOS FÚLGIDOS,
BRILHOU NO CÉU DA PÁTRIA NESSE INSTANTE.

SE O PENHOR DESSA IGUALDADE
CONSEGUIMOS CONQUISTAR COM BRAÇO FORTE,
EM TEU SEIO, Ó LIBERDADE,
DESAFIA O NOSSO PEITO A PRÓPRIA MORTE!

Ó PÁTRIA AMADA,
IDOLATRADA,
SALVE! SALVE!...

A COMUNIDADE DOS PAÍSES DE LÍNGUA PORTUGUESA (CPLP)

SEDE: LISBOA/PORTUGAL

OBSERVAÇÃO: *No texto abaixo os dizeres em* ***NEGRITO*** *estão em PORTUGUÊS DE PORTUGAL.*

O primeiro passo para a criação da CPLP foi dado em São Luís do Maranhão (Brasil) em Novembro de 1989, ***aquando*** da realização do Primeiro Encontro dos Chefes de Estado e de Governo dos sete países de língua portuguesa.
Novo impulso foi dado em Fevereiro de 1994 quando se reuniram em Brasília os sete Ministros dos Negócios Estrangeiros e das Relações Exteriores. ***Acordou***-se então que seria constituído um Grupo de ***Concertação*** Permanente, sediado em Lisboa. Foi dada ao Grupo a tarefa de preparar uma ***Cimeira*** de Chefes de Estado e de Governo com vista à ***adopção*** do ***acto*** constitutivo da CPLP e de analisar a cooperação já existente entre os Sete e a ***concertação*** a ser estabelecida futuramente nas áreas de ***concertação*** político-diplomática, de cooperação ***económica*** e empresarial, de cooperação com organismos não governamentais e da entrada em funcionamento do IILP - INSTITUTO INTERNACIONAL DA LÍNGUA PORTUGUESA ao qual foi dado papel primordial na valorização e difusão da Língua.
Reunidos em Maputo, nos dias 17 e 18 de abril de 1997, os sete Ministros ***acordaram*** os princípios e ***objectivos*** que norteiam a Declaração constitutiva e os Estatutos da Comunidade a serem aprovados na ***Cimeira*** de Chefes de Estado e de Governo, marcada para o dia 17 de julho, em Lisboa.

Fonte: África Hoje: Panorama - 29/04/97

Cheque sua compreensão do texto acima respondendo por extenso e com suas próprias palavras às seguintes perguntas:

a) De acordo com o texto, o que aconteceu em Novembro de 1989?

b) Quem se reuniu em Brasília em fevereiro de 1994?

c) Qual foi a importância da reunião de Brasília para o progresso da CPLP?

d) Onde se reúne a CPLP?

e) O que foi preparado para julho de 1997?

f) Qual é a tarefa do Grupo de Concertação Permanente?

g) Que papel importante tem o IILP em relação à Língua Portuguesa?

h) Em que reunião os sete Ministros discutiram os Estatutos da CPLP?

Na sua opinião, a CPLP deveria ou não deveria existir? Por quê?

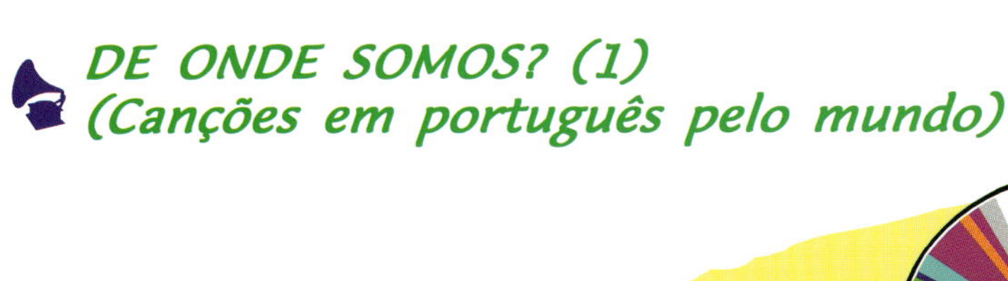

DE ONDE SOMOS? (1)
(Canções em português pelo mundo)

A recém-formada CPLP está sendo alvo de sérias críticas em relação à precariedade do seu funcionamento.

Em declaração à agência Lusa, Marcolino Moco, secretário executivo da CPLP, disse que existem pressões que estão prejudicando e retardando a execução do projeto comunitário.

Moco comentou as declarações do escritor José Saramago, que disse que a CPLP estava tornando-se uma brincadeira de mau gosto.

Apesar de tudo, a difusão desta Comunidade está tendo mais sucesso do que talvez se esperava.

EM PORTUGAL

A recém-formada CPLP está a ser alvo de ...

Em declaração à agência Lusa, ... pressões que estão a prejudicar e a retardar a execução ...

Moco comentou as declarações do escritor José Saramago, que disse que "a CPLP estava a se tornar uma brincadeira ..."

Apesar de tudo, a difusão ... está a ter mais sucesso ...

7 Treinando o aumentativo e o diminutivo. Transcreva os trechos abaixo usando as palavras sublinhadas no AUMENTATIVO ou DIMINUTIVO. Indique por meio dos coraçõezinhos (ver ESTUDO DE...) se o uso é AFETIVO/CARINHOSO ou PEJORATIVO/IRÔNICO :

a) Era uma vez um menino chamado Polegar. Ele era tão pequeno que cabia numa caixa de fósforos!

____

b) Você não conhece o Ricardo? Ele é super rico! Mora numa casa grande e na garagem dele tem três carros último modelo!!!!

____

c) Você viu a Ângela ontem na festa? Estava com uma saia tão curta que chamava a atenção de todo mundo!

____

psiu!

PORTUGUÊS DO BRASIL - PORTUGUÊS DE PORTUGAL (1)

ABRIDOR DE GARRAFAS	TIRA-CÁPSULAS
CONVERSÍVEL	DESCAPOTÁVEL
SALVA-VIDAS	BANHEIRO
FILA	BICHA
MALUCO	TARALHOCO
PICOLÉ	GELADO

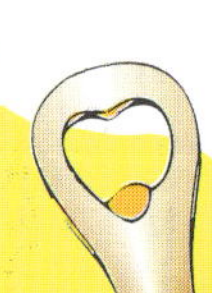

 DEIXA O TIMOR FALAR, ORAS!

O Timor Leste é um país bem pequeno, que fica ali embaixo do mapa, perto da Austrália. Há muitos anos os portugueses estiveram lá, como estiveram no Brasil.

Assim, os timorenses também aprenderam português. Acontece que em 1975 uns caras lá da Indonésia, que fica ao lado, invadiram o Timor e queriam tomar o poder.

Eles prenderam, bateram e até proibiram o pessoal do Timor de falar português. Sabe por que isso aconteceu? É que, quando os timorenses falavam português, eles se sentiam mais unidos e felizes.

Muito brasileiro que mora fora, por exemplo, diz que, quando ouve português longe daqui, logo fica contente. Pelo jeito, esses caras da Indonésia querem o pessoal do Timor fraco e triste. Que coisa!

Não acho que todo mundo da Indonésia seja ruim, mas tem uns lá que vou te contar, viu?!

Eu e a minha turma pedimos pra nossa professora ensinar mais sobre o Timor Leste.

Você podia pedir o mesmo pra sua.

Acho até que a gente tem de dar uma força, mandando cartas pro nosso presidente, falando pra ele dar uma bronca naqueles indonésios!

Imagina se essa moda de ser contra a língua portuguesa pega e a gente não puder mais falar?!

Você vai gostar de ficar de boca fechada, como se fosse sempre "vaca amarela"?! Eu não.

Fonte: Folha de São Paulo - Fernando Bonossi

 **Escolha a alternativa correta:**

a) (Nós, Ela) viu Carlos na esquina e (lhe, o) chamou, mas ele não (lhe, a) ouviu.

b) (Eu, Nós) escolhemos o presente que vamos (lhe, o) dar no aniversário.

c) Marta e a irmã (sua, dela) vão viajar para a Europa para visitar (seus, sua) avó.

d) (Ele, Eles) encontraram (nosso, nossa) livro no ônibus.

e) (Eu, Nós) gosto de estudar no (minha, meu) quarto.

f) Eu (lhe, me) sentei e esperei que o doutor (lhe, me) chamasse.

g) (Nós, Eles) vamos (lhes, nos) encontrar em frente à casa (dela, sua).

h) (Sua, Dela) bagagem já está no táxi, senhor!

i) Vamos (a, nos) encontrar no restaurante para discutir a (delas, nossa) programação.

  **Usando as informações contidas nos PSIUS das páginas 76 e 77, passe o texto abaixo que está escrito em português de Portugal, para o português do Brasil:**

"Um autocarro, ao tentar desviar de um descapotável, atropelou um reformado que estava numa bicha a vender pastilhas elásticas. Ele deu um malho e ficou taralhoco!"

PORTUGUÊS DO BRASIL - PORTUGUÊS DE PORTUGAL (2)

APOSENTADO	REFORMADO
ÔNIBUS	AUTOCARRO
CAFÉ-DA-MANHÃ	PEQUENO ALMOÇO
CARDÁPIO	EMENTA
CHICLETE	PASTILHA ELÁSTICA
CAIR	DAR UM MALHO

O QUE VOCÊ SABE SOBRE O MERCOSUL?????

O Mercosul, Mercado Comum do Sul, foi criado oficialmente em março de 1991 tendo como integrantes o Brasil, a Argentina, o Paraguai e o Uruguai. Os primeiros acordos para o início do Mercosul foram assinados pelo Brasil e pela Argentina em julho de 1986. O Mercado tem como meta acabar com as fronteiras econômicas e estabelecer uma "tarifa zero" entre os países-membros. Além dos países-membros, foram feitas negociações para a adesão parcial de alguns países como o Chile e a Bolívia. Foram assinados acordos de Livre Comércio com eles.

10 **Una a situação da coluna à esquerda com a sugestão correspondente na coluna da direita. Observe as expressões usadas para dar sugestões. Pratique-as em pares.**

Fui assaltado na esquina.	**Vá** falar com o gerente. Talvez ele tenha uma vaga disponível.
Meu irmão foi despedido ontem.	**Não é melhor** ir ao médico?
Minha irmã foi presa e está sendo acusada de roubo.	**É melhor** ir à polícia fazer um BO (boletim de ocorrência).
Ontem fui surpreendida pela chuva, me molhei e hoje estou febril.	**Acho melhor** procurar um advogado que possa defendê-la.
A linha do telefone de casa foi cortada por atraso de pagamento.	**Pague** logo para que possamos falar com você.

11 **Você foi convidado a passar um fim de semana em algum lugar. Escreva uma pequena carta agradecendo o convite e desculpando-se por não poder ir. Explique o motivo seguindo o exemplo abaixo:**

Querido Antônio,

Muito obrigado por convidar-me a passar o fim de semana na sua casa, em Gramado. Sempre quis conhecer Gramado mas tenho um trabalho para entregar 2ª feira, por isso, infelizmente, não vai ser possível aceitar o seu convite.

Numa próxima oportunidade, talvez.

Abraços,

Roberto

Usando as informações da sua carta monte uma conversa ao telefone, como no exemplo abaixo:

R: Ôi, Antônio.
A: Roberto, que bom que você telefonou.
R: Queria agradecer-lhe o convite...
A: Você vai, não vai?
R: Desculpe, mas, infelizmente, não vai dar.
A: Mas por quê?
R: Tenho um trabalho para entregar na 2ª feira.
A: Você não poderia levar o trabalho pra fazer lá?
R: Acho que não vai dar mesmo. Senão nem me divirto, nem tampouco faço um bom trabalho.
A: Acho que tem razão.
R: Numa próxima oportunidade talvez.
A: Está bem.
R: Tchau.
A: Tchau.

DE ONDE SOMOS? (2) *(Canções em português pelo mundo)*

psiu!

12 A Professora de história pediu que seus alunos da 8ª série fizessem uma pesquisa sobre a Argentina, o Uruguai, Portugal e Angola. Cada grupo apresentou um trabalho sobre as características do país escolhido. Ouça a fita e complete o quadro apenas com as informações que ouvir.

	ANGOLA	ARGENTINA	PORTUGAL	URUGUAI
PAÍS				
MOEDA				
COMIDA				
FESTIVIDADE				
POPULAÇÃO				
RELIGIÃO				
LÍNGUA				
OUTROS				

13 NO RESTAURANTE

Pratique o diálogo.

Aluno A: Você é vegetariano e vai almoçar num restaurante. Veja o cardápio e faça o seu pedido. Explique o seu caso e peça sugestões ao garçom. Pergunte-lhe sobre os ingredientes dos pratos.

Aluno B: Você é garçom de um restaurante e hoje vai atender um cliente especial. Responda às perguntas dele e faça sugestões.

Pratique, mudando as situações de: um diabético, uma pessoa fazendo dieta ou uma pessoa da religião islâmica.

Você sempre almoça ou janta em restaurantes? Com que freqüência? Você vai sozinho ou acompanhado? Em que tipo de restaurante você costuma entrar (especialidade do restaurante)? Você costuma pedir um aperitivo, uma entrada ou uma sobremesa? Se sim, o quê? Um cafezinho? No seu país, os restaurantes são usados com freqüência para reuniões? Que tipo de reuniões? Que tipo de restaurantes internacionais são mais comuns em seu país?

14 DESAFIO!!
Trabalhe em pares. No texto abaixo, encontre os erros gramaticais, de acentuação e ortográficos e corrija-os.

'O oceano são o tema da Expo 98, algo que parecia indicará que a exposição teria um caráter sólidamente baseada na história, ciência e tecnología. Em parte isso é verdade. Mas a dinâmica própria de um exposição internacionalmente na era da Disneylândia conspira contra o racionalizmo. (...)

Apresentando os oceanos e suas problemas para uma plateia poliglotas que vai do bebê a ancião são um desafio difícil de resolver, e o resultado termina apelando para os mínimo denominador comum. O testo têm de ceder à imagem, a imagem parado tem de ceder àquela em movimento, e o som e os efeitos especial tomam o lugares do raciocínio e do absorção de conhecimentos.

Um bom exemplo é o Pavilhão de Portugal, centrados na história do naufrágio de uma nau que virá do Japão e afundou na entrada de Lisboa.

Um magnífico trabalho de arqueologia submarina seria feito, dentro do conceito moderno que os restos de um naufrágio são como uma 'cápsula do tempo', que preservava dados de cotidianos passados. Objeto de uso pessoal, jóias, moedas, armas, mesmo parte da carga de pimenta foi resgatado, dando uma visão inédito da vida a bordo de uma nau portuguesa dos século 16 e 17. (...)

Fonte: "Uma volta na Expo 98" de Ricardo Bonalume Neto, Revista da Folha, 14/6/98

DE ONDE SOMOS? (3)
(Canções em português pelo mundo)

psiu!

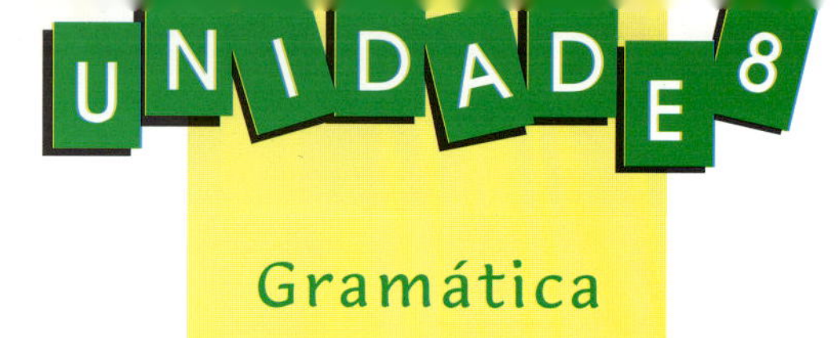

Gramática

VOZ PASSIVA

VERBO SER + PARTICÍPIO PASSADO

A casa da praia É ALUGADA nos fins de semana.
O carro FOI VENDIDO por 15.000 dólares.
Os cantores FORAM APLAUDIDOS de pé pela platéia.
As casas VÃO SER POSTAS à venda na próxima semana.

ATENÇÃO !!!

A casa É ALUGADA —— As casas SÃO ALUGADAS
O carro FOI VENDIDO —— Os carros FORAM VENDIDOS

ATENÇÃO !!!

Esta forma de voz passiva constrói-se com o verbo na 3ª pessoa (singular/plural), seguido do pronome apassivador **se**:

VENDE-SE uma casa na praia — ALUGAM-SE apartamentos
PROCURA-SE um cão perdido — CONSERTAM-SE geladeiras

PARTICÍPIO PASSADO

REGULARES

Alugar — alugada (s) alugado (s)
Aplaudir — aplaudida (s) aplaudido (s)
Vender — vendida (s) vendido (s)

IRREGULARES

abrir - aberto	*fazer - feito*	*pôr - posto*
cobrir - coberto	*ganhar - ganho*	*ver - visto*
dizer -dito	*gastar - gasto*	*vir - vindo*
escrever - escrito	*pagar - pago*	

ATENÇÃO !!!

ESTES VERBOS SÃO IRREGULARES APENAS NA VOZ PASSIVA:

aceitar - aceito	*expulsar - expulso*	*prender - preso*
acender - aceso	*limpar - limpo*	*salvar - salvo*
eleger - eleito	*matar - morto*	*soltar - solto*
entregar - entregue		

ATENÇÃO !!!
SEMPRE NO PLURAL:

OS AFAZERES	OS ARREDORES
OS ÓCULOS	OS PÊSAMES
BELAS-ARTES	OS PARABÉNS
AS FÉRIAS	

O LAR

APRENDA

ALUGANDO UMA CASA

NA IMOBILIÁRIA

C = Corretor *S = Sílvio*

C: Bom dia, posso ajudá-lo?

S: Bom dia, estou procurando uma casa para alugar.

C: Em que zona o senhor gostaria de alugar?

S: Na Zona Sul, de preferência num lugar de fácil acesso, perto de alguma estação do metrô. Se for possível, numa região bem servida.

C: Que tipo de casa está procurando?

S: Tem que ter no mínimo três dormitórios, um deles suíte. A cozinha pode ser pequena mas a sala de visitas e a sala de jantar devem ter um tamanho razoável.

C: Então acho que vai gostar desta aqui. Tem três dormitórios com uma suíte, sala de visitas, sala de jantar e cozinha grandes. Tem também lavanderia e dependências de empregada.

S: E garagem?

C: Naturalmente. Tem uma garagem para dois carros.

S: Onde fica?

C: Perto da estação Vila Mariana. É um local bem servido, em todos os sentidos. Perto tem padaria, supermercado, restaurantes, posto de gasolina, etc. Além do Metrô, passam ônibus para todos os lugares.

S: Já está mobiliada?

C: Tem armário embutido em todos os cômodos, inclusive na cozinha.

S: É acarpetada?

C: Não, o assoalho é de madeira. Por isso, é fresco no verão e quentinho no inverno.

S: Tem quintal?

C: Sim, não é muito grande mas dá pras crianças brincarem. Tem até uma mangueira que agora deve estar cheia de mangas.

S: De quando é a construção?

C: Não é muito nova mas é muito bem conservada. Foi construída há quinze anos.

S: E a vizinhança? É um lugar seguro?

C: Os vizinhos são muito legais. Quanto à segurança, nunca ouvi falar de assalto nesta região.

S: Quanto é o aluguel?

C: São oitocentos reais.

S: Parece ótimo! Quando posso vê-la?

C: Se quiser, agora mesmo! Em todo caso, tenho mais algumas coisas que talvez possamos discutir para otimizar nosso dia.

S: Está certo.

C: Tenho uma casa de vila num lugar privilegiado do Planalto Paulista. É uma vila com apenas 5 casas num lugar seguro, com portão automático na entrada.

S: Quantos quartos?

C: Não é muito grande, apenas dois dormitórios mas tem uma dependência nos fundos, separada da casa, com mais um dormitório e um banheiro.

S: Tem jardim?

C: Sim, e há uma pequena churrasqueira no quintal. Temos ainda um sobrado geminado não longe daqui. Tem três quartos e o aluguel está bem em conta porque o proprietário está apertado e precisa alugá-lo logo. Poderíamos ir visitá-lo já que no aluguel de oitocentos reais está incluído o telefone. Que tal?

S: Sim, vamos vê-lo.

C: Acho que são três boas opções, as melhores que tenho a oferecer no momento.

S: Como funcionaria o fiador?

C: Basta que você tenha alguém com um imóvel na cidade. O proprietário da casa da vila pede um fiador com dois imóveis mas acho que podemos negociar algo melhor com ele. Antes de mais nada vamos fazer as visitas. Você pode deixar o carro na garagem da imobiliária e podemos ir no meu carro, está bem?

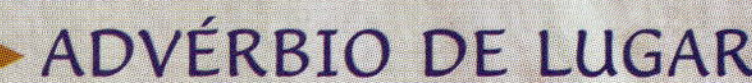

ADVÉRBIO DE LUGAR

Exemplos

Vá adiante! Eu sigo logo atrás.
O jogo está acontecendo dentro do estádio.
O sítio fica longe daqui.

abaixo, acima, adiante, além, ali, aqui, cá, atrás, dentro, fora, lá, perto, longe, etc.

LOCUÇÃO ADVERBIAL DE LUGAR

à esquerda, à direita, de longe, de perto, para dentro, por aqui, etc.

LOCUÇÃO PREPOSITIVA DE LUGAR (sempre seguida por uma preposição)

perto de, antes de, dentro de, fora de, à esquerda de, à direita de, longe de, em cima de, embaixo de, na frente de, atrás de, etc.

Exemplos

A: Onde ele está?
B: Ele estava por perto. (locução adverbial)
C: Ele estava perto da janela. (locução prepositiva)

ADVÉRBIO DE MODO

adjetivo	advérbio de modo		
calmo	com calma	calmamente	assim, bem, devagar, depressa, mal, pior, melhor
rápido	com rapidez	rapidamente	
carinhoso	com carinho	carinhosamente	
tranqüilo	com tranqüilidade	tranqüilamente	
irônico	com ironia	ironicamente	
fácil	com facilidade	facilmente	
cuidadoso	com cuidado	cuidadosamente	

Exemplos

Ele fez o trabalho com muita facilidade.
Ande depressa, se não quiser perder o trem.
Faça assim, como foi explicado.

LOCUÇÃO ADVERBIAL DE MODO

às pressas, passo a passo, de cor, em vão, em geral, frente a frente, etc.

Exemplos

Eles se olharam frente a frente antes do jogo começar.
Eles fizeram a greve em vão: não conseguiram nenhum benefício a mais.
Não sabemos se isto vai funcionar: foi planejado muito às pressas.

Advérbios (1)
Discurso Indireto

Ouça a fita e acompanhe a descrição da planta do apartamento.

NUM STAND DE VENDAS

Corretor: Bom dia! Posso ajudá-los? Meu nome é Valdemar.
Guilherme: Sim, gostaríamos de dar uma olhadinha nos apartamentos e nas condições de pagamento.
C: Pois não, vamos sentar.
G. e Márcia: Obrigado, Obrigada.
C: Aceitam um cafezinho, água, refrigerante?
G: Um copo d'água sem gelo, por favor.
M: Nada, obrigada.
C: Bem, aqui estão as plantas dos apartamentos tipos A e B. Os apartamentos tipo A são do bloco de apartamentos de 4 dormitórios e os do tipo B de três. Alguma preferência?
M: Sim, precisamos de 4 quartos. São suítes?
C: Dois são suítes.
G: Vamos ver!
C: Bem, aqui está a entrada da sala. São dois apartamentos por andar servidos por um elevador social e um de serviço.
G: Qual é a área total?
C: São 350 m² de área total e 200 m² de área útil. É um bom apartamento! Voltando à planta... a sala está dividida em dois ambientes. Aqui, à esquerda, logo na entrada, há um pequeno lavabo e aqui está a varanda com uma churrasqueira. Nesta parede será construída uma lareira.
M: Aqui é a entrada para a cozinha?
C: Sim, como a senhora pode ver, ela é bem iluminada pois a porta que dá para a área de serviço é de vidro e a janela da área é enorme. Alguns compradores optaram por derrubar a parede entre a cozinha e o quarto de empregada para utilizar o espaço como copa.
G: Boa idéia, mas nós precisaremos do quarto para utilizar como despensa.
C: Também é uma excelente idéia. Bem, vamos ver o restante. Este é o banheiro que serve os quartos que não são suítes, estes dois, e aqui estão as suítes. A suíte do casal tem um closet ao lado do banheiro. No banheiro há uma (banheira para) **hidromassagem.**
M: E a área social?
C: O prédio tem um belo salão de festas com capacidade para 100 pessoas, uma piscina infantil e outra para adultos e uma quadra poliesportiva. A segurança é máxima com filmadoras espalhadas pelo muro que cerca a área. Todas as imagens são vistas pelo porteiro na guarita.
G: Quantas vagas na garagem?
C: Duas vagas mais área para estacionamento de visitantes. Gostariam de ver um apartamento mobiliado para ter uma idéia melhor de espaço? Depois poderemos voltar e ver as condições de pagamento.
G: Não, vamos ver as condições primeiro.
C: Certo. O valor total é de R$ 300.000,00 sendo 40% na assinatura do Contrato e os demais 60% financiados diretamente com a Incorporadora em condições a serem discutidas. Os juros são os de mercado, sem comprovação de renda, mediante aprovação de ficha cadastral.
G: Excelente. Vamos dar uma olhada na área e no apartamento. Qual é o prazo de entrega?
C: Já estamos na fase de acabamento. A entrega das chaves será daqui a seis meses.

No Brasil, algumas pessoas possuem uma casa (ou apartamento) na praia, outras têm sítios, chácaras, fazendas... E no seu país, isto é comum?
Atualmente, no Brasil, são muito comuns os condomínios fechados.
E no seu país? Existem condomínios fechados?
Quais instalações há na área social dos apartamentos no seu país?
Entre as instalações citadas no texto acima, qual é a que não se vê em seu país?

TIPOS DE MORADIA

CASA TÉRREA/GEMINADA
SOBRADO
CONDOMÍNIO FECHADO
APARTAMENTO (CONDOMÍNIO)
CHALÉ
MANSÃO
COBERTURA
CASTELO
CASA DE TEMPORADA/DE CAMPO/DE PRAIA
FLAT/APARTHOTEL
KITNET
CABANA
FAVELA (BARRACO)...

1 Agora ouça os compradores conversando com um arquiteto e desenhe na planta as mudanças a serem feitas:

2 Desenhe a planta da sua casa/apartamento e discuta com seu/sua colega/professor as diferenças entre a sua casa e a dele/a.

Se você pudesse, que mudanças gostaria de fazer na sua casa? Por quê?

3 

Trabalhe em grupos: o jogo consiste em completar as frases que vocês ouvirão na fita, com os advérbios que estudamos na p. 82 (Estudo de...).
Ganha o ponto quem completar primeiro a frase com um advérbio adequado.

psiu!

ÁREAS COMUNS DE UM CONDOMÍNIO

CHURRASQUEIRA
GARAGEM
PISCINA
PLAYGROUND
QUADRA POLI-ESPORTIVA
SALÃO DE FESTAS...

4 Muitas mudanças aconteceram em nossas vidas e em nossas comunidades devido ao avanço tecnológico e a novas idéias. Como as coisas mudaram desde o tempo em que você era mais jovem? Ou desde que seus pais ou avós eram jovens? Olhe os tópicos abaixo e fale sobre eles com seu professor ou colega. As mudanças são boas ou ruins? Por quê?

EXEMPLOS

A: O que mudou em sua família até os dias de hoje?
B: *Antigamente* meus pais, meus irmãos e eu morávamos no interior do Paraná, numa fazenda. *Quando eu tinha uns dez anos,* mudamos para a capital, onde moramos durante cinco anos numa casa pequena. Aí mudamos para um apartamento maior em um condomínio com muito verde, piscina, quadras e muita mordomia. *Hoje,* sou casado e moro com minha família em um apartamento no centro da cidade.

	COMO ERA ANTIGAMENTE	COMO É AGORA	MUDANÇAS BOAS ou RUINS
FAMÍLIA			
MORADIA			
TRANSPORTE			
DIVERSÃO			
TRABALHO			

5 Ouça a fita com os diálogos da p. 86. Tente descobrir qual foi o problema, em que cômodo ele ocorreu, qual foi a solução encontrada por João e finalmente, usando as opções mencionadas, QUAL É A PROFISSÃO DE JOÃO.

DIÁLOGO	PROBLEMA	CÔMODO	PROFISSIONAL	SOLUÇÃO
A				
B				
C				
D				
E				
F				

ELETRODOMÉSTICOS

APARELHO DE SOM (ESTÉREO, GRAVADOR, RÁDIO...)
ASPIRADOR DE PÓ
BATEDEIRA
CAFETEIRA
COMPUTADOR
FERRO ELÉTRICO
FOGÃO/FORNO (MICROONDAS)
GELADEIRA/CONGELADOR
LAVADORA/SECADORA
LIQÜIDIFICADOR
TELEVISÃO/VÍDEO...

UNIDADE 9

A

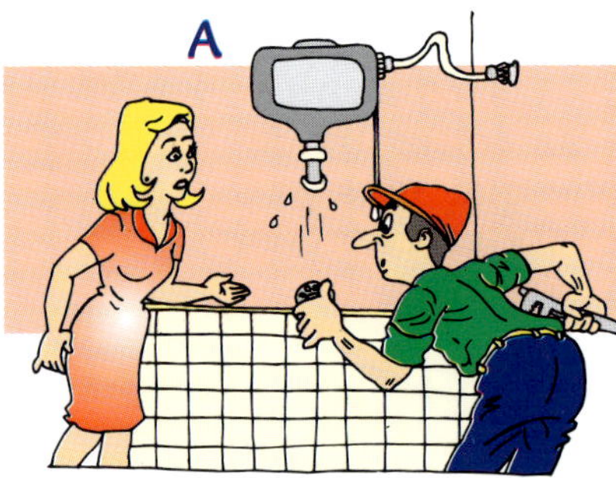

João: Não tem jeito não senhora! Vamos ter que trocar o cano.
Fernanda: *Mas é um vazamento tão pequeno! Não dá para consertar o cano?*
João: Não dá não! Vamos ter que quebrar os azulejos e trocar o cano bem em cima da bacia sanitária.
Fernanda: *Oh, Meu Deus! E se não acharmos azulejos iguais?*

B

João: Nossa Dona! Essa instalação elétrica está um perigo!
Cláudia: *E agora?*
João: Vamos trocar os fios antes de instalar as luminárias. Vamos precisar de 5m. de fio vermelho e 3m. de fio branco.
Cláudia: *Onde eu encontro isso?*
João: Ah, em qualquer loja de material elétrico ou de construção!

C

João: Que cor vai ser a sala?
Jorge: *A patroa quer pérola com o teto na mesma cor. De quantos galões de tinta o senhor vai precisar?*
João: Um de massa corrida porque há muitas marcas de pregos e três de tinta porque vou dar duas demãos.

D

Claudete: *Corre Maria, corre que está saindo água por baixo, corre e desliga que eu vou pegar um pano...*
João: Foi a mangueira, Dona Claudete... Vou ter que voltar outro dia pra trazer uma nova.
Claudete: *Não posso ficar sem usá-la... quando o senhor volta?*
João: Vou ter que ver na autorizada mas acho que só daqui a uns três dias.

E

João: Vai derrubar mesmo?
Bruno: *Vou, a sala é muito pequena...assim abrimos mais espaço. Está certo que vamos perder um quarto mas por enquanto basta um.*
João: O senhor quer que eu traga o cimento, a areia e os tijolos ou o senhor mesmo compra?
Bruno: *Estou sem tempo. Confio no senhor.*

F

João: Tô subindo...
Daniela: *Já tentei de tudo mas não adianta! Não consigo abrir a porta...e o pior é que Carlinhos está preso lá dentro. E agora?*
João: No segundo andar tem um apartamento vazio. Vou pegar a chave do banheiro de lá pra ver se serve nesta porta daqui. Agüenta aí um pouquinho Dona Daniela, vai dar certo, se Deus quiser!!

LOUÇAS e TALHERES

psiu!

BANDEJA
BULE
COPO/TAÇA
PRATO: FUNDO/RASO/DE SOBREMESA
PIRES
TALHERES: FACA/COLHER/GARFO
TRAVESSA/SOPEIRA/VASILHA
XÍCARAS DE CAFÉ/CHÁ...

6 Você é um decorador de ambientes. Distribua os objetos abaixo como achar conveniente. Depois trabalhe com seu/sua colega: veja se a disposição dos seus objetos ficou igual à do seu colega. Para descrever o seu ambiente, exercite as expressões que foram introduzidas na página "ESTUDO DE".

7 Você vai ouvir Camila descrevendo o quarto dela. Coloque os objetos mencionados nos lugares indicados por ela:

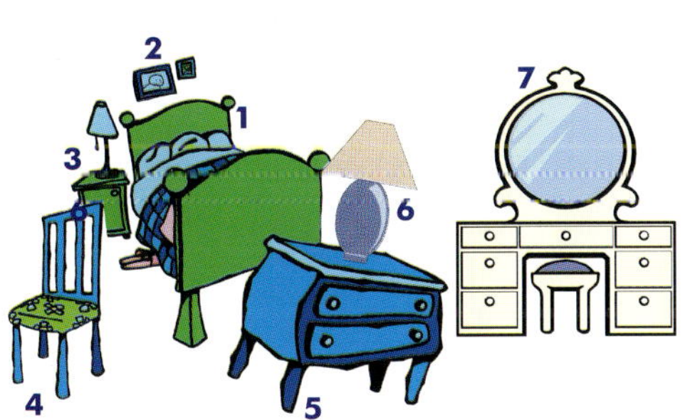

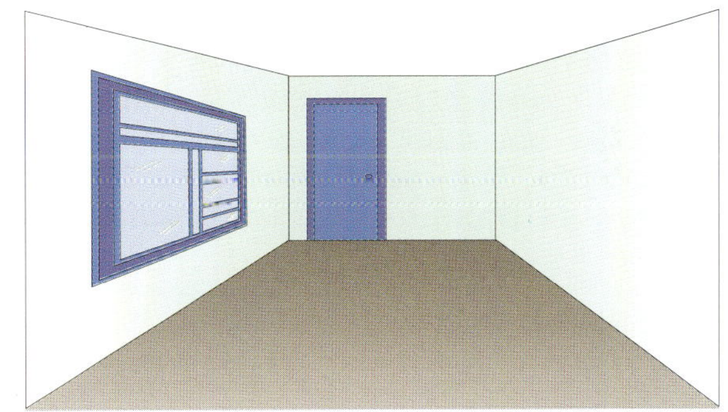

8 Larissa vai dar uma festa na casa dela, para comemorar o aniversário da filha. Só que os convidados nunca foram à sua casa. Explique o caminho a A e a B, que estão em pontos diferentes. Trabalhe em pares: um explica o caminho a A e o outro o explica a B.

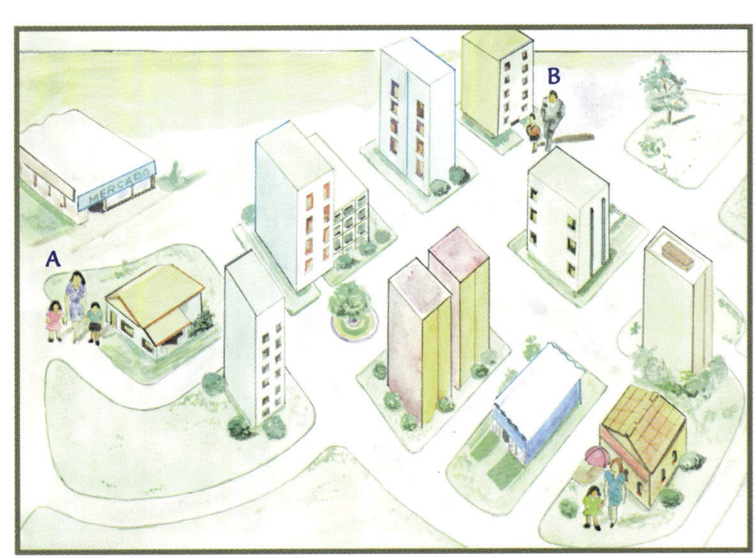

MOBÍLIA

ARMÁRIO
BELICHE
CADEIRA
CAMA
ESCRIVANINHA
ESTANTE
MESA DE CANTO/DE CENTRO
MESA DE CABECEIRA (CRIADO MUDO)
POLTRONA
SAPATEIRA
SOFÁ...

Um dos maiores problemas encontrados por casais em que tanto o homem quanto a mulher trabalham fora é com quem deixar os filhos. Assim, duas das profissões mais importantes nos dias de hoje são a de empregada doméstica e a de babá. Infelizmente esses profissionais normalmente não passam por cursos preparatórios e todo o aprendizado é feito em suas próprias casas ou nos locais de trabalho onde, muitas vezes, começam a trabalhar ainda muito jovens. Nas grandes cidades brasileiras, com alguma freqüência, as empregadas domésticas e as babás dormem 'no serviço' e têm a grande responsabilidade de cuidar totalmente das casas e muitas vezes até da educação das crianças.

9 Discuta com seu colega/professor:

Danilo é pesquisador na área de Informática de uma grande universidade e Patrícia é responsável por um novo Programa de Treinamento de uma Empresa Multinacional e precisa viajar muito. Eles acabam de ter um casal de gêmeos e precisam, com urgência, entrevistar uma babá e uma faxineira que terão a responsabilidade de cuidar da casa e das crianças enquanto o casal estiver trabalhando. Que perguntas você faria às candidatas se estivesse no lugar de Danilo e Patrícia quanto a:

SEU PASSADO

SEU PRESENTE

SUAS OCUPAÇÕES FUTURAS NA CASA DO CASAL

POSSÍVEIS PROBLEMAS A SEREM ENFRENTADOS

10 Faça um resumo da entrevista feita por uma rede de televisão a um ladrão pego em flagrante pela polícia, utilizando o discurso indireto:

EXEMPLO:

Elza - "Quero viajar nas férias." — Elza disse que queria viajar nas férias.
João - "Vou comprar uma casa nova." — João disse que ia comprar uma casa nova.
Aldo - "Termine o relatório, hoje!" — Aldo disse para terminar o relatório hoje.

O que você faria se estivesse no lugar de João?
Você acha que a fome justifica o roubo? João merece ficar preso?
Você acha que João é orgulhoso demais?

CAMA e MESA

COLCHÃO
TRAVESSEIRO
LENÇOL/FRONHA
COBERTOR
COLCHA/EDREDON
TOALHA DE MESA/DE BANHO/DE ROSTO
GUARDANAPOS
TAPETE (DE BANHEIRO)...

11 Use as palavras ao lado para completar as frases:

1. Ele está andando _____________ porque machucou a perna esquerda num jogo de futebol.
2. Ela almoçou e saiu ________________. A reunião iria começar dentro de quinze minutos.
3. O professor explica ________________ como montar a maquete.
4. Eles esperaram _______________ durante duas horas. Ninguém apareceu.
5. Depois de apresentar o relatório, o gerente está se sentindo __________. Afinal, tirou um peso da cabeça.
6. O diretor discutiu _____________ com os funcionários que reivindicavam melhores salários.
7. Nós não estamos _____________, mas poderíamos estar __________.
8. O professor pediu aos alunos que falassem _______________ os nomes dos Estados brasileiros.
9. ________________, as pessoas que têm bons hábitos alimentares vivem mais.

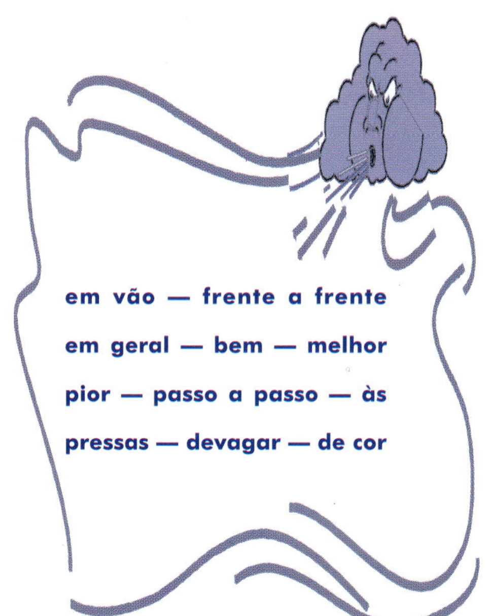

em vão — frente a frente
em geral — bem — melhor
pior — passo a passo — às
pressas — devagar — de cor

12 Que reação vai ao encontro das situações abaixo: relacione a coluna A com a coluna B.

A *Como você se sentiria:*	B *Eu me sentiria:*
se trabalhasse cinco anos consecutivos sem tirar férias	muito orgulhoso
ao ouvir sobre o falecimento de um amigo	bastante estressado
ao participar da festa de formatura de seu filho	muito chocado
se após 20 anos trabalhando na mesma empresa, fosse demitido	muito desapontado

Pense alguns minutos antes de discutir em aula. O que o faria sentir:

(bastante) decepcionado — satisfeito - (meio comovido) — (muito) feliz — triste — furioso

13 Leia o diálogo abaixo e explique a origem das expressões (ONOMATOPÉIAS) em *itálico*:

Outro dia fui a uma festa e bebi um pouco demais. Lá pelas tantas, o ***blablablá*** ficou demais e o ***zunzunzum*** começou a me deixar tonto. Fugi para uma das salas da casa onde havia algumas crianças assistindo à TV. Era um filme de ***bangue-bangue*** que só piorou meu estado. Fui então para a garagem onde outras tantas crianças jogavam ***pingue-pongue*** e me deixaram completamente tonto. Ouvi então o ***tique-taque*** do relógio de parede batendo como um tambor na minha cabeça e decidi: não dá, preciso ir embora!

CASAS DE ASSISTÊNCIA SOCIAL

ALBERGUE NOTURNO
ASILO
CASA DE DETENÇÃO
CASA DE RECUPERAÇÃO DE MENORES
CRECHE
MANICÔMIO
ORFANATO...

psiu!

História do Brasil (1)

Do Descobrimento à Independência

Pedro Álvares Cabral chegou à Bahia de Todos os Santos em 1500, porém muitos anos antes Portugal já havia assegurado direitos sobre essas terras através do Tratado de Tordesilhas (1494) assinado entre Espanha e Portugal.

Os colonizadores impuseram seu domínio sobre as populações indígenas e comercializaram o pau-brasil, madeira utilizada para tingimento nas fábricas têxteis européias. O perigo dos franceses se apoderarem do Brasil precipitou sua colonização definitiva. A exploração do pau-brasil foi substituída pela do açúcar, usando-se inicialmente mão de obra indígena. A grande sensibilidade dos indígenas às enfermidades transmitidas pelos europeus incentivou a decisão portuguesa de usar mão-de-obra africana nos trabalhos agrícolas da colônia.

Calcula-se que entre 1532 e 1585, aproximadamente 3,5 milhões de escravos foram trazidos ao Brasil. Milhares deles, desafiando o sistema colonial, fugiram das plantações da costa para as selvas congregando-se com indígenas e mestiços formando povoados chamados 'quilombos' ou 'mucambos'. No nordeste brasileiro ficaram famosos os quilombos de Palmares (1630-1695) e a figura de Zumbi, líder da luta contra as expedições militares coloniais. Até hoje comemora-se o dia 20 de novembro, dia da morte, em combate, de Zumbi, como o Dia da Consciência Negra.

A utilização de escravos africanos não parou a dominação sobre as populações indígenas já que os portugueses que não podiam comprar escravos promoviam as incursões 'bandeirantes' a territórios espanhóis, especialmente às missões jesuítas de Guaíra, onde os índios guaranis já estavam relativamente imunizados às doenças e acostumados com as formas de trabalho agrícola coletivo. As devastações humanas foram tão grandes que as missões foram obrigadas a mudar-se cada vez mais para o sul, até o atual Estado do Rio Grande do Sul.

A incorporação de Portugal ao Reino Espanhol em 1580, teve conseqüências importantes para o Brasil. De um lado, as fronteiras impostas pelo Tratado de Tordesilhas desapareceram, facilitando assim a penetração cada vez maior dos bandeirantes, e por outro lado, com os Países Baixos passando também à coroa espanhola, os holandeses se estabeleceram em Pernambuco entre 1630 e 1654.

A crise do açúcar obrigou a busca de meios substitutivos. Em 1696 os bandeirantes encontraram os primeiros filões de ouro no hoje Estado de Minas Gerais e no século XVIII alcançou-se o maior índice de produtividade do metal. O ciclo do açúcar foi assim substituído pelo do ouro. De certa maneira, a expansão da economia exportadora beneficiou a classe dominante local que cada vez mais manifestava seu desejo de prescindir da mediação de Portugal em seu comércio com a Europa. No fim do século XVIII surgiram os primeiros movimentos em favor da independência e o maior símbolo de liberdade dos brasileiros, Tiradentes, executado em 1792 devido a seu destaque na Conjuração Mineira.

A invasão da Península Ibérica por Napoleão, em 1808, determinou a decisão do rei de Portugal de mudar a corte para o Brasil colocando assim o país numa situação de quase independência. Assim, o Brasil passava a comercializar diretamente com seu maior cliente, a Grã Bretanha. Com a volta do rei à metrópole em 1821, a burguesia comercial brasileira declarou a independência do país em 7 de setembro de 1822, com o príncipe regente, D. Pedro I, passando a ser Imperador.

Fonte: Guia del Mundo 1998

O BAIRRO

APRENDA

AO TELEFONE

A: Alô, Marisa está?
B: Marisa?
A: É, queria falar com a Marisa.
B: Não tem ninguém com esse nome aqui, não senhor.
A: Então desculpe, foi engano.

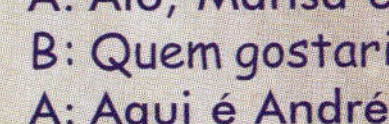

A: Alô, Marisa está?
B: Quem gostaria?
A: Aqui é Andréa, colega dela da escola.
B: Um momento, por favor. Vou chamá-la.
C: Alô, quem fala?
A: Ôi Marisa, é Andréa!
C: Ôi Andréa, tudo bem?
A: Tudo. Você está ocupada nesta sexta à noite?
C: Nesta sexta? Acho que não. Por quê?
A: Ganhei duas entradas para o teatro. Não quer ir comigo?
C: Claro que sim! Você sabe que eu adoro teatro! Que peça é?
A: *Master Class*, com Marília Pera.
C: Nossa! Que legal!
A: Está no Cultura Artística.
C: Que ótimo! Fica bem pertinho da minha casa! Você não quer dar uma passadinha aqui antes de irmos? Você nunca veio me visitar!
A: Também, você nunca me convidou antes!

A: Alô!
B: Supermercado Souza, bom dia!
A: Bom dia! Gostaria de falar com o gerente, por favor!
B: Ele está em reunião. Seria só com ele ou eu poderia ajudar?
A: Obrigada, mas gostaria de falar com ele mesmo.
B: Gostaria de deixar algum recado?
A: Diga-lhe, por favor, que Elza, da Castro e Companhia, telefonou e que se ele puder dar um retorno ainda hoje eu ficarei agradecida. Gostaria de conversar com ele sobre um produto novo que estamos lançando no mercado e gostaria de saber se ele estaria interessado em conhecer e comercializar mais esse novo produto.
B: Pois não. O recado será dado assim que a reunião terminar. Pedirei ao gerente para que dê um retorno ainda hoje. Posso ajudá-la em mais alguma coisa?
A: Não, por enquanto é só isso. Obrigada pela atenção.

A: É do banco?
B: Pois não, com quem gostaria de falar?
A: Com o gerente.
B: Qual deles?
A: Tanto faz, qualquer gerente.
B: Um minutinho só, por favor.
C: Valter.
A: Bom dia, seu Valter, meu nome é Aldo. Gostaria de fazer um resgate de aplicação.
C: Pois não, senhor Aldo. Qual o número da sua conta?
A: 414058. Tenho duas aplicações vencendo hoje.
C: Um minutinho só, vou verificar. Acho que há um engano. Uma das aplicações, a mais alta, o CDB de 60 dias, vence só amanhã. A aplicação que vence hoje é a de 30 dias. Gostaria de saber o valor?
A: Não, acho que já sei aproximadamente. Pode desaplicá-la. A aplicação que vence amanhã é reaplicada automaticamente?
C: Sim, a menos que o senhor deseje solicitar o resgate.
A: Não, pode reaplicar.
C: Pois não, senhor Aldo. Mais alguma coisa?
A: Não, muito obrigado pela atenção. Até logo.
C: Até mais.

UM POUCO MAIS SOBRE OS ADVÉRBIOS

AFIRMAÇÃO - sim, realmente, certamente, etc.

DÚVIDA - talvez, etc.

INTENSIDADE - bastante, bem, demais, mais, menos, meio, muito, quase, tão, etc.

NEGAÇÃO - não, jamais, nunca, nada, absolutamente, etc.

TEMPO - agora, ainda, amanhã, cedo, tarde, nunca, jamais, depois, já, logo, sempre, outrora, antes, etc.

LOCUÇÃO ADVERBIAL

AFIRMAÇÃO	TEMPO
por certo, sem dúvida, etc.	de noite, de dia, de vez em quando, à tarde, hoje em dia, nunca mais, etc.

LEMBRE-SE! USAM-SE OS ARTIGOS DEFINIDOS:

A) Com pronomes possessivos:

- é facultativo antes de possessivo que acompanha um substantivo (meu carro, o meu carro)
- substitui o possessivo quando usado antes do nome de partes do corpo, peças de roupa, objetos de uso pessoal, etc.: mexeu os braços (**e não** mexeu **seus** braços), vestiu a camisa...

B) Com nomes geográficos:

- usa-se normalmente com nomes de países, regiões, continentes, montanhas, vulcões, desertos, constelações, rios, lagos, oceanos, mares e grupos de ilhas: o Brasil, o Triângulo Mineiro, a Europa, os Andes, o Cruzeiro do Sul, o Tietê, o Titicaca, o Atlântico, o Mediterrâneo. Exceção: alguns países e regiões rejeitam o artigo: Portugal, Macau...
- não se usa, em geral, com nomes de cidades, de localidades e da maioria das ilhas: São Paulo, Cuba... Exceção: nomes de cidades que se formaram de substantivos comuns **conservam o artigo**: o Recife, o Rio de Janeiro, o Porto..., assim como algumas ilhas: a Madeira, a Groenlândia...

C) Com nomes próprios:

- não se usa com nomes próprios: chegou com Maria; mas se usa para indicar intimidade com a pessoa, apelido ou qualificativo de pessoas: meu amigo, o João; Isabel, a Redentora.
- usa-se em títulos que indicam profissão, cargo ou condição: o professor Carlos, o doutor Gomes.

A maioria dos nomes de CIDADES e ESTADOS NÃO leva artigo:

Minas Gerais
São Paulo
Paris
Nova Iorque...

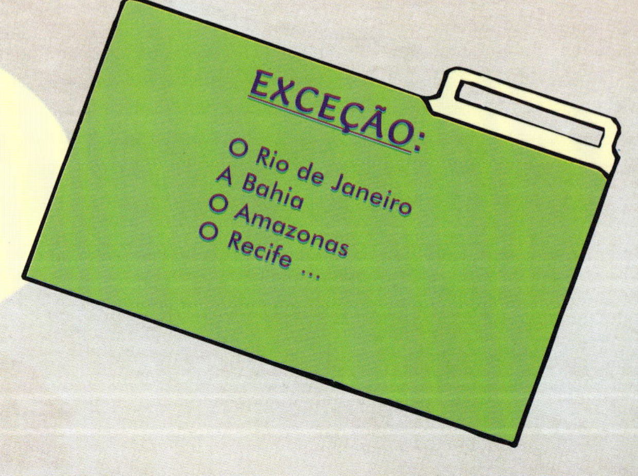

Advérbios (2)
Artigos Definidos

OS BAIRROS

No Brasil, as cidades estão divididas em BAIRROS. Nas grandes metrópoles, os bairros acabam se tornando nossa 'pequena cidade' dentro de um universo maior. Cada vez mais, os bairros se organizam para tornar a vida de seus habitantes mais humana e agradável. Já existe o Jornal do Bairro, a Festa Junina das ruas tal e tal, a Oktoberfest tal, a Festa Italiana tal, etc. As Igrejas também promovem reuniões das suas comunidades trazendo assim as famílias mais para perto das organizações de bairros. Muitas vezes, povos da mesma origem se concentram neste ou naquele bairro. Assim, há bairros conhecidos pela sua comunidade japonesa, alemã, italiana, etc.

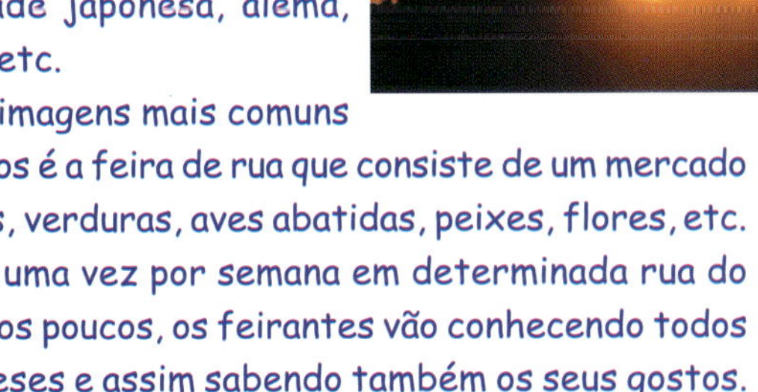

Uma das imagens mais comuns nos bairros é a feira de rua que consiste de um mercado de frutas, verduras, aves abatidas, peixes, flores, etc. montado uma vez por semana em determinada rua do bairro. Aos poucos, os feirantes vão conhecendo todos os fregueses e assim sabendo também os seus gostos. A arte de ser feirante é muito interessante pois normalmente eles/elas são pessoas muito bem humoradas, com um linguajar todo próprio e com expressões e piadas que só eles sabem fazer. As feiras são montadas bem cedo e normalmente vão até as 13 ou 14 horas. Geralmente as que acontecem aos sábados ou domingos são as que vão até mais tarde. Toda feira que se preze tem um ou mais vendedores de pastel e de caldo de cana!!!

As padarias, açougues, farmácias, bancas de jornais, etc. também são pontos em que aos poucos as pessoas vão ficando conhecidas no bairro.

Algumas Prefeituras já implantaram a Polícia Comunitária: são policiais que estão sempre prestando serviço na mesma área e que, aos poucos, vão conhecendo o movimento dos habitantes e se acostumando com a rotina do lugar. Alguns bairros têm ainda seu próprio policiamento particular feito por meio de vigias que circulam em viaturas especiais, de moto ou de bicicleta.

O que você gosta de encontrar perto da sua casa?
Qual é a sua definição de BAIRRO ideal para se morar?

1 **Releia o texto passando-o para o IMPERFEITO.**
Neste exercício, ALGUMAS PALAVRAS PRECISARÃO SER EXCLUÍDAS enquanto OUTRAS DEVERÃO SER SUBSTITUÍDAS.
Comece assim:

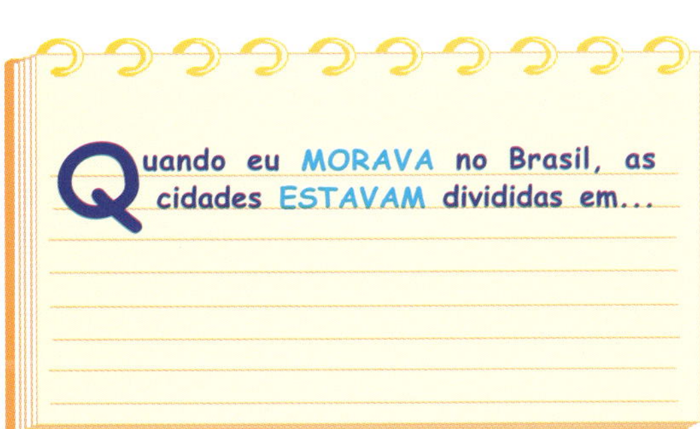

SEGUROS

DE CARRO
DE CASA
DE INVALIDEZ
DE VIAGEM
DE VIDA...

psiu!

2 Há quanto tempo você mora no seu bairro? Se faz pouco tempo, quantos anos você morou em sua última residência? Que melhorias FORAM FEITAS nos últimos dez anos?
Antes de discutir o assunto com seu Professor e/ou colega, complete o exercício abaixo:

REVISÃO

1. Muitas casas FORAM CONSTRUÍDAS. (CONSTRUIR)
2. Novos hospitais ______________________. (INAUGURAR)
3. Muitas ruas ______________________. (ASFALTAR)
4. Escolas e Universidades ______________________. (ABRIR)
5. Alguns bares ______________________. (FECHAR)

3 Ouça a fita: "O que é horário de ponta?" e retire as palavras que levam acento gráfico quando escritas.

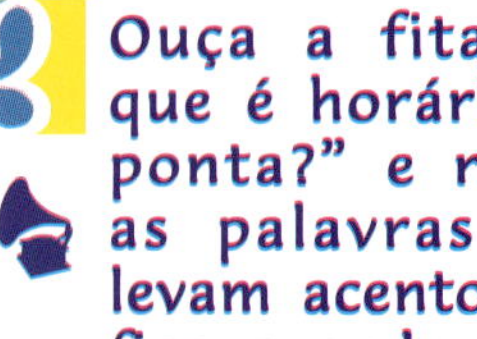

______	______	______
______	______	______
______	______	______
______	______	______
______	______	______
______	______	______

Ouça a fita mais uma vez e discuta com seu colega:

Quanto você gasta em conta de luz por mês?
O que você está fazendo para economizar energia elétrica?
Você utiliza racionalmente seus equipamentos elétricos?
Que tipo de equipamentos elétricos você possui?
Você sabe quais são os equipamentos que mais consomem energia elétrica?

4 Transcreva o texto abaixo colocando <u>artigos definidos ou indefinidos</u> onde forem necessários:

Em América do Sul, único país onde se fala português é Brasil. Em outros países, a língua falada é espanhol. Onde mais se fala português? Em Portugal, em Macau, em Guiné Bissau, etc. Comparando com países que falam espanhol, número é muito reduzido. Português de cada de países acima citados é diferente. Mesmo dentro de Brasil notamos certas diferenças, tanto em pronúncia quanto em vocabulário. Você já foi a Rio de Janeiro, a Recife ou a Porto Alegre? Português destes lugares é um pouco diferente de português de São Paulo, entretanto as variações entre eles não chegam a atrapalhar compreensão.

REVISÃO

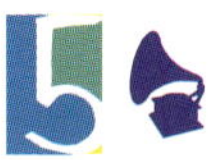

5 Ouça Fábio, Solange e Leonardo falar sobre o que eles estão tentando aprender. Como estão praticando? Que problemas estão encontrando?

	Atividade	Técnicas para praticar	Problemas que estão tendo
Fábio			
Solange			
Leonardo			

ACIDENTES GEOGRÁFICOS

LAGOA/LAGO
MAR/OCEANO
MONTE/MONTANHA
PÂNTANO
PLANALTO
PLANÍCIE
RIACHO/RIO
VALE...

REVISÃO

Estude o exemplo e faça frases semelhantes para as demais situações usando os verbos indicados:

Exemplo: Eles não *estudaram* para o vestibular mas a lição valeu! Com certeza *estudarão* para o próximo!!!

BEBER

OBEDECER

PASSAR PROTETOR SOLAR

ESTUDAR O MAPA

Dona Marta arrumou o quarto de Pedrinho. Observe as figuras e diga o que foi feito.

ANTES

REVISÃO

DEPOIS

Ouça a fita e faça uma lista das VANTAGENS e das DESVANTAGENS de se morar em cada um dos 4 BAIRROS ABAIXO:

BAIRRO A

vantagens	desvantagens

BAIRRO B

vantagens	desvantagens

BAIRRO C

vantagens	desvantagens

BAIRRO D

vantagens	desvantagens

DISCUTA COM SEU PROFESSOR: que tipo de informação passam os cartazes abaixo? Onde você esperaria vê-los?

REVISÃO

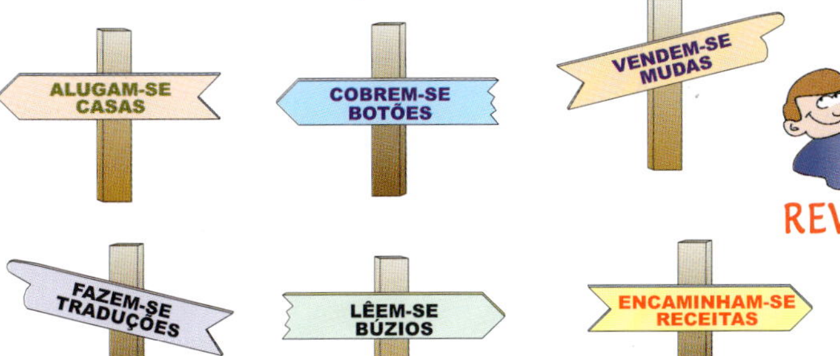

SIGLAS DE ESTADOS

RR AP AM PA MA CE RN PB PE PI AL SE TO BA AC RO MT GO MG ES MS SP RJ PR SC RS

10 **SAINDO DE FÉRIAS**

Dona Zilda e Seu Nelson estão saindo de férias para a Argentina por três semanas. O casal tem dois filhos, Joel de 20 anos e Célia de 18. Ambos vão prestar vestibular na próxima semana, por isso não poderão viajar com seus pais. D. Zilda é uma senhora muito organizada. Vejam a lista de recomendações que ela deixou para seus filhos antes de viajar:

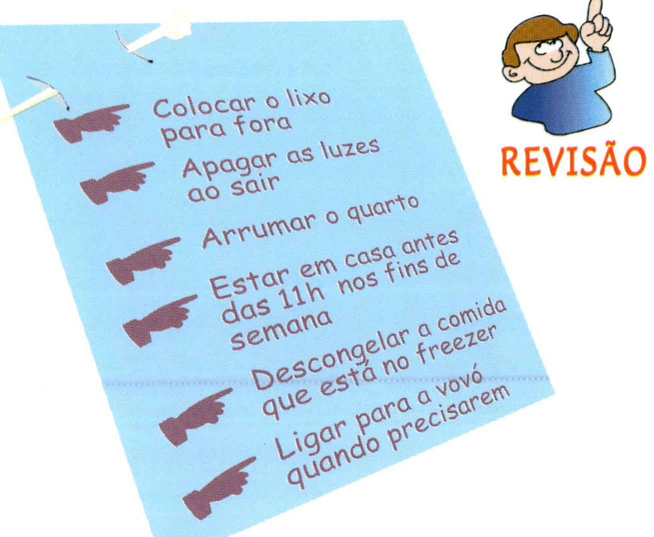

REVISÃO

Observando a lista de Dona Zilda, complete as orações abaixo e acrescente uma nova informação. Veja o exemplo:

Quando estiverem com fome, Joel e Célia VÃO DESCONGELAR a comida ou VÃO PEDIR uma pizza.

1. Antes de ir à escola, pela manhã, eles ______________ ou ______________
2. Quando se levantarem, Joel e Célia ______________ ou ______________
3. Antes de dormir, eles ______________ ou ______________
4. Se saírem no final de semana, ______________ ou ______________
5. Se tiverem algum problema, ______________ ou ______________

11 **Leia os cartões abaixo atentamente e complete-os com a informação que desejar:**

REVISÃO

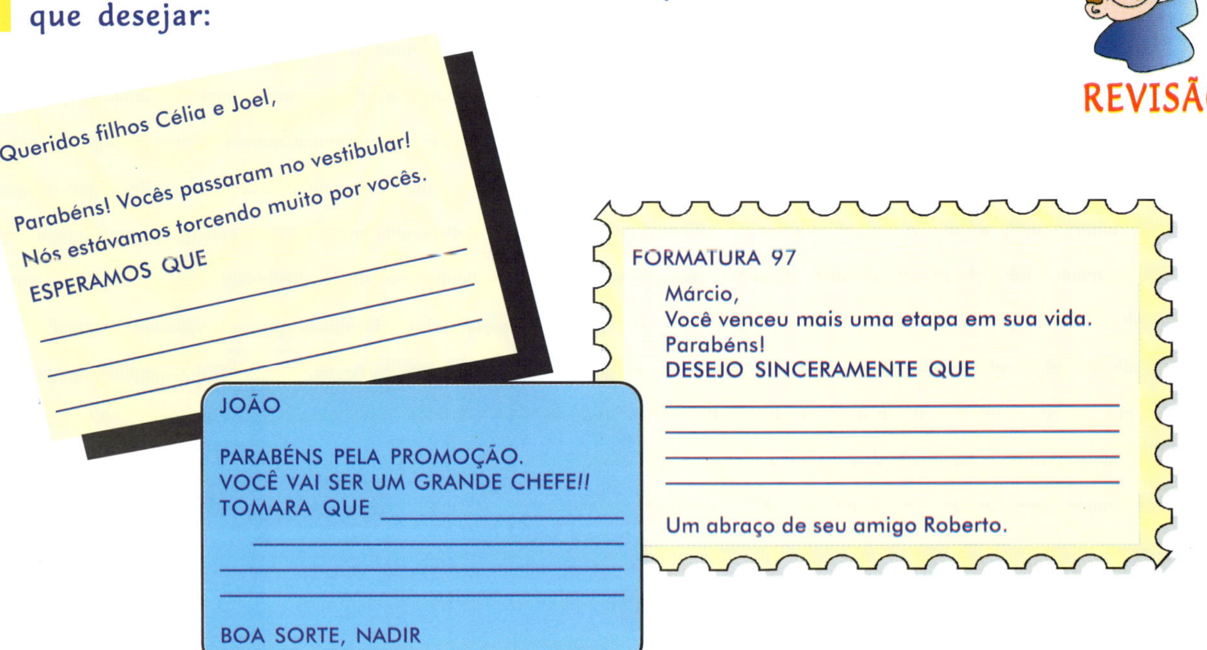

Queridos filhos Célia e Joel,

Parabéns! Vocês passaram no vestibular!
Nós estávamos torcendo muito por vocês.
ESPERAMOS QUE ______________

FORMATURA 97
Márcio,
Você venceu mais uma etapa em sua vida.
Parabéns!
DESEJO SINCERAMENTE QUE ______________
Um abraço de seu amigo Roberto.

JOÃO
PARABÉNS PELA PROMOÇÃO.
VOCÊ VAI SER UM GRANDE CHEFE!!
TOMARA QUE ______________
BOA SORTE, NADIR

psiu!

PARTES DO CORPO HUMANO

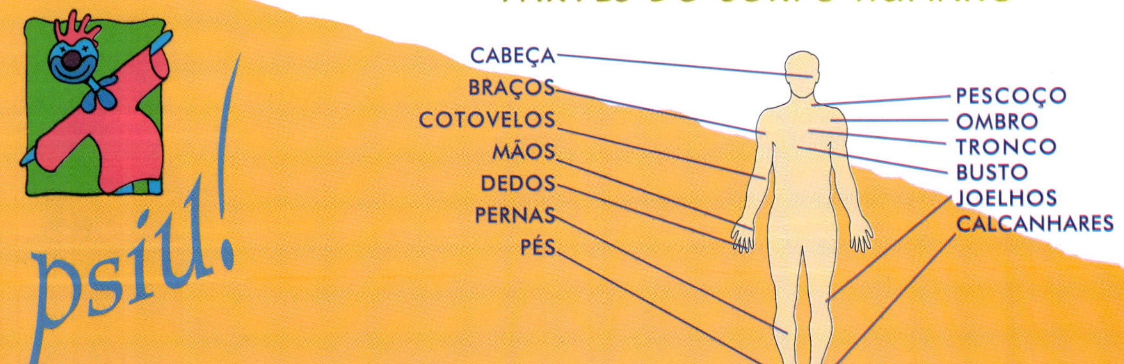

REVISÃO

12 O telefone toca na casa dos Silva. É Tomás, o caseiro da chácara em Campos do Jordão...
O que você faria caso tivesse que resolver estes problemas?

A: Seu Edson, a piscina tá com vazamento...Já tentei consertar mas não sei não...a água já baixou uns dois palmos!

SE ______________________________ EU ______________________________

B: Desculpe incomodar, seu Edson, mas estourou o gerador e assim a bomba que puxa a água para a horta não funciona...!

SE ______________________________ EU ______________________________

C: Seu Edson, não está dando! Preciso de um aumento...a Josefa está doente e aqui os médicos não sabem o que está havendo com ela...tenho que levá-la para São Paulo.

SE ______________________________ EU ______________________________

D: O jardineiro não veio, seu Edson! O churrasco é na próxima semana, o senhor vai trazer aquele pessoal todo da Empresa e os jardins estão que é mato só...

SE ______________________________ EU ______________________________

E: Boa noite, seu Edson! Tô ligando porque o senhor pediu *pra* chamar o chaveiro *pra* fazer mais três chaves do cadeado do portão...achei meio caro e assim tô ligando *pra* pedir autorização...Vai ficar em cinqüenta reais, tudo bem?

SE ______________________________ EU ______________________________

Agora ouça a fita e dê a sua opinião sobre as soluções dadas para Tomás.

13 Trabalhe em pares. Complete o diálogo abaixo utilizando os advérbios da p. 92.

A: Neusa! Há quanto tempo!
N: ________! Não nos vemos há 4 anos! Mas você parece ________
A: Estive ________ doente mas ________ estou ________
N: Ouvi dizer que você se casou com um milionário...
A: Quem, eu? ________ ! Continuo solteira e vivo com minha mãe naquela casa, lembra-se?
N: Ah, sim! O pé de abacate ________ continua lá? E nossa casa da árvore? Brincávamos ________ ali, não é mesmo?
A: Bons tempos aqueles! Você não pretende se casar?
N: ________ Estou bem assim. E você?
A: ________ no ano que vem.
N: Parabéns!
A: Obrigada.

Agora troque os papéis e refaça o diálogo utilizando advérbios diferentes dos usados pelo seu colega.

14

Discuta com seu colega usando o vocabulário referente às partes do corpo humano (ver PSIU 96), e os adjetivos (ver PSIU 26). Se você pudesse escolher, como você gostaria que seu filho fosse? Quais habilidades você gostaria que ele tivesse? Você espera que ele se pareça com você? Você espera que ele não herde alguma característica específica? Por quê? Você acha que, no futuro, poderemos fazer este tipo de escolha? Isso é bom ou ruim?

Relacione as falas abaixo com quem você acha que as diria:

Sentem-se e abram seus livros na página trinta.

"Diga-me com quem andas que te direi quem és."

Refaça os relatórios um a um e preste atenção na ortografia.

Desculpe-me pelo atraso, mas o trânsito estava horrível.

Não apareça mais na minha frente. Você traiu minha confiança.

Uma jovem furiosa terminando o relacionamento com o namorado...

Um chefe aborrecido dando uma ordem a sua secretária...

Um professor no início de sua aula...

Uma mãe preocupada com a amizade de seus filhos...

Uma funcionária ao chegar no escritório...

O que mudou nestes 20 ou 30 anos? Leia as frases abaixo e marque a sua alternativa.

1. Agora as mulheres têm (mais/menos) oportunidades do que antes.
2. Os bairros costumavam ser (mais/menos) sujos.
3. Os jovens costumam ter (maiores/menores) responsabilidades.
4. Os homens costumavam ajudar (mais/menos) nos afazeres domésticos.
5. Os homens são (melhores/piores) cozinheiros.
6. As pessoas tinham (mais/menos) tempo para si mesmas.
7. As crianças têm (mais/menos) diversão.
8. As pessoas conseguem fazer muito (mais/menos) coisas em um dia.

Fale sobre duas mudanças em sua vida: A MELHOR e A PIOR!!!

Agora discuta com seu(s) colega(s) o seu ponto de vista, dando exemplos e explicando o porquê das suas afirmações.
Nessa discussão, use os ADVÉRBIOS DE AFIRMAÇÃO, de NEGAÇÃO, de DÚVIDA, de TEMPO e de INTENSIDADE. ***(Ver ESTUDO DE...)***

EXPRESSÕES (2)

TOMAR
- A LIBERDADE DE
- CAFÉ (DA MANHÃ)
- CONTA
- CUIDADO
- ÔNIBUS/TREM/METRÔ
- PARTE
- UMA MEDIDA

16 Você é morador/a do Bairro X e sempre faz compras na vizinhança, principalmente num supermercado, perto de sua casa. Você é um/uma cliente assíduo/a e nunca teve motivos para reclamações. Mas hoje você comprou um PRODUTO Y que veio com ALGUM DEFEITO ou IRREGULARIDADE.
Escreva uma carta ao Gerente do Supermercado relatando o ocorrido e exigindo algum tipo de providência. Na carta INCLUA: seus dados, sua opinião sobre o supermercado, o dia da compra do produto, as especificações do produto, as irregularidades, etc.

COMECE A CARTA ASSIM:

Redação

Ao
Supermercado ____________________
NESTA

Prezado Sr. ....

____
____
____
____
____
____
____
____
____
____
____
____
____

Atenciosamente,

____
(SEU NOME)

Alguma vez você já escreveu uma carta parecida com esta?
Se você comprasse algum produto com defeito, o que você faria:

1 - iria à loja onde você comprou o produto, devolveria o produto e pediria o seu dinheiro de volta;

2 - pediria para trocar por outro da mesma marca;

3 - escreveria uma carta diretamente ao fabricante;

4 - iria ao Procon e faria uma denúncia;

5 - não faria nada?

17  Ouça o diálogo e observe o uso das expressões: "dizem que ...", "falam por aí que...", "ouvi falar que...", "sabe-se que...". Construa diálogos semelhantes sobre:

Milton Nascimento	**Outra pessoa qualquer (Pesquisar - Entrevistar)**
Nascido em: 26/10/42, no Rio de Janeiro Mudou-se logo em seguida para Três Pontas-MG Aprendeu a tocar desde cedo violão, piano e acordeon Trabalhava na Rádio em Três Pontas 1º música em público em 63- Malagueña 1º LP em 67- grandes sucessos: "Travessia", "Clube da Esquina" entre outros Seus discos são lançados em vários países	

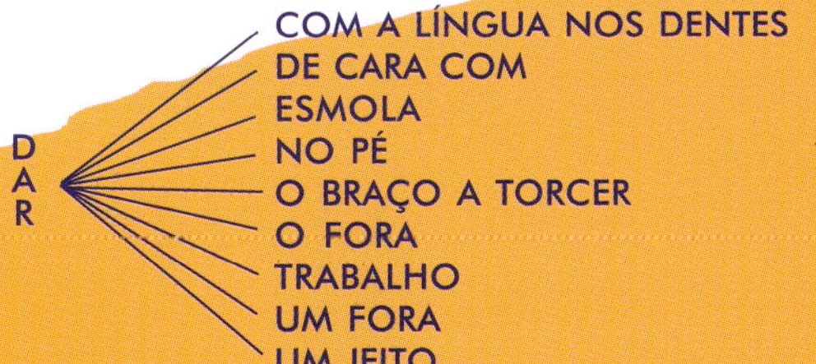

Do Império à República

O Império durou de 1822 a 1889 com o país ampliando suas fronteiras: a Província Cisplatina (mais tarde República Oriental do Uruguai) foi incorporada ao Brasil, a guerra da Tríplice Aliança contra o Paraguai deu ao Brasil mais 90.000 quilômetros quadrados de território e, já no fim do século, o Acre boliviano passa a ser brasileiro.

A economia permaneceu latifundiária com a exportação de produtos agrícolas e a exploração de trabalho escravo abolido apenas em 1888.

O cultivo do café representou, durante um longo período, a atividade econômica predominante. O regime oligárquico baseado nessa economia modificou-se muito com o advento da república e foi questionado por inúmeras revoluções armadas. As rebeliões gaúchas do sul, como a Guerra dos Farrapos (1835-1845) por exemplo, contaram com a participação de combatentes dos países do Rio da Prata.

Em 1930 um golpe de Estado proclama presidente Getúlio Vargas (governo de ditadura com o Estado Novo - 1937 a 1945 voltando ao poder em 1950 como presidente constitucional) e a 'Revolução de 30' marca o fim do predomínio dos proprietários de terras, cujo poder havia sido corroído pela crise mundial de 1929 que arrasou a economia do café.

O 'trabalhismo' de Vargas inaugurou o modelo de substituição de importações, dando prioridade à produção industrial própria e, durante a Segunda Guerra Mundial, à siderúrgica.

Em 1953 estabeleceu-se o monopólio estatal do petróleo, com a criação da Petrobrás. Várias leis sociais foram promulgadas nesta etapa. Vargas se suicidou em 1954 deixando uma carta testamento em que acusa 'forças obscuras' (com alusão ao imperialismo e a seus aliados internos) de não permitirem um governo adequado às aspirações populares e nacionais.

Juscelino Kubitschek (1956-1961) traz ao país empresas estrangeiras que encontram no Brasil incentivos excepcionais. Durante o seu governo a capital muda-se da cidade do Rio de Janeiro para a recém construída Brasília, desenhada para marcar uma nova etapa no processo de desenvolvimento econômico do país.

Jânio Quadros e João Goulart sucedem Kubitscheck até a adoção do regime parlamentar com Tancredo Neves como primeiro ministro. Em 1963, após um plebiscito nacional, restabelece-se o presidencialismo em que Goulart tentou pôr em prática medidas como a reforma agrária e a transferência de dividendos de empresas estrangeiras ao exterior. No dia primeiro de abril de 1964 dá-se o golpe militar que permite ao novo governo promulgar o Ato Institucional nº 5 (AI-5) que aboliu a Constituição liberal de 1946. É uma época em que muitos líderes nacionais buscam o exílio.

Entre 1964 e 1983 houve uma sucessão de Atos Institucionais e o regime militar firmou-se no poder. Os últimos presidentes desta era, os generais Ernesto Geisel e João Baptista Figueiredo, governaram a fase de transição da abertura política. Em novembro de 1979, o Congresso aprovou um projeto amplo de anistia que possibilitou a liberação de presos políticos e o retorno de exilados. É neste período que o país vê o surgimento de sindicatos fortes, especialmente o dos metalúrgicos, liderado por Luiz Inácio da Silva (Lula).

No campo econômico-financeiro, os sucessivos governos militares aplicaram uma política monetarista que levou o país a um endividamento alarmante.

Fonte: Guia del Mundo 1998

UNIDADE 11

A EDUCAÇÃO

FAZENDO UMA MATRÍCULA

A: Bom dia! *Pra* que série?
B: Primeira.
A: Já tem 7 anos?
B: Ainda não. Vai fazer 7 em março.
A: Então está bem. Trouxe todos os documentos?
B: Aqui estão: Certidão de Nascimento, Caderneta de Vacinações, 2 fotos e o formulário preenchido.
A: Trouxe o original da Certidão de Nascimento?
B: O original e uma cópia.
A: Ótimo! Agora, por favor, entre naquela fila para fazer o pagamento da taxa de matrícula.
B: Meu Deus! Outra fila? E depois?
A: Traga o comprovante de pagamento e venha retirar a lista do material escolar que a sua filha deverá trazer no primeiro dia de aula. Aqui está também o calendário escolar, onde aparecem a data do início e do término das aulas e todas as atividades programadas durante o primeiro e o segundo semestres do ano.
B: E o uniforme, onde posso conseguir?
A: Pode comprar aqui na escola mesmo.
B: Onde?
A: Lá, naquele balcão. Está vendo?
B: Nossa, mas que fila!

NO DIA DA MATRÍCULA EM UMA FACULDADE

A: Ôi, Marcelo! Veio fazer a matrícula?
B: Não, estou só pedindo uma informação.
A: Vai pegar muitas matérias este semestre?
B: Bem, não sei se você está sabendo mas eu prestei vestibular outra vez e agora estou em outra área.
A: Então já não vai estudar mais com a gente?
B: É, sou calouro outra vez. Hoje eu vim pedir meu histórico acadêmico. Quero ver quais as matérias que eu já fiz que podem ser convalidadas. Afinal, eu já tinha conseguido muitos créditos...
A: É uma pena, mas se é isso que você realmente quer, lhe desejo boa sorte!
B: Obrigado. E você? Vai pegar muitas matérias?
A: O máximo que eu puder, *pra* ir adiantando. No último ano não quero ficar correndo atrás de créditos não. No último ano *a gente* tem que fazer estágio e eu estou querendo me formar daqui a 3 anos, de qualquer maneira.
B: Você pretende fazer pós-graduação?
A: Mestrado, talvez, mas doutorado não. Mas é muito cedo ainda *pra* pensar nisso, né?...
B: Tem razão. Você ainda mora no alojamento da faculdade?
A: Não, saí de lá no meio do ano. Agora estou numa república, com dois colegas que vieram da mesma cidade que eu.
B: República é melhor?
A: É, mas sempre aparecem probleminhas, já que cada um tem um caráter diferente. E você?
B: Estou morando na casa de um tio, mas estou tentando conseguir uma bolsa de estudos *pra* poder sair de lá e montar uma república, também.
A: É melhor, *a gente* tem mais liberdade.
B: É ... bem, já vou indo. Boa sorte *pra* você.
A: *Pra* você também. A gente se vê por aí. Tchau!
B: Tchau!

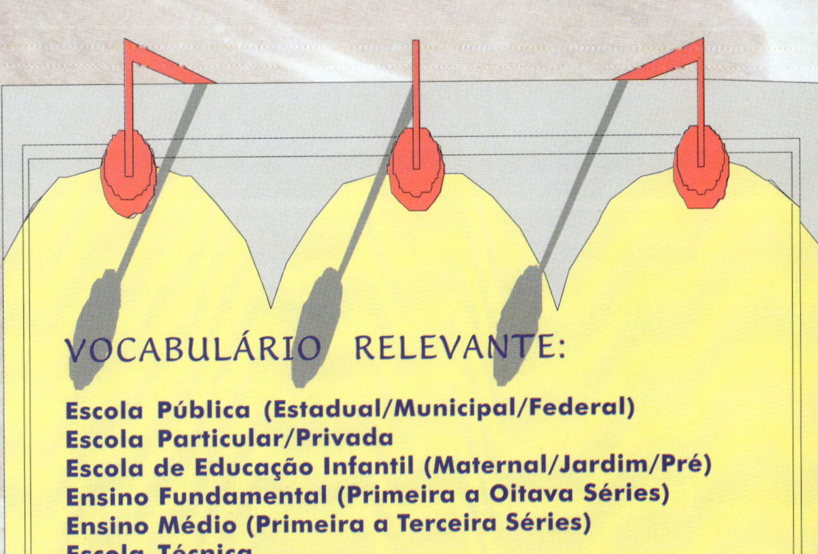

VOCABULÁRIO RELEVANTE:

Escola Pública (Estadual/Municipal/Federal)
Escola Particular/Privada
Escola de Educação Infantil (Maternal/Jardim/Pré)
Ensino Fundamental (Primeira a Oitava Séries)
Ensino Médio (Primeira a Terceira Séries)
Escola Técnica
Ensino Superior (Faculdade/Universidade)
Ensino de Pós-Graduação (Mestrado/Doutorado/PhD)
Cursinho (Escola Preparatória para o Vestibular)
Ingressar/Entrar na Faculdade
Graduar-se/Formar-se/Sair da/Terminar a Faculdade
Calouro ≠ Veterano
Tese
Bolsa de Estudos
Crédito
Matérias Básicas/Eletivas
Convalidação de Crédito/de Título
Alojamento/Moradia/República

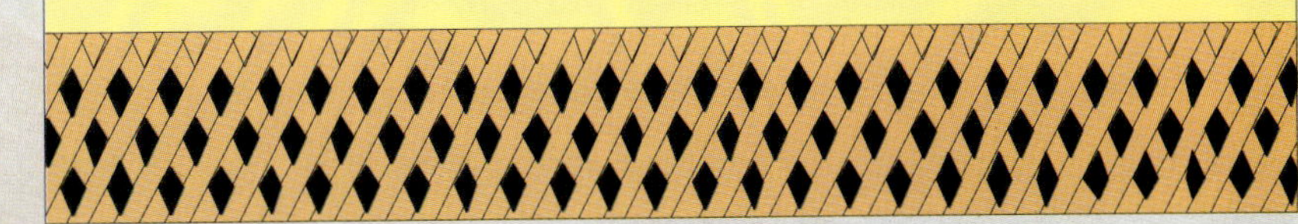

PRONOMES RELATIVOS

INVARIÁVEIS	VARIÁVEIS
que **quem** **onde**	**o qual, a qual, os quais, as quais** **cujo, cuja, cujos, cujas** **quanto, quanta, quantos, quantas**

Exemplos: **O livro que comprei ontem é muito interessante.**

O livro do qual lhe falei é este aqui. Não sei o que aconteceu.

A pessoa de quem lhe falei está ali, sentada.

Os amigos a quem telefonei ontem são todos ex-colegas de faculdade.

As pessoas com quem me preocupo são aquelas que sempre se metem em encrencas.

A casa onde mora Maria é antiga e parece um castelo medieval.

O livro, cuja leitura foi recomendada pelo professor, pode ser encontrado na biblioteca.

Ontem li um livro, de cujos autores não me lembro agora, me emocionei e chorei.

Vê-la feliz é tudo quanto quero.

TEMPOS COMPOSTOS

	INDICA	EXEMPLO
Tenho estudado	Repetição ou prolongação de um fato até o momento em que se fala. Fato habitual.	Tenho trabalhado muito ultimamente.
Tinha estudado	Ação anterior a outra já passada.	Quando cheguei, ele já tinha ido embora.
Terei estudado	Ação completada em um determinado momento no futuro.	Até as 4 horas terei terminado de digitar este relatório.
Teria estudado	Afirmação em relação ao passado (geralmente depende de uma condição).	Se tivesse dinheiro teria comprado aquele carro.
Tenha estudado	Usada nas mesmas circunstâncias do Presente do Subjuntivo, porém para expressar uma ação no passado.	Eu duvido que ela tenha feito a tarefa.
Tivesse estudado	Usada nas mesmas circunstâncias do Imperfeito do Subjuntivo, porém para expressar uma ação no passado.	Eu teria ido à festa se tivesse sido convidado.
Tiver estudado	Uma ação terminada no passado ou que terminará num determinado tempo no futuro. Usada nas mesmas circunstâncias do Futuro do Subjuntivo.	Se nesse dia eu não tiver viajado, irei ao seu aniversário.

UNIDADE 11

Pronomes Relativos
Verbos Compostos

PACTO PELA EDUCAÇÃO

O Presidente norte-americano Bill Clinton, durante sua visita ao Brasil em outubro de 1997, assinou um acordo de cooperação entre Brasil e EUA na área educacional.

'Queremos chegar a uma Educação de Primeiro Mundo', declarou o Presidente Fernando Henrique Cardoso, no programa semanal de rádio "Palavra do Presidente", na manhã do mesmo dia da assinatura do acordo.

Entre as propostas contidas no memorando estão a cooperação para o uso de tecnologias, a avaliação de desempenho de escolas, o treinamento de professores, o intercâmbio de estudantes e esforços para diminuir as taxas de abandono escolar.

Brasil e Estados Unidos pretendem também trocar informações e criar novos

modelos para a formação de professores - com destaque para áreas específicas como Ciências aqui e Português lá - e para o treinamento de administradores de escola. Outra meta é uma assessoria mútua em projetos que já estão se iniciando nos dois países, como a adoção de escolas por empresas para diminuir taxas de evasão escolar e de analfabetismo.

Uma das prioridades do Presidente Clinton é colocar todas as escolas públicas americanas na Internet antes do ano 2.000 a um custo de US$ 10 bilhões. Em discurso para empresários paulistas, Bill Clinton reforçou sua meta: 'Quando nós o fizermos e o Brasil o fizer (a conexão à Internet), não haverá nenhum mapa, nenhum livro, nenhum audiovisual fora do alcance de nossos filhos'.

1 **Encontre e assinale no texto um sinônimo (= *palavra com o mesmo significado*) para:**

- ênfase =
- saída =
- relações de comércio ou intelectuais entre nações =
- ato de falar em público =
- recíproco, que se troca entre duas pessoas ou grupos =

2 **De acordo com o texto, escreva V (para Verdadeiro) e F (para Falso).** ***Corrija as frases FALSAS.***

( ) O programa de rádio 'Palavra do Presidente' vai ao ar todas as manhãs.

( ) Os EUA pretendem trazer professores para o Brasil para aprender o Português.

( ) Bill Clinton quer interligar as escolas públicas americanas e brasileiras através da Internet.

( ) A adoção de escolas por Empresas deve começar no ano 2.000.

( ) FHC quer igualar a educação brasileira à educação do Primeiro Mundo.

3 Você conhece estes personagens ou localidades? *O que você sabe sobre estes objetos? Vamos ver quantos você consegue acertar?* São duas frases para cada objeto, pessoa ou localidade. Ligue-os com um traço:

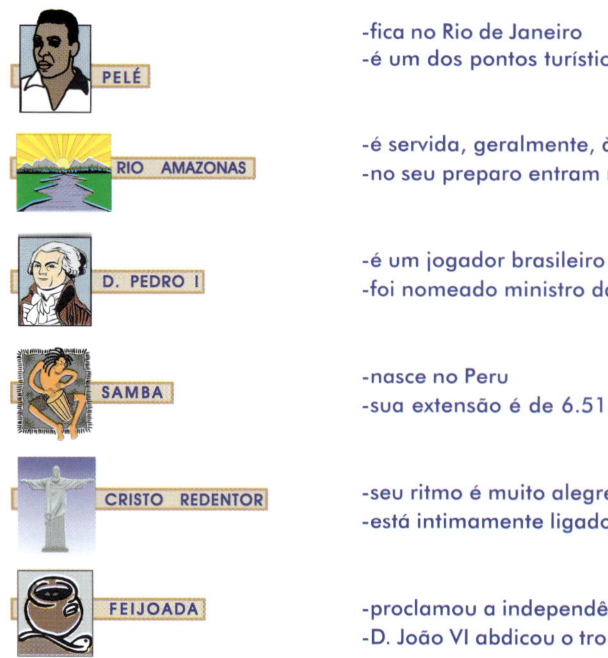

-fica no Rio de Janeiro
-é um dos pontos turísticos mais conhecidos do Brasil.

-é servida, geralmente, às quartas e sábados
-no seu preparo entram miúdos de porco e feijão preto.

-é um jogador brasileiro de futebol mundialmente famoso
-foi nomeado ministro da Secretaria de Esportes do Brasil.

-nasce no Peru
-sua extensão é de 6.515 km.

-seu ritmo é muito alegre e contagiante
-está intimamente ligado ao Carnaval.

-proclamou a independência do Brasil
-D. João VI abdicou o trono em seu favor.

No exercício anterior, a cada figura da esquerda associamos duas orações da direita. Considere uma das orações como principal e a outra como explicativa. As orações explicativas devem ser iniciadas por PRONOME RELATIVO.
Veja o exemplo e faça as suas orações (oralmente):

Exemplo: Pelé, QUE é um jogador brasileiro de futebol mundialmente famoso, foi nomeado ministro da Secretaria de Esportes do Brasil.
Pelé, QUE (O QUAL) foi nomeado ministro da Secretaria de Esportes do Brasil, é um jogador brasileiro de futebol mundialmente famoso.

4 Ouça a fita e escreva as palavras sendo ditadas. DESAFIO: Acerte pelo menos 80% das palavras - 80 ao todo - e... ganhe um brinde do seu Professor. DICA: Peça ao seu Professor que explique novamente as regras de ortografia das palavras que errou.

5 Muitas vezes, no uso coloquial, certas palavras recebem abreviações. Tente adivinhar a forma completa das abreviações abaixo:

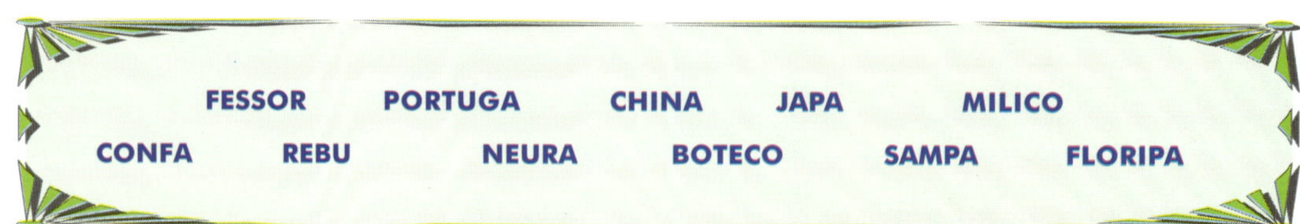

ESCOLAS e CURSOS ESPECÍFICOS

ACADEMIA MILITAR
APAE (ESCOLA DE ENSINO ESPECIAL)
ESCOLA TÉCNICA
SEMINÁRIO
SUPLETIVO...

VOCÊ SABIA QUE...

- No Brasil, assim como em muitos outros países, há muitas escolas estrangeiras espalhadas pelas grandes cidades do país. Em São Paulo, por exemplo, filhos de estrangeiros podem continuar seus estudos exatamente como no seu país de origem nas Escolas Americanas, Suíças, Alemãs, Espanholas, Italianas, Japonesas, etc. Estas Escolas estão abertas também para brasileiros mas normalmente exige-se que os alunos dominem o idioma do país. São escolas muito procuradas por estrangeiros que vêm ao país a trabalho por um determinado período de tempo, por diplomatas, etc., que um dia voltarão ao seu país de origem ou serão transferidos para outros países onde seus filhos precisarão continuar seus estudos.

- **Um dos níveis mais baixos de escolaridade é o do trabalhador brasileiro, com 3 anos e 8 meses. A escolaridade dos argentinos supera os 8 anos. A dos trabalhadores dos países desenvolvidos ultrapassa onze anos.**

- Montadoras asiáticas no Brasil têm uma exigência mínima para a pré-seleção de seus trabalhadores: que possuam pelo menos o segundo grau completo. Isto para a admissão de um operário sem maior especialização.

6 Você está repassando a sua vida e imaginando como poderia tê-la mudado se as coisas tivessem sido diferentes ou se você tivesse feito coisas diferentes. Imagine 5 situações e suas conseqüências e as escreva abaixo, como no exemplo:

Ex.: Se eu não tivesse ganho a bolsa de estudos para ir estudar no exterior, nunca teria saído do Brasil.

a. ______

b. ______

c. ______

d. ______

e. ______

7 Responda às perguntas abaixo, utilizando as palavras-chave entre parênteses:

Exemplos: **O que está acontecendo com Joana nestes últimos dias?**
(estar triste, não dormir bem, queixar-se de dores)
- Ela tem estado triste, parece que não tem dormido bem e tem se queixado de dores.

a. Você tem visto Joaquim ultimamente? (trabalhar muito, fazer hora-extra, voltar tarde)

______

______

b. Como tem passado sua mãe? (sair para caminhar, comer bem, estar mais alegre)

______

______

c. Você está gostando do novo gerente? (ser paciente, conversar com os funcionários, ouvir queixas e reclamações)

______

______

DISCIPLINAS

CIÊNCIAS
EDUCAÇÃO FÍSICA
ESTUDOS SOCIAIS
FÍSICA
GEOGRAFIA
HISTÓRIA
INGLÊS
MATEMÁTICA
PORTUGUÊS
QUÍMICA...

Leia os textos a seguir e relacione-os ao título correspondente:

① ARTE À VISTA

② TRIBUTOS

③ PROPOSTA DECENTE

④ DOAÇÃO

( ) **O governo vai destinar R$ 500 milhões para o programa *Toda Criança na Escola*, que pretende trazer para as salas de aula os 2,7 milhões de crianças, entre 7 e 14 anos, que estão fora da escola. Desse total, R$ 150 milhões serão liberados ainda este ano e o restante, em 98. Os recursos virão da privatização da Banda B da telefonia celular.**

( ) **Quem passa pela rua Madre Emilie de Villeneuve, 331, na Vila Mascote, Zona Sul de São Paulo, mais precisamente em frente ao Colégio Emilie de Villeneuve, não deixa de admirar a arte exposta nos muros do colégio. O movimento criado pelo Departamento de Educação Artística, chamado Projeto Muros, uniu pais e alunos na decoração da face externa da instituição. O trabalho consumiu cinco horas e 50 litros de tinta, com 80 participantes decorando 150 metros quadrados de muro, abordando 20 movimentos da Arte.**

( ) **A estátua de João Paulo II, que foi colocada na Catedral Metropolitana do Rio de Janeiro, foi doada pelas escolas particulares de São Paulo e do Rio. Pesa 450 quilos, tem 2,5 metros de altura, foi feita pelo artista plástico Mário Agostinelli em 2 meses e meio de trabalho e custou R$ 150 mil. A obra foi uma homenagem ao papa por ficar quatro dias na cidade. Nas 107 visitas que realizou até hoje, nunca permaneceu tanto tempo no mesmo lugar.**

( ) **Uma escola de São Vicente, litoral paulista, a EEPSG Deputado Antônio Moreira Coelho, decidiu homenagear o piloto Ayrton Senna, logo após sua morte, dando seu nome à biblioteca. Os alunos quiseram colocar um painel do piloto numa das classes para acentuar a admiração que sentem pelo tricampeão. Ficou tão bom que estenderam o projeto para outras classes, resultando em homenagens a figuras de destaque como Einstein, Jobim, Costeau, Disney, Chaplin, Pelé, Portinari, Chico Mendes, Maurício de Souza e Spielberg.**

Fonte: Revista Educação - Ano 23 - nº 199 - 11/1997

psiu!

CARGOS ACADÊMICOS

MONITOR (TEMPO PARCIAL/TEMPO INTEGRAL)
AUXILIAR DE ENSINO
COORDENADOR DE ENSINO
DOCENTE
CATEDRÁTICO
PROFESSOR ORIENTADOR
MESTRE
DOUTOR...

9 Um casal está sendo acusado de ter assaltado uma loja de sapatos no centro da cidade. Os policiais estão interrogando as duas pessoas separadamente. Ouça os depoimentos e marque as contradições das respostas.

DEPOIMENTO 1	DEPOIMENTO 2

10 Problemas do dia-a-dia (discutindo alternativas): faça uma pequena lista de problemas que você tem diariamente, como por exemplo:

Sempre esqueço a chave do escritório em casa, ou o relógio nunca desperta pela manhã e eu sempre perco a hora...

Agora comente a sua lista com os colegas de sala e discuta alternativas de como resolver seus problemas.

Exemplos: A: Sempre esqueço a chave do escritório em casa.
B: Se eu FOSSE você, FARIA mais uma chave reserva e a DEIXARIA sempre junto com a chave do carro ou em sua carteira.
C: Se eu FOSSE você, ESCREVERIA um lembrete na porta da sala para nunca esquecer a chave.

11 Analise a seguinte frase: '*Fui* ao zoológico e *fui* maltratada pelos macacos'. Nesta frase, o primeiro FUI é o Perfeito do verbo IR e o segundo o Perfeito do verbo SER. Veja se você consegue identificar o verbo IR e o verbo SER no texto abaixo. Quantas vezes cada um dos verbos está sendo usado?

DICA: se você puser a frase acima no Futuro, identificará a diferença com facilidade ('Iremos ao zoológico e *seremos* maltratadas pelos macacos').

Quarta-feira passada, no caminho para o trabalho, fui buscar minha amiga Dilene que não podia usar seu carro devido ao rodízio. Foi um pouco de contratempo porque ela mora numa rua muito movimentada que naquele dia foi fechada para os preparativos para uma festa junina do bairro. Enfim, no caminho para o trabalho, fomos pegos de surpresa por um programa de rádio que oferecia entradas para o teatro às primeiras pessoas que telefonassem respondendo a algumas perguntas sobre atualidades. Dilene tinha o seu celular e aproveitamos para participar da brincadeira. Foi muito interessante! Conseguimos completar a ligação e fomos respondendo às perguntas uma a uma... Que emoção! Ganhamos os ingressos. Eu mesmo fui buscá-los na quarta à noite. Pois bem, os ingressos eram para o sábado e eu e Dilene combinamos de nos encontrar na estação do metrô pois não conhecíamos o teatro e no ingresso o endereço indicava a estação de metrô mais próxima. Eu fui bem vestido pois há algum tempo queria convidar Dilene para um passeio mas não tinha tido coragem... Eis que, todos animados, fomos da estação do metrô ao teatro (!!!) a pé... Para nossa surpresa, nada de teatro e nada de peça... ninguém na vizinhança conhecia o teatro que procurávamos. Fomos olhar nas páginas amarelas de um bar ali perto e... nada!!! FOMOS enganados (mas eu pelo menos consegui convidar Dilene para jantar e depois para dançar!!!). Foi uma grande noite!!!

DOCUMENTOS ACADÊMICOS

COMPROVANTE DE MATRÍCULA
CARTEIRA DE ESTUDANTE
HISTÓRICO ESCOLAR
DIPLOMA
ATESTADO (CERTIFICADO) DE CONCLUSÃO
CARTA DE APRESENTAÇÃO...

psiu!

VOLTA ÀS AULAS

As empresas nunca investiram tanto na escolaridade de seus empregados

A concorrência estrangeira tem lá seus defeitos, mas ao menos já implantou algumas maravilhas globalizadas na indústria nacional. Nunca as empresas foram tão informatizadas, confeccionaram produtos tão bons ou operaram a custos tão baixos. Outra novidade ocorre no campo da educação. Cresce, a olhos vistos, o número de empresas que decidiram investir mais detidamente na escolaridade de seus empregados. Esse time percebeu que **firma de primeira não pode ter funcionários de segunda**. A Volkswagen, por exemplo, mantém uma escola para 900 empregados numa de suas unidades, em São Paulo. A Nestlé firmou convênios com duas dezenas de colégios nas imediações da fábrica para atender os empregados. A Sadia investe 8 milhões de reais por ano para, até o ano 2000, ter todos os seus funcionários com 1º grau completo. Calcula-se que 400.000 trabalhadores estejam de volta aos bancos escolares incentivados pelas empresas em que trabalham.

Diante do **estrago gigantesco a ser consertado**, são números mínimos. Entre os trabalhadores com carteira assinada, 43% são analfabetos ou possuem o 1º grau incompleto. O trabalhador no Brasil permanece na escola por um período muito curto, inferior a quatro anos.(...) O programa de educação nas fábricas envolve não só as empresas, mas também fundações e mais de 1.000 ONGs, além de alguns governos estaduais e o federal, que entram com dinheiro.

Investir em mão-de-obra é compensador por vários motivos. Na Nestlé, o número de acidentes de trabalho diminuiu porque os operários passaram a entender melhor o funcionamento das máquinas. Também caiu o índice de faltas, porque o empregado passou a ter um motivo a mais para comparecer ao trabalho. 'Um funcionário com mais estudo entende melhor os processos de trabalho e resolve problemas inesperados com mais facilidade', resume Carlos Augusto Costa da Silva, supervisor de educação da Volkswagen. Programas assim **produzem resultados objetivos**, como os que descreve o supervisor, mas também melhoram a auto-estima do empregado - o que é muito bom. O mecânico de manutenção da Volkswagen, Mário Antônio de Moraes, de 45 anos, voltou aos estudos depois de 26 anos e concluirá o 2º grau em dois meses. 'Agora trabalho melhor e vivo melhor. Compro jornal todos os domingos', afirma.

Fonte: Revista VEJA - 28/05/97 - Daniel Nunes Gonçalves

12 Vejamos a sua compreensão de leitura. Marque as alternativas corretas (se necessário, pode marcar mais de uma alternativa):

1. O texto acima fala sobre:
   ( ) a situação atual das empresas globalizadas.
   ( ) as empresas que estão se empenhando para que todos os funcionários tenham no mínimo o primeiro grau completo.
   ( ) os governos estaduais e federal, que estão pagando às empresas para que elas deixem os funcionários estudarem.
   ( ) os funcionários de empresas que, por conta própria, voltaram a estudar.

2. As empresas estão investindo na escolaridade dos seus empregados porque:
   ( ) eles precisam saber escrever para poder fazer seu trabalho.
   ( ) os empregadores têm vergonha dos seus empregados analfabetos.
   ( ) os funcionários com mais estudo conseguem entender melhor os processos de trabalho.
   ( ) os funcionários podem acompanhar a globalização lendo jornais.

3. Os resultados obtidos com este projeto foram:
   ( ) maior motivação para trabalhar.
   ( ) maior valorização do trabalhador.
   ( ) maior número de trabalhadores com carteira assinada.
   ( ) diminuição do número de acidentes de trabalho.

4. Quem lucra com este projeto:
   ( ) só o trabalhador.
   ( ) só a empresa.
   ( ) as escolas que firmaram convênio com as empresas.
   ( ) o trabalhador e a empresa.

Você sabe o significado das palavras sublinhadas no texto? Se não, recorra ao dicionário e discuta com seu colega. Façam juntos pequenos diálogos usando o novo vocabulário.

Exemplo: **(concorrência)**
A: Você viu? Samuel abriu um novo negócio na esquina!
B: Que tipo de negócio?
A: Uma padaria.
B: Padaria!... Não vai dar certo, não! Tem muita concorrência no bairro!

Discuta com seu colega o que quer dizer cada uma das seguintes expressões em negrito no texto.

1. **Firma de primeira não pode ter funcionários de segunda.**
2. **Estrago gigantesco a ser consertado.**
3. **Produzem resultados objetivos.**

FACULDADES (HUMANAS)

ARTES
CIÊNCIAS SOCIAIS
COMUNICAÇÕES
FILOSOFIA
GEOGRAFIA
HISTÓRIA
LETRAS
MÚSICA
PSICOLOGIA...

13 Faça perguntas ao seu colega e descubra as diferenças que existem entre os dois desenhos.

FIGURA A

FIGURA B

14 Complete o texto usando as palavras do quadro abaixo. Cada palavra deve ser usada apenas UMA vez:

CASARÃO VELHOTES SITIOZINHO CHAPELÃO SACOLÕES CAFEZINHO RIACHO SALETA JOVENZINHOS VILAREJO CIDADEZINHA MINUTINHOS BARBAÇA RAPAGÃO

O ________________ de Dona Sinhá, que ficava perto do ____________ em Bento Quirino, era muito visitado por viajantes e moradores do próprio ____________ . Dia e noite pessoas entravam e saíam com ____________ cheios de coisas. Mas o que será que há dentro da casa de Dona Sinhá?

Não eram só adultos que freqüentavam a casa de Dona Sinhá. ____________ e ____________ saíam sempre muito satisfeitos do casarão.

Júlio, um caminhoneiro de passagem, era um ______________ de uns vinte e cinco anos, de ______________ loira que estava sempre usando um ________________ de palha na cabeça. Ele já havia visitado a ________________ algumas vezes, mas nunca soube o que era aquele entra e sai na casa de Dona Sinhá.

Certo dia, muito curioso, Júlio chegou cedinho a Bento Quirino e foi até o ______________ onde ficava o casarão. Entrou, sentou-se em uma poltrona numa ______________ muito aconchegante, serviram-lhe um ______________ e pediram que ele aguardasse uns ________________ . Logo em seguida, Dona Sinhá apareceu na saleta e com um sorriso disse: 'Sua mesa está pronta. É a de número 22. Por aqui, senhor. Se quiser comprar doces, bolachas, biscoitos e vinhos caseiros dirija-se até o final do corredor à direita, logo após a varanda. Bom apetite!'.

Agora fale à classe sobre você, utilizando os verbos nos tempos compostos:

a) Sobre sua rotina.

Exemplo: Ultimamente <u>tenho acordado</u> cedo para ler jornal antes de ir ao trabalho.

b) Sobre acontecimentos anteriores a outros, ocorridos no passado.

Exemplo: Quando entrei na faculdade minha irmã mais velha já <u>tinha se casado</u>.

c) Sobre acontecimentos completados em um determinado momento no futuro.

Exemplo: Daqui a 5 anos provavelmente eu já <u>terei comprado</u> um carro ou um apartamento.

d) Ações não realizadas no passado que teriam sido feitas se as condições fossem outras.

Exemplo: Se não tivesse chovido no domingo, eu <u>teria ido</u> ao cinema com meus amigos.

FACULDADES (EXATAS)

ARQUITETURA
ENGENHARIA
FÍSICA
INFORMÁTICA
MATEMÁTICA
QUÍMICA...

O Brasil Contemporâneo

O início da década de 80 mostra um país com uma dívida externa calculada em 100 milhões de dólares atravessando uma fase de grande desigualdade social. O país tem então 130 milhões de habitantes com 6 milhões de desempregados e 13 de sub-empregados nas grandes cidades. Com estes dados, o regime militar é levado à derrota e dá-se um enorme movimento por eleições diretas que, embora fracassado, triunfa no Colégio Eleitoral que elege Tancredo Neves presidente do país e José Sarney vice. Tancredo Neves falece no dia 21 de abril de 1985 antes mesmo de assumir o cargo.

O governo de Sarney vê a legalização de partidos comunistas e de esquerda, a aprovação de eleições diretas além da convocação da Assembléia Nacional Constituinte para 1987. O presidente declara a moratória da dívida externa em 1986 e o lançamento do Plano Cruzado com a idéia de combater a inflação. Dá-se uma prosperidade com o auge do consumo e do crescimento econômico coincidindo com as eleições parlamentares de novembro de 1986. O Plano Cruzado contudo não tinha a sustentação de outras medidas necessárias e, dois dias após as eleições, o congelamento dos preços chegou ao fim e a inflação voltou a atingir cifras altíssimas. As metas da reforma agrária foram reduzidas pouco a pouco.

Eleições municipais em 1988 mostraram o crescimento dos partidos de esquerda embora a violência contra as organizações sociais de base tenha continuado mesmo após ter sido restaurada a democracia. O assassinato de Chico Mendes em 1988 tornou pública esta situação.

Em novembro e dezembro de 1989 se realizaram as primeiras eleições diretas para a presidência da República em 29 anos. Foi eleito presidente Fernando Collor de Mello com forte oposição de Luiz Inácio Lula da Silva, líder do Partido dos Trabalhadores. Collor lança um novo Plano para conter a espiral inflacionária e confisca 80% dos ativos financeiros que circulavam na economia do país. Inicia-se o processo de privatizações de empresas estatais e a redução das limitações ao ingresso de produtos estrangeiros. Contudo, Collor fracassa no controle da inflação e em diminuir a recessão e o desemprego. Cresce a violência em cidades como o Rio de Janeiro, presenciando-se inclusive assassinatos de crianças e uma grande queda da população indígena disseminada pela perda de recursos naturais e pela deterioração de sua qualidade de vida.

O desaparecimento das comunidades indígenas está diretamente associado à acelerada destruição da selva tropical com a exploração das riquezas minerais e madeireiras. A denominada 'Amazônia Legal', uma área considerada estratégica pelo exército, recebe, a partir de 1995, um investimento de milhões de dólares para um futuro monitoramento eletrônico.

Em 1991, milhares de pessoas pertencentes ao Movimento Sem Terra (MST), organizam uma marcha no Rio Grande do Sul. O protesto exigia assentamentos para trabalhadores sem terra e a liberação dos cruzeiros destinados à reforma agrária.

No fim de setembro de 1991 a moeda tem uma desvalorização de 20% em apenas dois dias, em um ano em que a inflação tinha aumentado os preços em 400%. O aumento dos juros bancários provocou demissões em massa no setor industrial, deixando milhões de pessoas desempregadas.

Em maio de 1992 é instaurada a Comissão Investigadora Parlamentar com o objetivo de estudar a corrupção dentro do governo culminando com o impeachment do então ainda Presidente Fernando Collor.

Fonte: Guia del Mundo 1998

A SAÚDE

APRENDA

NO POSTO DE SAÚDE

A: É a primeira consulta?
B: Sim.
A: É *pra* senhora ou *pro* bebê?
B: Trouxe o meu bebê pra ser vacinado.
A: Trouxe a Caderneta de Vacinações?
B: Não, é a primeira vacina do bebê.
A: Então vamos fazer uma caderneta *pra* ele. (...) Aqui está. Já tem 2 meses?
B: Ainda não. Vai fazer daqui a 3 semanas.
A: Então hoje vamos dar só a vacina B.C.G. Daqui a 3 semanas pode voltar para receber a vacina contra pólio e a tríplice, *tá* bem? Ele não está com febre, está?
B: Não.
A: Então venha! Passe *pra* esta sala.
B: Obrigada.
A: Pronto! Quando voltar aqui, não se esqueça de trazer esta caderneta. E a senhora? Nunca veio aqui para se consultar? Se quiser, posso deixar feita a sua ficha.
B: Não, obrigada. Dificilmente fico doente e mesmo que fique, já temos um médico da família.
A: Nesse caso, traga só o bebê *pra* receber as vacinas!

VOCABULÁRIO RELEVANTE

Ambulatório
Emergência/Pronto Socorro
Hospital Infantil, do Câncer, do Coração...
Maternidade
Medicina Alternativa: Acupuntura/Homeopatia
Convênio Médico
Médico (de Plantão, Residente...)
Enfermeiro
Caderneta de Vacinações
Receita Médica
Remédio
Bula
Contra-Indicações
Acidente (sofrer um...)
Raspão (dar um...)
Ferimento (ferir-se)
Queimadura (queimar-se)
Fratura (fraturar)
Torção (torcer)
Ambulância (chamar uma)
Consulta (marcar uma/de rotina)
Internar-se
Receber Alta
Retorno (marcar um)
Honorários (pagar os)

NUM HOSPITAL PARTICULAR

A: Pois não?
B: Gostaria de fazer uma consulta com um ginecologista.
A: Primeira vez?
B: Sim.
A: Tem algum convênio?
B: Não. Quanto é a consulta?
A: 150 reais. Se quiser, pode pagar depois da consulta.
B: Não, quero pagar agora. Aceita cartão de crédito?
A: Claro! (...) Pode aguardar na sala de espera em frente à porta da sala do ginecologista. A enfermeira vai chamá-la quando chegar a sua vez. Temos mais uma paciente antes da senhora, mas como é retorno, não deve demorar muito.
B: Obrigada.

NUM SPA

A: Meu nome é Ricardo ... fiz uma reserva para uma semana.
B: Sim, senhor Ricardo, estávamos esperando sua chegada. Por favor, preencha esta ficha e depois a enfermeira irá levá-lo até o Doutor Guilherme.
A: Muito obrigado. Preciso deixar um depósito?
B: Não, não é necessário. Ângela, por favor acompanhe o Sr. Ricardo até a sala do Doutor Guilherme.
C: Vamos, Sr. Ricardo.

C: Doutor Guilherme, aqui está o senhor Ricardo.
D: Pode entrar, por favor. Como está?
A: Tudo bem, doutor.
D: De acordo com a sua ficha, o seu intuito em estar aqui conosco é perder alguns quilinhos e parar de fumar.
A: Sim, mais parar de fumar do que perder uns quilinhos...
D: Bem, vamos começar com os testes propostos nesta tabela e então passaremos ao estudo das atividades adequadas ao seu caso. Vou precisar de algumas informações...

CRASE (1) da preposição a com o artigo definido a/as

Útil a + a comunidade (à)	Direito a + a educação (à)	Ir a + as praias (às)
O correio é útil à comunidade.	*Todas as crianças deveriam ter direito à educação.*	*Nós ainda não fomos às praias do litoral paulista.*

ATENÇÃO !

. Fomos a Curitiba. (sem crase, pois a palavra Curitiba não aceita o artigo a)

. Fomos à cidade. (fomos para/a + a cidade)

. Comi um arroz à grega delicioso. (à moda grega)

. Marcou um gol à Pelé. (à moda Pelé)

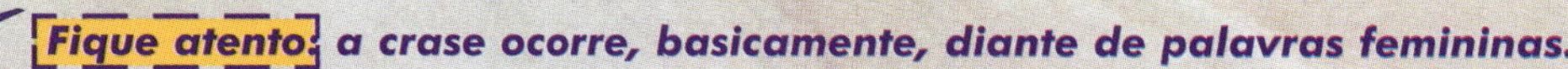

Fique atento: *a crase ocorre, basicamente, diante de palavras femininas.*

Fique atento: *para saber se ocorre ou não o efeito da CRASE antes de alguma palavra feminina, substitua-a por um equivalente masculino. Exemplo: Vou até a escola = Vou até o colégio — OU SEJA: Vou (a + o) AO colégio. Vou (a + a) À escola.*

CRASE (2) da preposição a com a letra A inicial dos pronomes aquele (s), aquela (s), aquilo

Darei uma gorjeta (a + aqueles) àqueles meninos.
Referimo-nos (a + aquilo) àquilo já mencionado anteriormente.

CRASE NAS EXPRESSÕES ADVERBIAIS FEMININAS

à tarde,
à noite,
à vista,
às vezes,
às pressas,
à procura

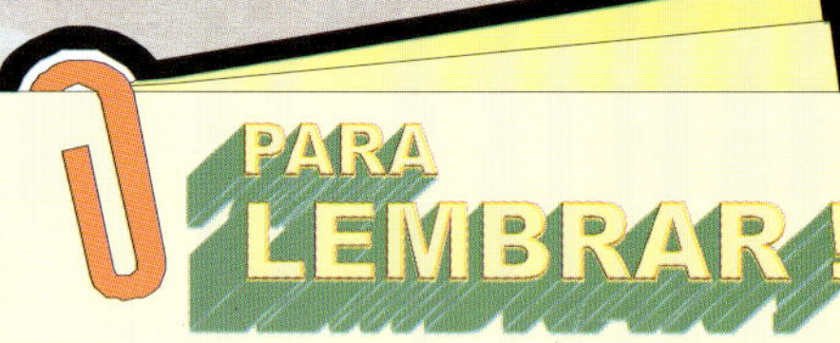

Há uma hora = faz uma hora
Estou nesta fila há uma hora.

a uma hora = indica tempo futuro
Vejo você daqui a uma hora.

REPETIÇÃO:
Não temos crase entre palavras repetidas como por exemplo:

cara a cara, frente a frente, gota a gota

Crase

As pressões da vida moderna deixam os brasileiros cada vez mais tensos e exaustos.

Fonte: Revista VEJA - 26/02/1997 - resumo

Milhões de brasileiros passam os dias duelando com o stress, aprisionados em engarrafamentos de trânsito, encarcerados em apartamentos com fechaduras de segurança e angustiados em empregos que não sabem por quanto tempo serão capazes de manter. O stress, definido pela Organização Mundial de Saúde como "uma epidemia global", é também uma obsessão nacional. Um estudo da Pontifícia Universidade Católica, PUC, de Campinas, que examinou 1.800 pessoas no Aeroporto de Congonhas, num grande edifício do centro de São Paulo e na sede de uma empresa multinacional, mostrou que 32% delas apresentavam sintomas de stress em nível suficiente para merecer atenção médica.

As invenções que prometiam um mar de rosas escondiam um risco que hoje cobra seu preço. Os automóveis pouparam o trabalho de caminhar, mas criaram congestionamentos irritantes. O computador, que emperra no meio de uma operação, faz o homem civilizado enfurecer-se como um canibal. A vida tornou-se acelerada demais para o ritmo do corpo humano. A informática, o fax, o celular e os pagers deixam a pessoa 'ligada' no trabalho 24 horas por dia.

Você é candidato a isso?

Especialista no assunto, a psicóloga Marilda Lipp, da PUC de Campinas, catalogou as reações mais freqüentes detectadas em pessoas expostas a uma situação tensa e classificou o stress em três níveis: passageiro, intermediário ou agudo. Faça as três etapas do teste ao lado e veja qual é o seu caso.

ETAPA 1

Assinale se sentiu os sintomas abaixo durante as últimas 24 horas	SIM	NÃO
Sentiu as mãos ou os pés frios?		
Ficou com a boca seca?		
Teve dor de estômago?		
Os músculos ficaram tensos e enrijecidos?		
Teve insônia?		
Teve crise de hipertensão?		
Sentiu taquicardia?		
Começou a suar demais?		
Passou a ranger os dentes?		

ETAPA 2

Assinale se sentiu os sintomas abaixo durante a última semana	SIM	NÃO
Passou a esquecer coisas corriqueiras?		
Teve pesadelos?		
Teve dificuldades para tomar decisões?		
Gostaria de mudar-se para uma ilha deserta?		
Desenvolveu problemas de pele?		
Adquiriu algum tique nervoso?		
Não conseguiu desligar-se do assunto que o preocupa?		

ETAPA 3

Assinale se sentiu os sintomas abaixo durante o último mês	SIM	NÃO
Teve raiva por períodos longos?		
Sentiu-se impedido de trabalhar?		
Perdeu o apetite por vários dias?		
Entrou em depressão ou apatia?		
Desenvolveu alguma doença?		
Tornou-se irritadiço?		
Perdeu o senso de humor?		
Teve episódios de ansiedade?		
Perdeu o desejo sexual por um longo período?		

Respostas

- Se você assinalou até quatro respostas **SIM** em cada etapa, você tem alguns sintomas de stress, mas orgulhe-se: seu equilíbrio emocional é admirável!
- Se marcou cinco ou mais **SIM** na etapa 1 e menos do que isso nas etapas 2 e 3, parabéns. Você sai das situações de stress com facilidade. Os sintomas desaparecem com rapidez, sem produzir danos para o corpo ou para a mente. Nesse nível, o aumento da produção de adrenalina até melhora sua produtividade. A recomendação é algum tipo de relaxamento ou uma simples ida à praia ou ao campo no final de semana.
- Se marcou cinco ou mais **SIM** na etapa 2 e menos do que isso na etapa 3, atenção. Nessa fase, as crises de tensão começam a durar cada vez mais e a se acumular. A pessoa fica mais cansada e propensa a adoecer. O corpo está pedindo trégua e dando sinais de que chegou ao seu limite. Para quem está nesse nível, recomenda-se exercício físico três vezes por semana, alimentação rica em vitamina B e técnicas de relaxamento.
- Se assinalou cinco ou mais **SIM** na etapa 3, cuidado. É o pior estágio do stress. Aqui, há o risco de doenças graves como a hipertensão arterial, por exemplo. Apática e sem motivação, a pessoa não consegue trabalhar, sente-se muito mal, torna-se desagradável em casa e com os amigos. A solução passa por uma mudança de postura. Muitas vezes é preciso afastar-se do trabalho por meses a fio, ou até pedir demissão. Nessa etapa, é fundamental procurar orientação de um profissional.

PROBLEMAS DE SAÚDE

DIABETE
HIPERTENSÃO
OBESIDADE
PRESSÃO BAIXA
PROBLEMA CARDIO-VASCULAR
SINUSITE
STRESS...

1

Copie as frases abaixo, substituindo os asteriscos (*) pela forma apropriada: há uma hora, à uma hora ou a uma hora.

a. Não se preocupe. Eles saíram de lá (*). Estarão aqui daqui (*).

____

b. As reuniões começam sempre pontualmente (*).

____

c. Estamos (*) na fila do banco.

____

d. Não se atrase. Vejo você daqui (*).

____

2

Assinale a alternativa que preenche as lacunas:

a. Fomos ____ missa no domingo de manhã e ____ tarde visitamos alguns amigos. Saímos ____ pressas da casa deles para chegarmos ____ tempo de ver o jogo de futebol em nossa casa.

1. a – à – às – à
2. à – a – às – a
3. à – à – às – a

b. Para aumentar sua renda, José passou _____ levar compras ____ domicílio ____ segundas-feiras.

1. a – a – às
2. à – à – às
3. a – à – às

c. Você vai pagar ____ vista ou _____ crédito?

1. à – à
2. à – a
3. a – a

MEDICINA CASEIRA

Você vai ouvir algumas receitas fáceis e baratas que a vovó ensinava e que os médicos aprovam. Faça anotações!!! Ouça a fita e relacione as informações aos problemas abaixo:

1.	gripe e resfriado	3.	dor de dente	5.	assaduras de bebê
2.	dor de cabeça	4.	queimaduras de sol	6.	ressaca

E você? Conhece alguma receita caseira que pode ajudar na solução de probleminhas de saúde do dia-a-dia?

psiu!

LOCAIS DE ATENDIMENTO AO DOENTE

AMBULATÓRIO/CONSULTÓRIO
CLÍNICA
FARMÁCIA
HOSPITAL
POSTO DE SAÚDE
PRONTO SOCORRO
SPA/ÁGUAS TERMAIS...

O QUE VOCÊ NÃO DEVE FAZER

Um remédio caseiro pode fazer tão mal quanto um produto químico qualquer. É importante nunca ingerir alguma coisa apenas por ouvir falar.

Evite os chazinhos da moda. A bucha-do-nordeste, que aparece de vez em quando como santo remédio contra a sinusite, por exemplo, pode sufocar uma pessoa.

Preste sempre atenção aos sintomas. Cada caso é um caso e o que é remédio para um pode ser veneno para outro. O chá das folhas de abacate, por exemplo, quase sempre é inofensivo. Mas aumenta o ritmo cardíaco e pode ter efeitos graves para quem tem pressão alta.

Alguns conselhos sobre o que você não deve fazer:

- Não tente tratar em casa mordidas ou arranhões de animais, mesmo gatos ou cachorros. Nunca se sabe se o animal tem alguma doença. Vá ao médico.
- Não tente furar bolhas causadas por queimaduras ou atrito. A bolha é um esparadrapo natural que protege o ferimento e evita infecções.
- Não use leite contra úlceras do estômago. A sensação inicial pode ser de alívio. Mas o cálcio, as proteínas e as gorduras do leite vão aumentar a acidez a médio prazo e piorar as condições do estômago.
- Não ponha manteiga ou outra gordura em queimaduras graves, que precisem de assistência médica. A limpeza vai ser dolorosa e atrasar o tratamento.
- Não dê bebidas alcoólicas a pessoas que tenham apanhado muito frio. O álcool dilata os vasos e aumenta a perda de calor do corpo. O melhor é um chocolate morno.
- Não trate inchaços com compressas de água quente. O calor aumenta a circulação na área e o inchaço aumenta. Gelo é bem melhor.
- Não use banhos de álcool em quem está com febre. A água fria é mais eficiente e não produz vapores que podem intoxicar o paciente.
- Não ponha compressas de água fria sobre o olho com conjuntivite. O pano molhado aumenta o calor e a umidade e cria um ambiente propício para as bactérias.

Fonte: Revista Globo Ciência - Ano 3 - nº 39

Leia o texto e una com um traço o problema e a sua solução inadequada apresentada no texto:

Acidez	banho de álcool
Febre	compressas de água quente
Queimadura	tomar leite
Inchaços	chá de abacate
Conjuntivite	furar as bolhas
Pressão Alta	compressa de água fria

Agora responda às perguntas abaixo:

Você é adepto dos remédios à base de produtos químicos ou dos remédios caseiros? Na sua opinião, quais as vantagens e as desvantagens do remédio caseiro? Você já fez algumas das coisas que são desaconselhadas no texto? Qual foi a conseqüência? No seu país é comum o uso dos remédios caseiros? Você tem alguma receita caseira infalível (para gripe, por exemplo) que possa ensinar aos seus colegas?

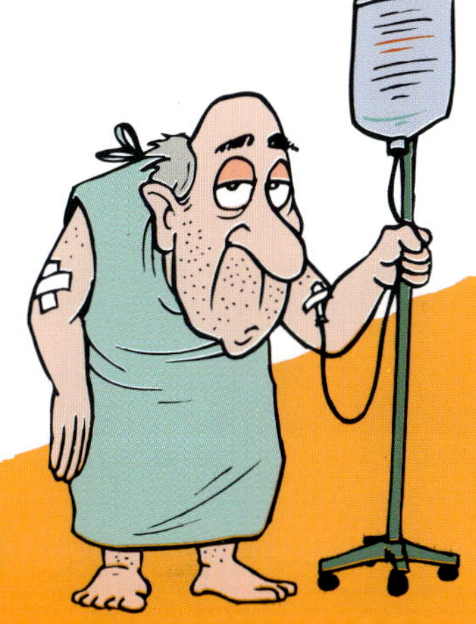

SINTOMAS

CÂIMBRA
CORIZA
DOR DE BARRIGA/CABEÇA/DENTE/ESTÔMAGO
ENJÔO
FALTA DE AR
FEBRE
FOBIA
MAL-ESTAR
TOSSE
VERTIGEM...

psiu!

4 Complete o texto abaixo com orações usando os pronomes relativos (*que, quem, onde, cujo, o qual, etc.*), considerando as sugestões entre parênteses.

REVISÃO

Ontem fui ao hospital visitar minha amiga Eliza ______________________ ______________ (fez uma delicada cirurgia há 3 dias). Ela já parecia estar muito bem. O médico disse que ela deve receber alta na próxima semana. No hospital encontrei um americano ______________________ (Eliza tinha estudado com ele nos EUA). Seu nome é Michael. Michael ______________________ (Eliza gosta muito dele) está no Brasil desde fevereiro. A casa ______________________ (ele mora na casa) fica perto do hospital e é pequena mas muito bonita. Michael ______________ (sua esposa é brasileira) pretende radicar-se no Brasil, caso consiga um bom emprego.

Agora use a sua criatividade e complete o seguinte texto. Procure usar a maioria dos <u>pronomes relativos</u> já aprendidos.

Linda ______________________ tem um cachorro ______________________. Ela o leva a passear todas as manhãs pelo parque ______________________. Lá, ela sempre encontra Jorge ______________________. Jorge é um amigo ______________________. Linda gosta muito de bater um papo com ele. O passeio pelo parque com seu cachorro é só um pretexto para que ela possa encontrar e conversar com ele.

Você se preocupa com a sua saúde? Como você está se cuidando? Você sempre foi como é atualmente (forte, saudável...)? Conte-nos um pouco sobre <u>você no passado</u>, <u>você hoje</u> e seus <u>planos e expectativas quanto à sua saúde</u>. Responda às perguntas abaixo e discuta com seus colegas.

1. Que tipo de criança você foi? O que você fazia quando era criança?
2. O que você acha que não deveria ter feito no passado?
3. Você está satisfeito/a com a sua vida? Você se considera saudável? O que você está fazendo atualmente para se manter em forma?
4. Quais são suas expectativas quanto ao seu futuro? Quantos anos mais você gostaria de viver?
5. Se fosse possível, que mudanças você faria na sua vida?
6. O que você está fazendo para ter uma vida mais saudável?
7. Quando chegar à idade de se aposentar, o que você gostaria de fazer?
8. Qual é o seu conceito de vida ideal?
9. Que tipo de conselhos você daria a seus amigos que fumam e bebem em demasia?

MEDICAMENTOS

ANALGÉSICO
ANTIALÉRGICO
ANTIBIÓTICO
ANTIESPASMÓDICO
ANTIGRIPAL
ANTITÉRMICO
CALMANTE
DESCONGESTIONANTE
EXPECTORANTE
VITAMINA...

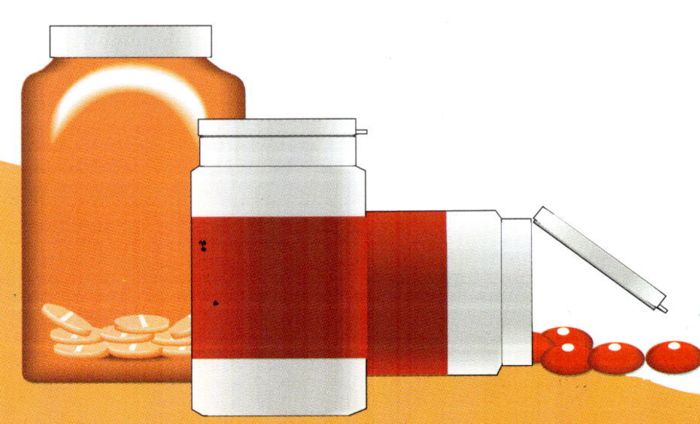

5 O que você sabe sobre DENGUE? Leia o texto.

Devido aos surtos de **Dengue** que estão acontecendo em todo o Brasil, e à época propícia para a proliferação das larvas (tempo chuvoso e úmido), estamos oferecendo aos clientes PROBIOS informações básicas sobre esta doença.

É uma doença de início rápido, que causa muita febre durante 7 a 8 dias aproximadamente. Seu principal transmissor é um mosquito parecido com um pernilongo, o *Aedes Aegypti*, mas ela também pode ser transmitida pelo *Aedes Aegypti Albopictus* (tigre asiático). Eles possuem hábitos domésticos e depositam seus ovos em lugares que contêm água parada e limpa como pneus, vasos de plantas, e outros recipientes.

Fonte: Boletim Probios News Ano II nº 2

COMO ELA É TRANSMITIDA:

QUAIS OS SINTOMAS:

QUAL DEVE SER O TRATAMENTO:

COMO DEVE SER FEITA A PREVENÇÃO:

Agora ouça a fita e verifique se suas informações estão corretas.

6 Leia o texto com um colega. Agora liste e discuta as *vantagens* e as *desvantagens* da '*internação domiciliar*'.

VOLKSWAGEN REDUZ CUSTOS EM 55%

A Volkswagen do Brasil reduziu em 75% as internações hospitalares e em 55% os gastos com despesas médicas a partir da implantação do "home care", em 1994. Segundo o gerente de administração de serviços da empresa, Murilo Alves Moreira, o programa atende a 105 mil funcionários, dependentes e agregados. De dezembro de 1994 a dezembro de 1997, 233 pacientes foram atendidos e o custo médio por paciente ficou em R$ 219,00 por dia.

Desse universo, 53% dos pacientes são homens e 47%, mulheres. Dezoito por cento dos casos correspondem a patologias neurológicas; 18%, cardiovasculares; 12%, doenças metabólicas (como, por exemplo, diabetes e insuficiência renal); 11%, câncer; 10%, doenças pulmonares; 8%, Aids, e 8% referem-se a complicações em crianças prematuras.

Deu tão certo, disse Murilo Alves, que, em 1996, foi criado o "Aids-Care". Este programa já atendeu a 65 pacientes e diminuiu em 35% os custos do tratamento. "Atualmente, 40 dos 45 doentes de Aids estão exercendo suas funções normalmente na companhia", garantiu, ressaltando que a Volkswagen fornece, inclusive, a medicação necessária para o controle dessa doença.

A Volks também desenvolveu o "Baby-Care", destinado a bebês recém-nascidos. "Toda mãe que der a luz recebe, nos primeiros 15 dias, o acompanhamento de um médico-pediatra e de uma enfermeira na orientação quanto a cuidados com alimentação, higiene e prevenção de doenças".

Os pacientes integrados ao "home care" são indicados por médicos auditores, que visitam os hospitais freqüentemente. "Em seguida, o serviço social entra em contato com o médico assistente, para pedir autorização, e visita o domicílio do paciente para avaliar a localização e as condições de higiene do local", explicou.

Fonte: Jornal Gazeta Mercantil - 19/6/98 - (C.B)

TIPOS DE MEDICAÇÃO

COLOCAR EMPLASTO/ESPARADRAPO/BAND-AID
DISSOLVER E TOMAR COMPRIMIDO EFERVESCENTE
ENFAIXAR/GAZE
ESTERILIZAR
LAVAR COM ÁGUA BORICADA
PASSAR CREME/POMADA
TOMAR COMPRIMIDO/CÁPSULA/PÍLULA/XAROPE/LÍQUIDO
TOMAR INJEÇÃO...

psiu!

Você sabia? No Brasil as crianças devem receber, obrigatoriamente, as seguintes vacinas.

VACINAS	PROTEÇÃO CONTRA	IDADE: INICIAR A PARTIR DE	Nº DE DOSES	INTERVALO ENTRE AS DOSES	DOSE DE REFORÇO
CONTRA PÓLIO (ORAL)	POLIOMELITE (PARALISIA INFANTIL)	2 MESES	3	2 MESES	18 MESES 3 E 4 ANOS
TRÍPLICE (DTP)	DIFTERIA COQUELUCHE TÉTANO	2 MESES	3	2 MESES	18 MESES 3 E 4 ANOS
CONTRA SARAMPO	SARAMPO	9 MESES	1	–	18 MESES
BCG	TUBERCULOSE	AO NASCER	1	–	–

E no seu país, que tipo de vacinas as crianças costumam receber? Elas são obrigatórias? Para entrar no seu país se exige algum tipo de vacina? Qual?

7 Aqui estão instruções sobre o uso de alguns produtos. De que tipo de produtos você acha que eles estão falando?

REVISÃO

- Coloque a fita e aperte o botão.
- Passe o cartão e digite a sua senha.
- Selecione a operação desejada.
- Adicione água fervente ao conteúdo do pacote.
- Espere até ficar bem dourado.
- Tire o fone do gancho e disque o nº desejado. Espere o tom, aperte o botão "Start" e recoloque o fone no lugar.
- Gire a chave, coloque o pé na embreagem, engate a marcha na 1ª e pise no acelerador.

8 Leia o anúncio ao lado, ouça na fita a resposta que ele recebeu de 3 pessoas e responda:

1. quem respondeu a sua carta?
2. de onde eles são?
3. quais as informações que eles lhe deram sobres as suas terras?

Cheque as respostas com seus colegas.

Gostaria de me corresponder com pessoas de ambos os sexos, entre 18 e 25 anos, que residam, de preferência, em Pernambuco, para trocar idéias sobre diversos assuntos. Gostaria, inclusive, que dessem informações sobre a sua terra. Sou Giovanni, de Mato Grosso, tenho 19 anos e sou estudante de Medicina.

Agora escreva um anúncio como o de Giovanni, colocando os seus dados. Depois faça uma troca com seu colega e responda ao anúncio dele, dando as informações pedidas.

9 Entreviste seu colega sobre as habilidades dele/a:

Você consegue:
1. ler jornal de pé num ônibus ou trem cheio?
2. escrever com a mão esquerda? (Para quem é canhoto: escrever com a mão direita?)
3. digitar usando todos os seus dedos?
4. andar "plantando bananeira" (andar de cabeça para baixo?)
5. usar um computador? Enviar um E-mail?
6. consertar um carro?
7. lavar e passar suas roupas?
8. cozinhar?
9. cuidar de um bebê? Trocar a fralda do nenê?

Vamos treinar algumas expressões usuais para responder às perguntas acima:

Isso é fácil! **Isso é moleza!** **Não é comigo!** **Consigo/Não consigo** **Não sei e não quero saber!** **Nunca tentei!** **Nunca fiz e nunca farei!**

ESPECIALIDADES MÉDICAS

CARDIOLOGIA
CIRURGIA
CLÍNICA GERAL
DERMATOLOGIA
FISIOTERAPIA
GASTROENTEROLOGIA
GERIATRIA
GINECOLOGIA
NEUROLOGIA
OBSTETRÍCIA
ODONTOLOGIA
OFTALMOLOGIA
ORTOPEDIA
OTORRINOLARINGOLOGIA
PEDIATRIA
PSICOLOGIA...

10 Escrevi a um amigo, que mora na cidade de Foz do Iguaçu, perto das Cataratas, dizendo que iria visitá-lo. Aí, ele, todo preocupado, me enviou uma lista de perguntas para que eu respondesse:

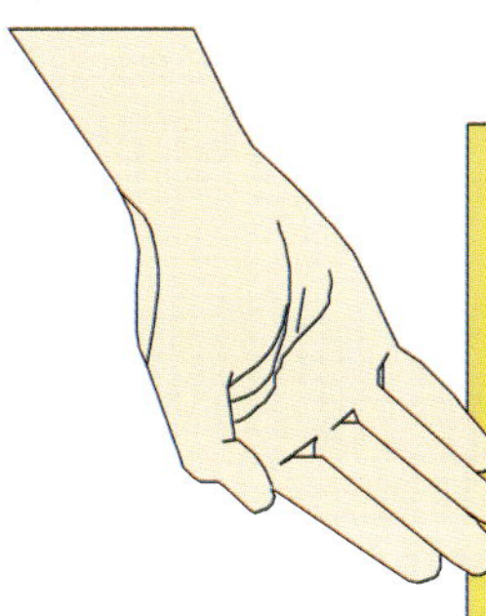

1. Que dia você vai chegar? A que horas?
2. Você vem de ônibus ou avião?
3. Vem sozinho ou acompanhado?
4. Quantos dias você vai ficar aqui?
5. Você vem para fazer turismo ou descansar?
6. Você vai trazer dinheiro para fazer compras no Paraguai ou na Argentina?
7. O que você vai comprar?
8. Você vai ao cassino, no Paraguai?

Responda a carta do seu amigo, dando todas as informações solicitadas.

11 Una as expressões da coluna 1 ao seu possível sentido na coluna 2.

Coluna 1	Coluna 2
oh!, ah!, oba!, viva!	cansaço
ai!, ui!	alegria
oh!, ih!, opa!, puxa!, xi!, gente!, Meu Deus!	alívio
olá!, alô!, ô!, oi!, psiu!, ó!	afugentamento
uh!, credo!, cruzes!, Jesus!, ui!	dor
tomara!, quem me dera!	espanto, surpresa
psiu!, quieto!, bico fechado!	estímulo
firme!, toca!	medo
xô!, fora!, rua!, arreda!	desejo
ufa!, uf!	pedido de silêncio
ufa!	chamamento

Fonte: Livro *Gramática da Língua Portuguesa*, Pasquale e Ulisses

12 Substitua as palavras sublinhadas pelo pronome correspondente:

1- Passei (o preço do remédio) _________ às farmácias que o solicitaram.
Passei _________ os preços dos remédios (à farmácia que o solicitou).
2- Entreguei (os doces e os brinquedos) _________ às crianças carentes.
Entreguei _________ os donativos (às crianças carentes).
3- Repeti (a pergunta) _________ ao médico de plantão.
Repeti _________ a pergunta (ao médico de plantão).
4- Devolvi (as receitas) _________ à nutricionista.
Devolvi _________ as receitas (à nutricionista).

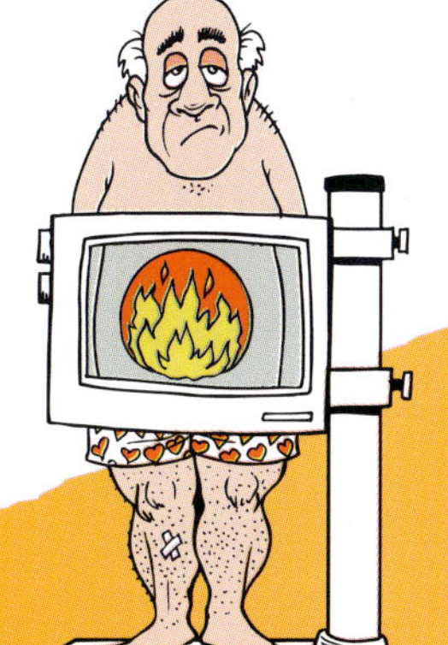

EXAMES

FEZES
MAMOGRAFIA
RAIO X
SANGUE
TOMOGRAFIA
ULTRA-SONOGRAFIA
URINA...

Brasil: Estabilidade Econômica X Estabilidade Social

Fonte: Guia del Mundo 1998

Acontece nesse mesmo período um enorme aumento da violência com casos como o do Presídio do Carandiru em São Paulo, a chacina na escadaria da Igreja da Candelária e as mortes na favela de Vigário Geral no Rio de Janeiro. A indignação pública teve como resposta algumas medidas oficiais como a prisão dos chefes do jogo do bicho e medidas de cidadania como a de Herbert de Souza (Betinho) com a "Ação Cidadã contra a Fome e pela Vida", iniciada em abril de 1993 com milhares de comitês autônomos espalhados por todo o país que coletam e distribuem alimentos e procuram fontes de trabalho. Deste movimento fazem parte donas de casas e membros de entidades religiosas e sindicais provendo, até agosto de 1994, alimentos a quatro milhões de famílias.

No fim de 1993, o então Ministro da Fazenda, Fernando Henrique Cardoso, apresenta o Plano Real de estabilização da economia que acaba com os ajustes monetários automáticos e implanta uma nova unidade monetária, o Real, em julho de 1994. O êxito antiinflacionário culmina com a eleição para a presidência de Fernando Henrique.

A economia continuou sendo a principal preocupação de FHC. Iniciou-se um processo de privatização que incluiu parte da Petrobrás e das empresas de telecomunicações. Houve contudo uma recessão econômica que começou a acompanhar a estabilização e registrou-se um aumento do desemprego, de conflitos sindicais urbanos, de delinqüência e de ocupação de terras por agricultores pobres.

Após longo e complexo debate, o parlamento aprovou, nos primeiros meses de 1997, uma reforma constitucional que permite a reeleição presidencial. Em julho de 1998 dá-se uma nova mega-privatização com a venda da TELEBRÁS e da EMBRATEL.

As novas eleições são marcadas para outubro e novembro (2 turnos) do mesmo ano.

O LOCAL *de trabalho*

APRENDA

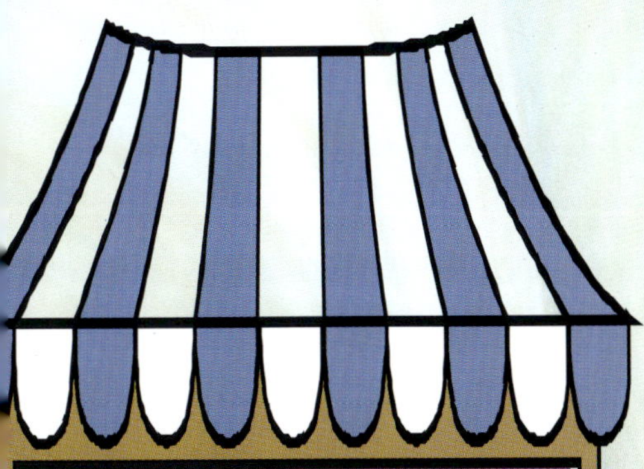

VOCABULÁRIO RELEVANTE

ANÚNCIO

CURRÍCULO - CV

RECRUTAMENTO/SELEÇÃO

ENTREVISTA

FOTO (2X2/3X4)

ESTÁGIO/ESTAGIÁRIO (A)

ADMISSÃO/EFETIVAÇÃO

PROMOÇÃO

TRANSFERÊNCIA

DEMISSÃO (PEDIR/DEMITIR)

APOSENTADORIA

CARTEIRA DE TRABALHO

TÍTULO DE ELEITOR/RESERVISTA

EXAMES: MÉDICO/PSICOTÉCNICO

MATRIZ
ESCRITÓRIO CENTRAL
FÁBRICA
SUCURSAL
FILIAL

REGULAMENTO INTERNO

CRACHÁ

CURRICULUM

TASSO T. DE ARAÚJO

- Data de nascimento: 10 de novembro de 1972
- Naturalidade: São Paulo – SP
- Filiação: Adjuto F. de Araújo e Terezinha M. Torres
- Estado Civil: solteiro
- Residência: Rua Bento Gonçalves, 59 – Ponta da Praia – Santos – SP CEP: 43217-050
- Telefone: (013) 831-3040/840-2122
- E-mail: tassot@hotmail.com
- Carteira de Identidade – nº 53.908.330-0 SSP - SP
- CPF nº 439.532.975-13
- Certificado de Reservista: 87.6804.36 – Ministério da Marinha

ESCOLARIDADE

- 1º grau: Colégio do Carmo – Santos – SP/concluído em dez/88
- 2º grau: Colégio do Carmo – Santos – SP/concluído em dez/91
- Superior: Engenheiro Agrônomo – UFV – Viçosa – MG (Dezembro/1997)

EXPERIÊNCIA

- Estágio na Frunorte – Frutas do Nordeste Ltda. Assu – RN período: 02/01/96 a 13/02/96
- Estágio na Agroflora/Sakata S/A – Reflorestamento e Agropecuária Petrolina – PE - período: 16/09/96 a 02/10/96
- Coordenador de Divulgação de Eventos da Comissão de Formatura de Dezembro de 1997 da Universidade Federal de Viçosa

IDIOMA

- Domínio de Inglês – Conversação – (3 anos CCBEU – Santos – SP e 01 ano ICBEU - Viçosa – MG)

PARTICIPAÇÃO EM PALESTRAS, CURSOS E SEMINÁRIOS

- Curso sobre Cultura de Cogumelos (Fungicultura) – Carga Horária: 6 horas Período: 26/01/95 – local: Associação dos Engenheiros Agrônomos do Estado de São Paulo – AEAESP
- Encontro de Fruticultura – Período: 25 a 30/09/95 – Local: UFV – Viçosa - MG
- Semana de Fitopatologia – Período: 02 a 05/10/95 – Local: UFV Viçosa – MG
- 9º Seminário Internacional de Política Agrícola – Carga Horária: 16 horas – Local: UFV – Viçosa – MG

HABILIDADES

- Domínio de Windows (3.11 e 95), Word, Power Point, Excel, Internet. Noções de Sistema Operacional MS-DOS

ESTUDO DE...

CONJUNÇÕES (COORDENATIVAS)

1	ADITIVAS	e, nem (= e não), não só... mas também, não só... como também, bem como, não só... mas ainda
2	ADVERSATIVAS	mas, porém, todavia, contudo, entretanto, no entanto...
3	ALTERNATIVAS	ou, ou... ou, ora... ora, quer... quer, seja... seja
4	CONCLUSIVAS	logo, pois, portanto, por isso, assim, por conseguinte
5	EXPLICATIVAS	que, porque, pois

Exemplos:

1. Ele **não só** entende do assunto, **como também** é o melhor na sua especialidade.
2. Ela é pequena e delicada, **porém** tem um gênio muito forte.
3. As crianças não paravam quietas: **ora** corriam para a direita, **ora** para a esquerda.
4. Cláudio estava doente, **por isso** não pôde ir à festa.
5. Não coma muitos doces, **que** você pode engordar.

CONJUNÇÕES (SUBORDINATIVAS)

a	CAUSAIS	porque, como (= porque), uma vez que, visto que, já que, etc.
b	CONCESSIVAS	ainda que, apesar de que, embora, mesmo que, se bem que, por mais que, posto que, etc.
c	CONDICIONAIS	se, contanto que, salvo se, desde que, a menos que, a não ser que, caso, etc.
d	FINAIS	para que, a fim de que, porque (= para que), que, etc.
e	CONFORMATIVAS	conforme, como (= conforme), segundo, etc.
f	PROPORCIONAIS	à medida que, à proporção que, ao passo que, quanto mais... (mais), quanto mais... (menos), quanto menos... (mais), quanto menos... (menos), etc.
g	TEMPORAIS	quando, enquanto, assim que, logo que, todas as vezes que, desde que, depois que, sempre que, mal (= assim que), etc.
h	COMPARATIVAS	como, assim como, tal como, como se, (tão)... como, tanto como, tanto quanto, tal, qual, tal qual, que (combinado com menos ou mais), etc.
i	CONSECUTIVAS	de sorte que, de modo que, de forma que, sem que (= que não), que (quando sucede tal, tão, cada, tanto, tamanho), etc.

Exemplos:

1. **Como** não estava progredindo nada, desistiu de fazer o curso.
2. **Mesmo que** não ganhe, não importa. O que vale é competir!
3. Não irei ao escritório, **a não ser que** haja algum trabalho urgente.
4. Explique com mais clareza, **para que** todos possam entender.
5. Fiz tudo **conforme** suas ordens.
6. **Quanto mais** trabalhar mais dinheiro vai receber.
7. **Assim que** chegamos em casa, começou a chover.
8. Divertir-se é **tão** importante **quanto** trabalhar ou estudar.
9. Andamos tanto **que** já não podíamos dar nem um passo a mais.

Conjunções

1 Ouça a fita e identifique para qual das posições abaixo os candidatos estão sendo entrevistados:

PEDIATRA
C/ residência médica, p/ trabalhar em clínica particular, em Santos, período das 8:00h. às 12:00h. Enviar CV a/c deste Jornal sob sigla "Pediatra/ San".

Administrador Hospitalar
medicina grupo recruta profissional c/ exp. p/ hospital de peq. porte, sup. em Adm. Hospitalar, m/f., CV c/ pret. sal. p/ CP 17340, CEP 03211-000, cód. AH

Gerente Comercial
Empresa em expansão na área de saúde , necessita de profissional qualificado (c/ comprovação). Atuamos c/ outros produtos na área de saúde. Marcar entrevista pelo F.: 246-0391 c/ Soraya.

BCD PROJETOS
Busca profissionais experientes, que possuam as qualificações necessárias para serem integrados ao seu quadro de colaboradores atuando como:
Analista e Programadores
- COBOL, DB2, IMS-DB/DC, VSAM, CICS;
- ASSEMBLER;
- TELON, EASYTRIEVE;
- VB, SQL-SERVER, ACCESS.

Encaminhar currículo, indicando o cargo e a área pretendidos, através do ***Fax (011) 9999-6660 ou a/c Depto. de Recursos Humanos Alameda Itu, 332 - 10º andar - CEP 05443-000 - Centro - São Paulo***

SUPERVISOR DE PESSOAL
Empresa do ramo de distribuição de combustíveis admite para início imediato.
Requisitos:
- experiência mínima de 2 anos;
- conhecimento de rotinas da área de pessoal (folha de pagto., FGTS, férias, recolhimento, etc.);
- nível superior completo ou cursando.

Enviar CV a/c de Sr. Ricardo
Rua Minas Gerais, 981
Tatuapé - São Paulo - CEP 08775-010.

VENDEDORES
Se você é ambicioso, quer trabalhar, ou já trabalha com vendas e quer fazer seu próprio salário, venha falar conosco.
Oferecemos:
- Registro em Carteira
- Salário Fixo
- Prêmio Sobre Produção
- Ticket Refeição
- Vale Transporte
- Cesta Básica
- Assistência Médica

Compareça à R. Outeiro, 717, munido de documentos, nesta 2ª feira em horário comercial.

2 Use uma das seguintes conjunções para completar as orações abaixo:

logo | **pois** | **ou** | **no entanto** | **nem**

1. Ela não comeu ______ bebeu nada.
2. Sou pobre ______ considero-me uma pessoa feliz.
3. Cíntia trabalha aos sábados também, ______ não poderá vir à reunião.
4. Preciso ir ao médico ______ a febre não quer baixar.
5. Não sei ao certo se devo prosseguir ______ desistir.

DIREITOS DE UM TRABALHADOR

APOSENTADORIA
ASSISTÊNCIA MÉDICA
13º SALÁRIO
FÉRIAS ANUAIS REMUNERADAS
LICENÇA (MÉDICA/PRÊMIO/MATERNIDADE)
SALÁRIO FAMÍLIA
VALE REFEIÇÃO/TRANSPORTE...

psiu!

3 Veja quantas explicações você consegue dar para as seguintes situações não muito comuns e então discuta-as com os seus colegas:

Ex.: ***Ele não tem usado canetas desde que saiu da escola.***

Explicações:
1. Ele tem usado o seu PC.
2. Ele tem uma secretária que tem escrito por ele.
3. No seu trabalho ele não precisa escrever nada.

SITUAÇÕES

1. Ele não tem saído com seus amigos há 1 ano.
2. Ele não tem dirigido seu carro há 2 anos.
3. Ele não tem se barbeado há 1 ano.
4. Ele não tem ido trabalhar há 1 ano.
5. Ele não tem conversado com ninguém nos últimos 7 anos.
6. Ele não tem comido carne.

4 ***Ana vai ter uma semana muito ocupada!***
Hoje é 2ª feira e seu chefe está passando-lhe as tarefas da semana inteira. Ouça a fita e preencha a agenda de Ana. Algumas anotações já foram feitas, mas <u>três</u> delas estão <u>erradas</u>. Corrija-as e complete o restante das informações.

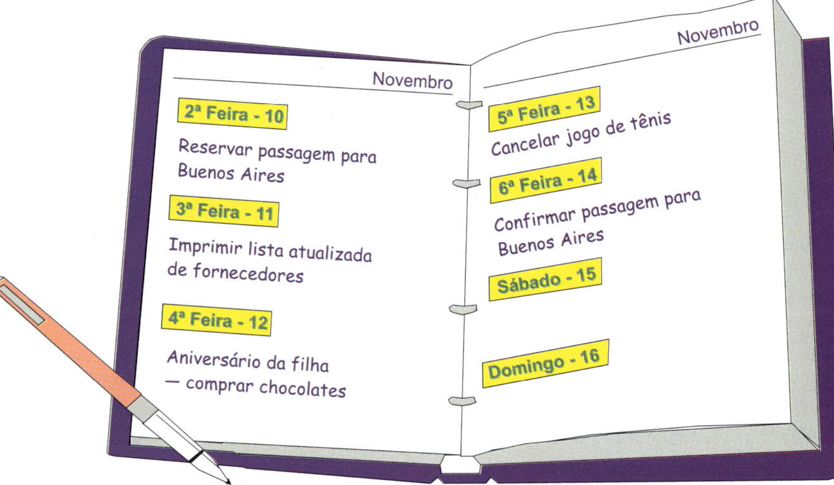

Agora você é o chefe. Usando as anotações da agenda ao lado, dê instruções a seu colega/professor. Use o imperativo para ditar suas ordens. Boa sorte!

5 Discuta as situações abaixo com seu colega/professor. Vocês agiriam da mesma forma?

O que você faria se...

1. seu chefe lhe chamasse a atenção na presença dos colegas de trabalho?
2. você tivesse que viajar a serviço para o exterior por um período de 3 anos?
3. seu chefe decidisse não lhe dar mais a promoção prometida há 6 meses?
4. você chegasse atrasado a uma reunião de diretoria?
5. você derramasse café na sua roupa meia hora antes de uma apresentação importante?

MINISTÉRIOS

AERONÁUTICA
COMUNICAÇÕES
ESPORTES
EXÉRCITO
FAZENDA
JUSTIÇA
MARINHA
PLANEJAMENTO
SAÚDE
TRABALHO...

Fase de transição amplia o caos de São Paulo

Problemas criados ou agravados pela mudança da base econômica da cidade

Aumento do desemprego (industrial)

A saída de indústrias e a modernização das que ficaram provocou, em novembro passado, a maior taxa de desemprego da história da Grande São Paulo, segundo o Dieese/Seade — 16,6% da população economicamente ativa estava sem trabalho.

Perda de poder aquisitivo dos assalariados

Na média, os assalariados do setor de serviços ganham menos do que os assalariados do setor industrial. Em outubro passado, segundo dados do Seade, o salário médio dos serviços era R$ 795, contra R$ 953 na indústria.

Falta de mão-de-obra mais qualificada

Alguns tipos de serviços, como o de turismo, de negócios e o de eventos, se ressentem de profissionais bem preparados para exercer cargos a nível de gerência. No ramo hoteleiro, por exemplo, faltam bons gerentes gerais.

Subutilização de prédios e galpões industriais

Algumas antigas zonas industriais, como a av. do Estado, apresentam hoje muitos galpões de fábricas semi-abandonados ou com placas de "vende-se" ou com placas de "aluga-se". Essas áreas deverão ser ocupadas por serviços ou moradias.

Invasão descontrolada de serviços e comércio

Sem controle do poder público, os serviços e comércio, às vezes, se expandem de forma desordenada na cidade. Tomam conta e acabam com o sossego de áreas nobres da cidade, como os Jardins, onde há grande poder aquisitivo.

Explosão no uso das telecomunicações

A cidade dos serviços requer um sistema de telecomunicações muito eficiente para permitir a constante troca de informações do mundo globalizado. Faltam telefones convencionais e o celular ainda não funciona direito.

Aumento do custo de vida na cidade

Uma cidade de serviços, com uma gama enorme de opções gastronômicas, culturais e de lazer, é um ambiente mais sofisticado do que a antiga cidade industrial de operários. O custo dessa sofisticação é alto.

Carros se tornam principal vilão da poluição

A fuga das indústrias contribuiu para que os veículos passassem a ser os principais vilões ambientais da cidade. Em tese, uma cidade de serviços permitiria a mais gente trabalhar em casa — o que diminuiria a necessidade de tirar o carro da garagem.

Faltam programas turísticos na cidade

Para se firmar como cidade de serviços e centro de turismo de negócios, São Paulo precisa de mais pontos turísticos. A renovação do centro velho da cidade poderia transformar esse ponto histórico num pólo cultural.

Aumento da sonegação fiscal

É muito mais difícil para o poder público recolher impostos do setor de serviços, onde há mais sonegação do que no setor industrial, segundo o professor Carlos Roberto Azzoni, da FEA – USP.

Fonte: Jornal Folha de São Paulo - 25/01/97

Responda às questões da fita referentes ao texto acima.

7 Perceba a diferença de sentido entre as frases abaixo:

'Vou visitar meu irmão, que mora em Portugal.'

Neste caso, eu tenho apenas um irmão e ele mora em Portugal!

'Vou visitar meu irmão que mora em Portugal.'

Aqui eu tenho pelo menos mais um irmão, sendo que um deles mora em Portugal.

8 Discuta com o seu colega/Professor a diferença de sentido entre as seguintes frases:

As empresas que não investem no treinamento de seus funcionários tendem a perdê-los.
As empresas, que não investem no treinamento de seus funcionários, tendem a perdê-los.

O país, que não proporciona incentivos fiscais, perde investimentos estrangeiros.
O país que não proporciona incentivos fiscais perde investimentos estrangeiros.

O diretor, que é muito exigente, não está nunca satisfeito.
O diretor que é muito exigente não está nunca satisfeito.

O escritório tem 5 empregados que moram longe.
O escritório tem 5 empregados, que moram longe.

9 Vamos praticar as conjunções? Complete as frases da coluna A unindo-as, com um traço, às frases da coluna B:

A	B
Ela foi ficando cada vez mais nervosa	todos foram aprovados no teste.
Gosto deste trabalho	de modo que ninguém suspeitasse dele.
A menos que surja algum problema muito grave	à medida que as pessoas chegavam.
Por mais que estude	poderia colocar esta carta no correio para mim?
Já que você vai à cidade,	algo acontece.
Segundo o instrutor,	não consigo memorizar os nomes e as datas da história do Brasil.
Sempre que resolvo viajar	vou sair de férias no mês que vem.
O assassino ocultou todas as pistas,	tanto quanto você.

10 Agora complete as frases abaixo. Atenção ao uso das conjunções!

1. À medida que ______________________________, Cristina foi mudando de caráter.
2. Hoje eu saio do serviço às 17 horas, a menos que ______________________________.
3. Não posso permitir isso, por mais que ______________________________.
4. Tenho medo de uma tempestade, tanto quanto de ______________________________.
5. Fechei todas as portas e janelas da casa, de modo que ______________________________.
6. Já que o chefe não vem hoje, ______________________________.
7. Sempre que eu a encontro, ______________________________.

NUM ESCRITÓRIO

COMPUTADOR
(FOTO) COPIADORA/MÁQUINA DE XEROX
GRAMPEADOR
IMPRESSORA
MÁQUINA DE ESCREVER
QUADRO DE AVISOS
TELEFONE/FAX/TELEX...

11 Diversos profissionais estão descrevendo seus locais de trabalho. Adivinhe quem são esses profissionais.

1. Trabalho muito com pranchetas, onde faço desenhos de casas, prédios, interiores, jardins...

2. O que não pode faltar no meu local de trabalho é uma poltrona reclinável com altura ajustável e aparelhos próprios para a minha profissão. As pessoas que vêm me procurar geralmente se sentam nesta poltrona e passam o tempo todo com a boca aberta. Fico com pena delas.

3. Geralmente trabalho com madeiras e tábuas. Eu as corto em diferentes tamanhos e as monto como um grande quebra-cabeça e faço armários, cadeiras, mesas, etc.

4. A sala onde trabalho é ampla e está sempre cheia de turmas de jovens da mesma idade. Cada turma fica em geral uma hora e meia. Eles prestam atenção no que eu explico, fazem anotações no caderno, perguntam quando têm dúvidas e discutem entre si. Na sala onde geralmente trabalho há televisão, vídeo, retroprojetor, gravador, quadro branco e muitas mesas e cadeiras.

Agora descreva o local de trabalho de um dos seguintes profissionais e peça a seus colegas para que adivinhem a que profissão você se refere:

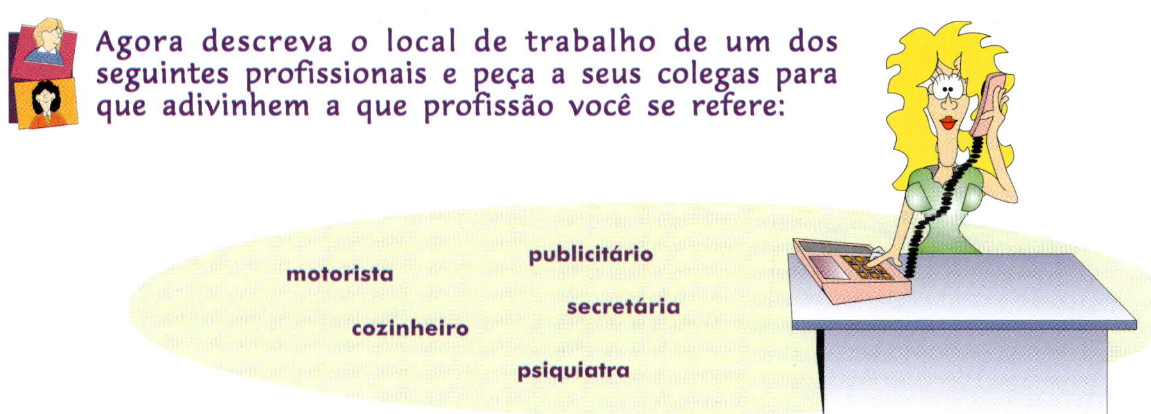

Descreva o seu local de trabalho (ou estudo) e as suas responsabilidades. Aproveite para descrever a sua rotina de um dia típico de trabalho/estudo.

12 Vamos discutir um pouco a respeito de um ESCRITÓRIO VIRTUAL:

1. Você gostaria de montar um escritório em casa e trabalhar de pijama?
2. O que é necessário para montar um home office?
3. O estresse desapareceria com este sistema de trabalho?
4. Quais os pontos positivos e os pontos negativos deste sistema de trabalho?
5. Escritórios convencionais ainda existirão no futuro?

EXEMPLO DE UM ORGANOGRAMA DE UMA EMPRESA

13 Agora leia o texto abaixo e discuta-o com os seus colegas.

VISTA O PIJAMA E TRABALHE EM CASA

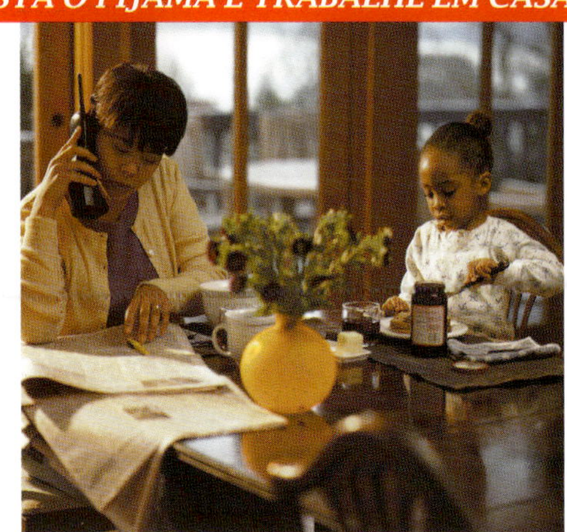

Trocar o nervosismo do trânsito e a obrigação de vestir terno e gravata pelo conforto de trabalhar em casa tem feito parte da rotina de profissionais liberais e executivos de grandes empresas. De seus home offices fazem seus negócios e podem se dar ao luxo de passar o dia de pijama com os pés para cima. De quebra, sobra mais tempo para a família e para o lazer. Cerca de 21 milhões de pessoas nos Estados Unidos trabalham uma parte do dia em casa. Estima-se que mais de 10 milhões de americanos utilizem algum tipo de tecnologia para comunicação virtual. No Brasil, o número de profissionais que controlam seus negócios a partir de um home office cresce ano a ano.

Brincar de globalização dentro de casa tem seu charme. Para começar a montar um home office, um computador robusto é fundamental. Alguns micros transformaram-se em verdadeiras centrais de entretenimento. São, ao mesmo tempo, TV, vídeo, fax, aparelho de som e telefone viva-voz.

Se, além de trabalhar em casa, a idéia for visitar clientes, os notebooks podem ser uma opção. Conjugados aos celulares, permitem que o "escritório" acompanhe o profissional aonde quer que ele vá. Além do celular, não se deve prescindir de uma linha telefônica extra — caso contrário, você correrá o risco de seu filho de 2 anos atender ao telefonema de um cliente. Se você não dispõe de um aparelho celular ou uma linha telefônica extra, com o pager é possível até receber mensagens enviadas para o seu e-mail na Internet.

O sucesso do chamado escritório virtual está nas facilidades adquiridas com novas tecnologias e no desenvolvimento de serviços específicos para esse público. A virtualidade, a chamemos assim, é um dos personagens centrais da onda da globalização.

Nem só aqueles que sonham passar o dia todo em casa têm sucesso com o mundo virtual. Uma leva de executivos passa parte do tempo em casa e parte no escritório, sem horários fixos. Eles recorrem à comunicação por correio eletrônico para boa parte das tarefas de trabalho. Procuram, ainda, estar o máximo de tempo possível à disposição dos clientes. Livre dos compromissos diários dentro da empresa, o profissional pode produzir mais. Desde que consiga manter uma disciplina rígida e não deixe o serviço de lado, em plena manhã de segunda-feira, para brincar com o cachorro no jardim. Quem adota um esquema de trabalho virtual precisa organizar muito bem o tempo, caso contrário vai se perder. Além disso, a pessoa deve estar preparada para tomar decisões importantes sozinha, já que não terá o chefe sempre à frente para consultar.

Vejamos a opinião de uma das pessoas que optaram por trabalhar em casa: "Trabalhar em casa me dá enorme prazer, mas às vezes sinto necessidade de sair, de ter o contato mais pessoal com quem me relaciono profissionalmente". Para não mergulhar na eterna solidão, ainda que conectado ao mundo pelos computadores, ele decidiu por um modelo, digamos, híbrido de trabalho. "Três dias em casa, dois no escritório. Essa talvez seja a solução ideal", afirma.

Fonte: Revista "Informática" nº 135 - 06/97

14 Complete as orações, de acordo com o conteúdo do texto acima:

1. Uma vez que você cuida dos seus negócios em casa, ______________________________
2. Trabalhando em casa você vai produzir mais desde que ______________________________
3. Ao montar um home office é imprescindível ter uma linha telefônica extra, para que ______________________________
4. Caso não tenha uma linha telefônica extra, ______________________________
5. Embora o executivo esteja conectado ao mundo através do computador, ele ______________________________
6. Quanto menor for o contato direto com colegas e clientes, ______________________________
7. A pessoa entrevistada se sentiu tão solitária que ______________________________

NO BANCO

CADERNETA DE POUPANÇA
CAIXA ELETRÔNICO
CARTÃO MAGNÉTICO
CHEQUE
COFRE
DÉBITO AUTOMÁTICO
DEPÓSITO
GUICHÊ
INVESTIMENTO
MOEDAS
NOTAS
RETIRADA...

E você? Você gostaria de montar um home office? Por quê? Quantas pessoas você conhece que trabalham em casa? Elas estão satisfeitas com esse sistema de trabalho? Você acha que a perda do contato direto acarreta perda do calor humano? O que é para você um local de trabalho ideal?

Agora ordene as suas idéias e escreva uma redação sobre "O Local de Trabalho Ideal".

15 Observe as situações ao lado e, seguindo o exemplo, (1) formule interrogações diretas e indiretas (2) faça uma frase no discurso indireto:

REVISÃO

Exemplos:
(1) Menino, o que foi isso? Quero saber o que foi isso.
(2) A mãe perguntou ao filho o que <u>tinha sido</u> aquilo.

Note o uso dos aumentativos e diminutivos dos numerais nas frases seguintes:

"Nossa, que caro! Não é possível que este terno esteja custando duzentão!"
"Me empresta cenzinho?"

16 Faça frases parecidas com os dados indicados:

1- Por que João te pediu ____________ (R$ 20,00)? A mesada dele já acabou?
2- Fiquei impressionada com o guardador de carros. Acredita que ele me pediu ____________ (R$ 30,00) para tomar conta do meu carro?
3- Que horror! Você está regulando ____________ (R$ 100,00)? Que amigo você é?

17 Ouça a fita e escreva por extenso os números que você ouve nas frases:

a - ______________________ b - ______________________
c - ______________________ d - ______________________
e - ______________________ f - ______________________
g - ______________________ h - ______________________

ECONOMIA

BOLSA DE VALORES/AÇÕES
CUSTO DE VIDA
IMPOSTOS
INFLAÇÃO
INVESTIMENTOS (APLICAÇÕES, FUNDOS, CARTEIRAS, ...)
JUROS...

psiu!

Correspondências (1)

De: Central de Atendimento - Universo Online <sos@uol.com.br>
Para: 'Cia de Desenho' <ciadesenho@warp.com.br>
Data: Sexta-feira, 30 de Outubro de 1998 07:57
Assunto: RES: DESINSTALAÇÃO

Prezado Usuário,

Para efetuar o cancelamento de uma assinatura, envie um e-mail para cancelamento@uol.com.br, ou fax para (011) 224-7802, com 3 dias antes do final da bilhetagem, com os seguintes dados:

- Nome Completo
- E-mail que deseja cancelar
- CPF
- Motivo do cancelamento

Notando que os dados continuam em nosso sistema, podendo reativar a conta a qualquer momento

Atenciosamente,

Ana Paula
Central de Atendimento
Universo OnLine S/A
Tel.: (011) 224-4005
0800-158003

-----Mensagem original-----
De: Cia de Desenho [SMTP:ciadesenho@warp...
Enviada em: Quinta-feira, 29 de Outubro de 1...
Para: sos@uol.com.br
Assunto: DESINSTALAÇÃO

DESEJO CANCELAR MINHA ASSINATURA... TENHO UTILIZADO. COMO DEVO PROCED...
<<Arquivo: ATT00018.html>>

São Paulo, agosto de 1998

Prezado (a) Cliente,

Para sua maior comodidade, o BCN acaba de implantar o sistema de reposição automática de talões de cheques.

Isso significa que nosso sistema irá acompanhar a quantidade de cheques emitidos/compensados e, de acordo com a quantidade de cheques utilizados, enviará automaticamente, 02 talões bloqueados para o endereço indicado em seu cadastro.

Caso necessite de uma quantidade maior de talões, basta fazer uma solicitação complementar, através da Linha Viva, do BCN Net Internet Banking ou nos terminais de auto atendimento das agências BCN.

O desbloqueio dos talões recebidos, poderá ser efetuado através dos mesmos canais utilizados na solicitação. Para sua segurança e controle você poderá desbloquear um talão de cada vez.

Em caso de dúvidas ou informações adicionais sobre este novo procedimento, contate a Linha Viva BCN através dos telefones 7295-5000 (Grande São Paulo) ou 0800-110291 (demais localidades).

No BCN é assim, estamos sempre em busca de novidades para facilitar o seu dia-a-dia.

Atenciosamente,

Fax

De: RITA TORRES
Fax: 572-0177
Fone: 570-6222
Ref.:

Para: PATRÍCIA MEDRADO
Páginas: 01
Data: 25 de agosto de 1998
CC:

☐ Urgente ☐ P/ revisão ☐ Favor comentar ☐ Favor responder ☐ Favor reciclar

• Comentários:

Conforme nosso contato telefônico na data de hoje e de acordo com a cláusula 3 alínea 'd' do Instrumento Particular de Contrato de Locação de Imóvel do imóvel situado à Rua Vergueiro, 3185 - Sala 125, São Paulo, informo que dentro do prazo de 30 (trinta) dias, estaremos encerrando o nosso Contrato acima mencionado fazendo a entrega das chaves.

Coloco-me à inteira disposição para qualquer esclarecimento que se faça necessário.

Atenciosamente,

RITA TORRES

E você? Você gostaria de montar um home office? Por quê? Quantas pessoas você conhece que trabalham em casa? Elas estão satisfeitas com esse sistema de trabalho? Você acha que a perda do contato direto acarreta perda do calor humano? O que é para você um local de trabalho ideal?

Agora ordene as suas idéias e escreva uma redação sobre "O Local de Trabalho Ideal".

15 Observe as situações ao lado e, seguindo o exemplo, (1) formule interrogações diretas e indiretas (2) faça uma frase no discurso indireto:

Exemplos:
(1) Menino, o que foi isso? Quero saber o que foi isso.
(2) A mãe perguntou ao filho o que tinha sido aquilo.

Note o uso dos aumentativos e diminutivos dos numerais nas frases seguintes:

"Nossa, que caro! Não é possível que este terno esteja custando duzentão!"
"Me empresta cenzinho?"

16 Faça frases parecidas com os dados indicados:

1- Por que João te pediu ____________ (R$ 20,00)? A mesada dele já acabou?
2- Fiquei impressionada com o guardador de carros. Acredita que ele me pediu ____________ (R$ 30,00) para tomar conta do meu carro?
3- Que horror! Você está regulando ____________ (R$ 100,00)? Que amigo você é?

17 Ouça a fita e escreva por extenso os números que você ouve nas frases:

a - ____________ b - ____________
c - ____________ d - ____________
e - ____________ f - ____________
g - ____________ h - ____________

ECONOMIA

BOLSA DE VALORES/AÇÕES
CUSTO DE VIDA
IMPOSTOS
INFLAÇÃO
INVESTIMENTOS (APLICAÇÕES, FUNDOS, CARTEIRAS, ...)
JUROS...

psiu!

Amplie o seu vocabulário

Correspondências (1)

De: Central de Atendimento - Universo Online <sos@uol.com.br>
Para: 'Cia de Desenho' <ciadesenho@warp.com.br>
Data: Sexta-feira, 30 de Outubro de 1998 07:57
Assunto: RES: DESINSTALAÇÃO

Prezado Usuário,

Para efetuar o cancelamento de uma assinatura, envie um e-mail para cancelamento@uol.com.br, ou fax para (011) 224-7802, com 3 dias antes do final da bilhetagem, com os seguintes dados:

- Nome Completo
- E-mail que deseja cancelar
- CPF
- Motivo do cancelamento

Notando que os dados continuam em nosso sistema, podendo reativar a conta a qualquer momento

Atenciosamente,

Ana Paula
Central de Atendimento
Universo OnLine S/A
Tel.: (011) 224-4005
0800-158003

-----Mensagem original-----
De: Cia de Desenho [SMTP:ciadesenho@warp
Enviada em: Quinta-feira, 29 de Outubro de 1
Para: sos@uol.com.br
Assunto: DESINSTALAÇÃO

DESEJO CANCELAR MINHA ASSINATURA
TENHO UTILIZADO. COMO DEVO PROCED
<<Arquivo: ATT00018.html>>

São Paulo, agosto de 1998

Prezado (a) Cliente,

Para sua maior comodidade, o BCN acaba de implantar o sistema de reposição automática de talões de cheques.

Isso significa que nosso sistema irá acompanhar a quantidade de cheques emitidos/compensados e, de acordo com a quantidade de cheques utilizados, enviará automaticamente, 02 talões bloqueados para o endereço indicado em seu cadastro.

Caso necessite de uma quantidade maior de talões, basta fazer uma solicitação complementar, através da Linha Viva, do BCN Net Internet Banking ou nos terminais de auto atendimento das agências BCN.

O desbloqueio dos talões recebidos, poderá ser efetuado através dos mesmos canais utilizados na solicitação. Para sua segurança e controle você poderá desbloquear um talão de cada vez.

Em caso de dúvidas ou informações adicionais sobre este novo procedimento, contate a Linha Viva BCN através dos telefones 7295-5000 (Grande São Paulo) ou 0800-110291 (demais localidades).

No BCN é assim, estamos sempre em busca de novidades para facilitar o seu dia-a-dia.

Atenciosamente,

Fax

De: RITA TORRES
Fax: 572-0177
Fone: 570-6222
Ref.:

Para: PATRÍCIA MEDRADO
Páginas: 01
Data: 25 de agosto de 1998
CC:

☐ **Urgente** ☐ **P/ revisão** ☐ **Favor comentar** ☐ **Favor responder** ☐ **Favor reciclar**

• **Comentários:**

Conforme nosso contato telefônico na data de hoje e de acordo com a cláusula 3 alínea 'd' do Instrumento Particular de Contrato de Locação de Imóvel do imóvel situado à Rua Vergueiro, 3185 - Sala 125, São Paulo, informo que dentro do prazo de 30 (trinta) dias, estaremos encerrando o nosso Contrato acima mencionado fazendo a entrega das chaves.

Coloco-me à inteira disposição para qualquer esclarecimento que se faça necessário.

Atenciosamente,

Rita Torres

RITA TORRES

APRENDA

UMA ENTREVISTA

Candidato: Bom dia! Meu nome é Carlos. Eu mandei um currículo para a vaga de engenheiro sênior e D. Vilma marcou uma entrevista comigo para as 8h.

Vilma: Pois não, pode sentar... eu sou Vilma. Aguarde um pouco, por favor.

C: Está certo.

(Carlos aguarda na sala de espera)

V: Carlos, pode entrar.

C: Obrigado.

V: Vamos ver: você se formou pela Universidade Federal de Pernambuco em 1977.

C: Sim, e após meu estágio na NEC do Brasil resolvi passar um tempo nos Estados Unidos aprimorando meu inglês.

V: Ótimo. Vejo aqui que você fala italiano também.

C: Sim, meus pais nasceram na Itália e sempre insistiram para que os filhos falassem italiano em casa. Além disso, quando crianças, costumávamos passar as férias na Itália.

V: *Tá.* E quanto à sua experiência como engenheiro?

C: Bem, sempre gostei de estudar e minha especialização é em Telecomunicações. No momento estou cursando Pós-Graduação em Fibras Ópticas. Termino o Mestrado em dois anos e no momento estou desenvolvendo minha tese.

V: Quanto tempo você trabalhou na Ericsson?

C: 3 anos. Comecei como engenheiro júnior e terminei como sênior.

V: Por que você saiu da empresa?

C: A princípio optei pelo Mestrado durante o dia mas agora preciso dedicar-me mais ao trabalho pois pretendo me casar em um ou dois anos. Minha noiva é médica.

V: Gostaria de pedir que você fizesse uma redação com o título: "Minha autobiografia". Você se incomodaria em fazê-la em inglês?

C: Pois não. Caso selecionado, qual seria o segundo passo?

V: Marcaremos uma entrevista com o seu possível chefe imediato e então, se tudo der certo, os exames médicos. Você tem mais alguma pergunta?

C: Sim, sobre o salário, a Empresa... mas acho que isto pode esperar. Onde posso ficar para fazer a redação?

V: Na sala ao lado... Boa Sorte!

PARTE DE UMA ENTREVISTA

A: Já ouviu falar em globalização?

B: Globa... desculpe, poderia repetir a palavra?

A: Não importa... Já morou no exterior alguma vez?

B: Não senhor.

A: Já viajou a algum país estrangeiro?

B: Não senhor.

A: Fala inglês ou algum outro idioma?

B: Não senhor. É preciso saber algum outro idioma para ser admitido?

A: Pelo menos o inglês porque tanto os manuais quanto os clientes e os fornecedores são, na sua maioria, estrangeiros.

B: Eu posso aprender, se o senhor me der uma oportunidade.

A: Que tipo de programas de computador o senhor conhece?

B: Eu... nunca usei um computador.

A: Então, desculpe-me mas a pessoa que procuramos precisa ter um conhecimento mínimo de computação além do inglês.

B: Mas eu tenho 20 anos de experiência profissional!

A: Desculpe-me e obrigado por ter vindo.

VOCABULÁRIO RELEVANTE

MÃO-DE-OBRA
JORNADA DE TRABALHO
HORÁRIO DE EXPEDIENTE
HORA EXTRA
TURNO
BATER CARTÃO
LICENÇA (NÃO) REMUNERADA
PAGAMENTO/SALÁRIO
DIÁRIA
DESCONTO EM FOLHA
ENCARGOS SOCIAIS
AUMENTO SALARIAL
ABONO SALARIAL

ALGUNS PREFIXOS

PREFIXO	SENTIDO	EXEMPLOS
ante-	anterioridade	anteontem
bem-(ben-), bene-	bondade, simpatia, alto grau	benfeitor, bem-vindo, benevolente
co-(cor-), com-(con-)	companhia, combinação	cooperar, companhia
contra-	oposição	contrapor
pro-	movimento para frente, substituição, em favor de	prosseguir, pronome, propensão
pre-	antes, acima	prefácio, predominar
re-	movimento para trás, repetição	regredir, reescrever
super, sobre, supra-	posição superior, excesso	superpovoado, sobrecarga, supra-sumo
in-(im-), i-(ir-)	negação, privação	incapaz, ilegal
anti-	ação contrária, oposição	antibiótico, antídoto
des-	negação, separação, ação contrária	desligar, desatento, desacordo

ALGUNS SUFIXOS NOMINAIS:

Observem ao lado alguns adjetivos e os substantivos correspondentes. Vamos descobrir os sufixos mais usados para formar adjetivos e substantivos?

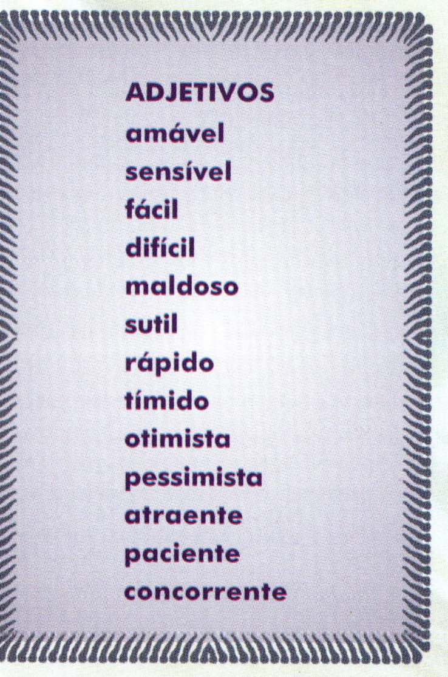

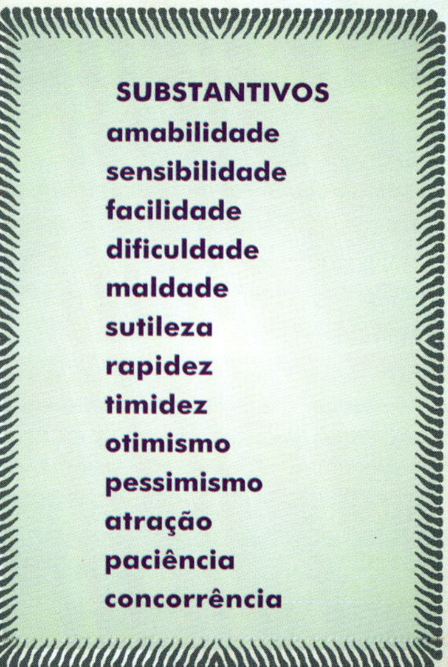

Assim temos:

1. **Alguns sufixos mais comuns para a formação de adjetivos:**
   -vel, -il, -oso, -ivo, -ido, -ente...
2. **Alguns sufixos mais comuns para a formação de substantivos:**
   -dade, -ez, -eza, -ismo, -ção, -ência...

Agora vamos observar os sufixos nestas palavras. Eles também são muito comuns:

alimentício, semanal, aromático, fictício, semestral, romântico, campestre, silvestre...

SUBSTANTIVOS

pensamento, leitura, aprendizagem, sentimento, abertura, selvagem...

Vejamos também os sufixos que indicam ***ocupação***, ***ofício***, ***profissão***, ***agente***:

-ário, -or, -eiro, -ista, -nte

EXEMPLOS: secretário, cantor, cozinheiro, motorista, estudante

Agora vejamos os sufixos que indicam ***lugar onde*** se executa alguma atividade:

-aria, -douro, -tório, -tério

EXEMPLOS: padaria, matadouro, escritório, ministério

UNIDADE 14

Prefixos
Sufixos
Superlativo Absoluto

'É só chamar que eu vou trabalhar'

Dinheiro é a razão para tanto empenho

Aproveitar os feriados prolongados para trabalhar - e bem mais - pode parecer loucura para muitas pessoas.

Mas há quem tire proveito disso. A representante de atendimento Rosana Pessoa dos Santos, 32, é prova incontestável desse comportamento.

No mercado de trabalho há 15 anos, ela diz que, se puder escolher, não emenda nenhum feriado. "Trabalho sempre, de manhã, de tarde ou de noite. É só chamar que eu vou".

A razão para tanto empenho profissional é o dinheiro: "Quando não sou convocada para trabalhar aos domingos e feriados, acabo comprando as horas extras dos colegas."

Apesar de trabalhar mais que o marido, Rosana diz que isso não atrapalha o relacionamento: "Ele é muito legal e já se adaptou ao meu jeito".

Ela afirma que quando tem de ir trabalhar aos domingos e feriados, o café da manhã fica pronto mais cedo. "E, no fim, meu marido acaba me levando ao trabalho", afirma.

Fonte: Jornal Folha de São Paulo - 25/01/98

1 Você é proprietária de uma loja em um grande Shopping Center no Rio Grande do Sul. É dezembro e, como todo ano, você precisa de reforço no seu grupo de vendedores. Imagine-se entrevistando ROSANA. Trabalhe em pares: um de vocês é Rosana e o outro, o proprietário da loja. FAÇAM O DIÁLOGO.

2 Você está desempregado e precisa arrumar dinheiro de qualquer maneira, mesmo que seja um "bico", ou seja, um trabalho temporário. Veja os anúncios ao lado, escolha o que você gostaria de fazer e explique o porquê. Explique também por que não faria os outros trabalhos.

Garçon / Garçonete
Universitários, masculino/feminino, p/ trabalhar em casa noturna. Comp. à Rua Sebastião Pereira da Rocha, 359, Pinheiros, 2ª feira (26/01), a partir das 13h.

Folha de S.Paulo 25/1/98

OP. TELEMARKETING
Masc. Editora. Sal + com. CP 60.009 Cep 05096-970 SP.

O Estado de S.Paulo 25/1/98

Entregadores
Rapazes p/ entrega. (150 vagas). Salário R$ 500,00 + TR + VT. Ligue: 900-0535- R$ 4,49 p/ min.

Folha de S.Paulo 25/1/98

SACOLEIRA
P/ venda de camisas finas, c/ ganhos aproximados de R$ 70,00 diários. Tratar F: 3955-0367 hc. Maria Helena/João

O Estado de S.Paulo 25/1/98

AGENTE
À distância. Média R$ 500,00 sem sair de casa. Inform. Caixa Postal 2023 Cep: 09870-001.

O Estado de S.Paulo 25/1/98

TIPOS DE TRABALHO

BICO
ESTÁGIO
FIXO
MEIO-PERÍODO
PERÍODO INTEGRAL
PLANTÃO
RESIDÊNCIA (MÉDICA)
SUPLÊNCIA
TEMPORÁRIO...

psiu!

3 Discuta com seus colegas:
Quais os prós e contras de trabalhar para uma grande empresa multinacional?

VANTAGENS X DESVANTAGENS

4 Você se considera uma pessoa organizada? Na escala abaixo, onde você se encaixaria?

MUITO organizado (a)

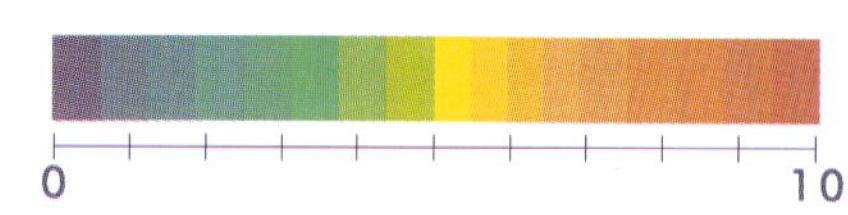

NADA organizado (a)

Com que freqüência você:

1. arruma sua mesa no escritório?
2. limpa suas gavetas?
3. organiza seu arquivo?
4. joga fora papéis antigos?
5. lê, mais de uma vez, o mesmo documento deixado sobre sua mesa?
6. esquece de enviar correspondências?
7. deixa de fazer ligações importantes?
8. marca reuniões de última hora?
9. faz horas extras?
10. esquece de apagar as luzes ao sair da sala?

MARQUE COM UM X

	sempre	normalmente	às vezes	nunca
1.				
2.				
3.				
4.				
5.				
6.				
7.				
8.				
9.				
10.				

Agora use os advérbios e locuções adverbiais do quadro abaixo para falar sobre as questões acima.

pela manhã	**no final da tarde**	**calmamente**
raramente	**demais**	**de vez em quando**
certamente	**nunca**	**às pressas**

CARTÕES

24 HORAS
DE VISITA, DE CRÉDITO (EMPRESARIAL), DE TELEFONE, DE CLIENTE ESPECIAL, DE ACESSO A..., DE TRANSPORTE...

psiu!

5 Você já ouviu falar em *terceirização*? O que você acha que pode ser "*terceirizar serviços*"? Discuta o tema com seus colegas antes de ler o texto abaixo, que fala sobre terceirizar serviços de treinamento de pessoal.

ECONOMIA NA PONTA DO LÁPIS

A terceirização é uma das opções para as empresas quando o assunto é reduzir os custos e aumentar a eficiência dos treinamentos. De acordo com Sérgio Lozinhsky, da Price Waterhouse, a diminuição dos gastos nesse caso se dá em função da economia de escala. "A empresa que contrata serviços de terceiros é apenas um dos muitos clientes que vão permitir ratear as despesas de preparação do curso, o salário dos instrutores e a margem de lucro por um número grande de alunos", diz. Além disso, ao terceirizar esse tipo de serviço, a companhia não precisa mais administrar o processo de treinamento (como a estrutura de pessoal). Há duas formas de terceirizar esses serviços. Uma delas é contratar uma escola ou um centro de treinamento para executar um cronograma de cursos preestabelecidos pelo cliente. A outra é repassar para uma empresa especializada toda a administração dos processos de treinamento da corporação.

Fonte: Revista Informática - nº 131- 02/1997

6 Você foi nomeado presidente de uma grande firma, com um escritório central, diversas filiais e uma grande fábrica com mais de 3.000 funcionários, tendo como instalações internas: portaria, refeitório, banco, ambulatório, etc... Que tipos de serviços você terceirizaria a fim de reduzir os gastos, principalmente com os encargos sociais dos empregados?

7 Leia o artigo publicado na *Gazeta Mercantil* do dia 28 de janeiro de 1998 e preencha os espaços com os verbos dados entre parênteses no tempo correto:

REVISÃO

NAS ASAS DA PAIXÃO

Empresário já produziu mais de 200 mil maquetes

Trabalhar 18 anos no setor de modelagem da Embraer, fábrica de aviões instalada em São José dos Campos, interior de São Paulo, ____________ (dar) a David Leite a experiência de que ______________ (precisar) para ter seu próprio negócio. Hoje ele _______ (ser) dono da Danil Maquetes, especializada em produzir maquetes de aviões.

A maior fabricante de aviões da América Latina ____________ (acabar) tornando-se o cliente mais constante da pequena empresa de David e ______________ (responder) hoje por 15% do seu faturamento. As companhias aéreas TAM, Vasp, Rio-Sul e Passaredo também ________________ (integrar) o rol de empresas para as quais a Danil ________________ (fabricar) miniaturas de aviões. _______________ (executar) também trabalhos como terceirizado de revendedores especializados.

A produção média da empresa ______________ (girar) em torno de 300 peças grandes por mês e de 2.000 miniaturas. "Só nos meses de novembro e dezembro a Rio-Sul ______________ (encomendar) 3.000 miniaturas do ERJ 145 da Embraer, para dar de brinde durante os vôos promocionais da aeronave", ____________ (dizer).

AGÊNCIAS

BANCÁRIA
DE ALUGUEL DE TELEFONES
DE EMPREGO/RECOLOCAÇÃO
DE MODELOS
DE VIAGEM/TURISMO...

psiu!

Continue lendo o artigo e agora preencha os demais espaços com palavras que completem o texto de tal forma que o mesmo faça sentido:

Conta feita _______ ponta do lápis _____________ artesão mostra que a Danil já produziu quase 200 mil _________, em tamanhos __________ variam de 20 centímetros ________ 3 metros _______ comprimento. Leite estima _______, nesse mercado, a empresa já tenha conquistado ______ participação _____ 40%.

Danil dedica-se ainda _________ produção de _______ linha diversificada _____ maquetes para empresas e institutos _______ trabalham __________ tecnologia espacial. _______ os principais produtos estão os satélites do Inpe, o foguete _________ Centro Técnico Aeroespacial (CTA) e uma maquete de _____ antena parabólica, ____ tamanho original, _____ a Brasilsat.

Virgínia Silveira - Jacareí

As palavras do quadro ao lado foram retiradas do texto original. Encontre o lugar certo para elas completando os espaços entre parênteses:

no mercado de trabalho · pela primeira vez · de grande porte · tradicionalmente · com pompa · essencialmente · todos

Mulher ocupa mais vaga em diretoria

Cargos ( ) ocupados por homens estão, ( ), ganhando um perfil feminino em várias empresas e bancos ( ).

A Vale do Rio Doce, em sua nova fase privada, acaba de nomear mulheres para duas diretorias. Elas quebram a hegemonia masculina dos outros 13 diretores.

Na Shell, uma mulher impera sozinha num ambiente ( ) masculino, recrutando, independentemente do sexo, ( ) os novos funcionários da empresa. Mas o fato já mereceu atenção da holding Dutch-Shell, que anunciou medidas para diversificar a composição da sua diretoria no mundo.

O banco Chase Manhattan promete apresentar ( ) a contratação de uma nova diretoria para a cúpula do banco, informa Henrique Szapiro, diretor de Recursos Humanos.

A Christian Dior também escolheu, há dois meses, uma executiva para a retomada do negócio de cosméticos no Brasil.

Dos candidatos selecionados pela Spencer Stuart, empresa especializada em contratações, Corina Galvani ganhou a posição.

A Reader's Digest, da revista "Seleções", é outra empresa que se recompôs no país, tendo à frente uma mulher: Katherine Hilliard.

Esses casos refletem uma mudança que vem se consolidando ( ): a entrada feminina na direção das empresas.

Fonte: Jornal Folha de São Paulo - 25/01/98 - ISABEL CLEMENTE

Agora discuta com seu colega: a colocação das palavras acima implica uma mudança de significado? Quais?

E você? O que você acha do desempenho das mulheres modernas? Você acha que a mulher já atingiu a igualdade no mercado de trabalho? Você acha que as mulheres atuais levam uma vida melhor do que as das décadas passadas?
Se você fosse presidente de uma empresa, contrataria uma mulher para um cargo de diretoria? Por quê?

Agora vamos colocar no papel estas idéias escrevendo uma redação sobre "As mulheres no mercado de trabalho", observando o seguinte: a situação atual (pontos positivos e negativos); opiniões gerais e pessoais; conclusão.

QUALIFICAÇÕES

ISO 9000/9002/14000
PNQ
CNM
PRÊMIO: ECO, FIESP de MÉRITO AMBIENTAL, TOP em ECOLOGIA, MAIORES e MELHORES da REVISTA EXAME...

Veja abaixo algumas expressões que poderão ajudá-lo:

dar opinião geral = **a maioria das pessoas acha que...**
em geral (geralmente)...
o interessante é que...
o curioso é que...

dar opinião pessoal = **pessoalmente acho que...**
para mim...
parece-me que...

colocar idéia contrastante, dúvidas = **mas..., embora..., entretanto..., apesar de..., talvez...**

conclusão = **é por isso que...**
assim, chegamos à conclusão que...
concluindo...

SUPERLATIVO ABSOLUTO

Para qualificar uma coisa ou pessoa você pode fazer uso de um advérbio para indicar o seu grau máximo, ao qual chamamos de superlativo absoluto:

Exemplo: Ele é **muito** tolerante.
Ela é **demasiadamente** exigente.
Elas são **excessivamente** dóceis.

Estes são muitos comuns. Memorize-os!

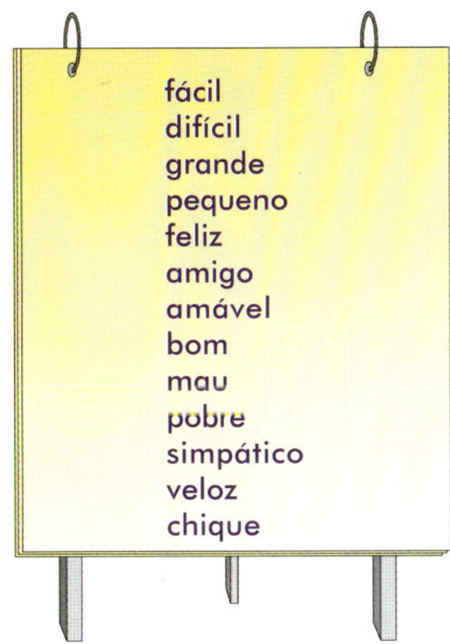

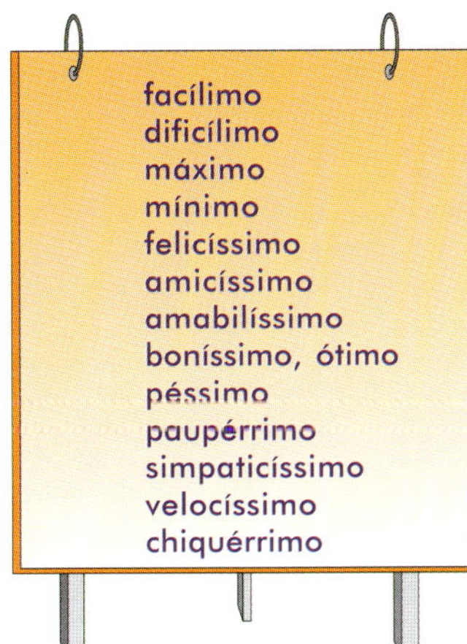

Mas você pode também usar sufixos para exprimir o superlativo absoluto. Geralmente acrescenta-se -íssimo ao adjetivo. (Nos casos dos terminados em -vel, assumem a terminação -bilíssimo, além de muitas formas irregulares existentes).

Passe os adjetivos das frases ao lado para o superlativo absoluto: alguns utilizando advérbios e outros, sufixos.

1. Carla é uma pessoa amável e amiga.
2. Ela é simpática e uma boa pessoa.
3. O carro que comprei é veloz e confortável. Estava barato.
4. O teste ontem foi fácil: tirei nota dez. Estou feliz.
5. Mauro começou um mau negócio. Apareceram muitos problemas difíceis e acabou perdendo todo o seu dinheiro. Antes era rico mas agora é pobre.

Competição: Você é responsável pela divulgação de produtos dos seus clientes. Que tipo de textos você criaria (usando superlativo absoluto) para convencer os consumidores a comprar os produtos abaixo? Vence aquele que a classe achar ter sido o mais convincente.

1. sabão em pó

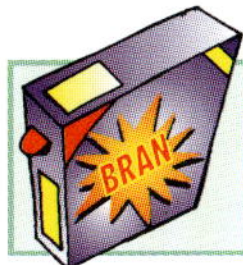

2. batata frita semi-pronta

3. cadeira ergométrica

4. Pense em um brinquedo educativo e crie o texto.

CONHECIMENTOS/ESPECIALIZAÇÕES

INFORMÁTICA { EXCEL, WORD, ACCESS...

TÉCNICOS, MBA, PhD...

11 Como prefixos de ***negação***, ***oposição***, temos o IN-(IM-), I-(IR-), DES-. Vamos tentar discordar das frases abaixo usando palavras que contenham um destes prefixos.

Exemplo: Acho que haverá um aquecimento da economia este mês. - Eu não concordo. Acho que haverá um desaquecimento da economia.

1. Paulo é discreto. - Você acha? Eu o acho...
2. Maria é muito honesta e responsável...
3. Eu acho que Luís é eficiente e obediente...
4. Tome cuidado ao falar com Clélia. Ela é uma pessoa muito sensível...
5. Gosto dela porque (ela) é tolerante...

12 Abaixo temos uma lista de palavras com prefixos.
Separe o prefixo da palavra e escreva o significado dele nessa palavra:

Exemplo: SUPERMERCADO (super) posição superior

1. REFAZER ( ) ____________
2. PRECONCEITO ( ) ____________
3. INFELIZ ( ) ____________
4. PRÉ-AVISO ( ) ____________
5. IRREGULAR ( ) ____________
6. COMPADECER ( ) ____________
7. ANTI-HIGIÊNICO ( ) ____________
8. DESMOTIVAR ( ) ____________
9. ANTEPENÚLTIMO ( ) ____________
10. SOBRENATURAL ( ) ____________

13 Para você enfrentar a competição no mundo do mercado de trabalho você deve escolher bem a profissão. Quais seriam os melhores critérios para a sua escolha? Numere as alternativas abaixo e depois trabalhe com seu colega: ele é seu filho e está para prestar vestibular. Dialogue com ele (que é muito sonhador e tem ainda muitas dúvidas) e aconselhe-o.

( ) descobrir em que você é bom
( ) saber exatamente o que você quer
( ) fazer o que realmente quer
( ) esquecer o dinheiro
( ) pensar na carreira
( ) analisar se o trabalho vai ser duro ou não
( ) verificar se é uma profissão rentável ou não
( ) verificar os riscos da profissão

psiu!

ÁREAS EMERGENTES

BIOGENÉTICA
ENGENHARIA GENÉTICA
MECATRÔNICA
MODA
MULTIMÍDIA
ROBÓTICA
TURISMO...

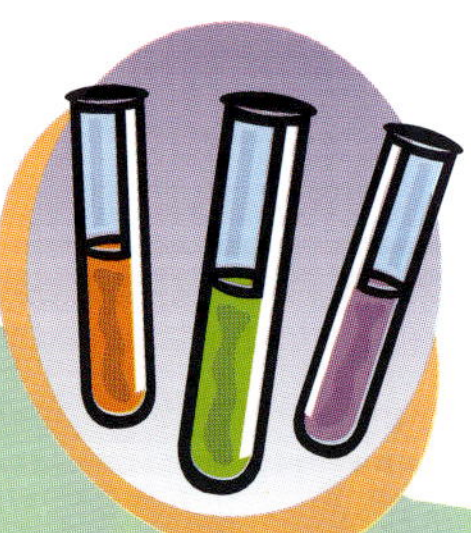

14 O Sr. Monastério acabou de retornar de uma viagem de negócios em Nova Iorque. No escritório, a Sra. Zélia lhe faz algumas perguntas. Ouça a fita e complete os espaços.

Perguntas

1. _____________ _____________ o senhor ficou em Nova Iorque?
2. _____________ foi a viagem?
3. _____________ _____________ o senhor levou para convencê-los?
4. _____________ o senhor demorou tanto para voltar?
5. _____________ vamos abrir mais uma filial?
6. _____________ será a inauguração?
7. _____________ eles acharam do prazo estimado?

Agora você vai fazer o papel da Sra. Zélia. Após ouvir o "bip" faça as perguntas para o Sr. Monastério.

15 Você está discutindo com o gerente a possibilidade de aceitar o trabalho na empresa. Você sabe que você é um dos melhores profissionais na sua área e a empresa está interessadíssima em contratá-lo. Você tem tudo nas mãos para negociar suas condições. Aproveite! Faça frases como: "Só vou aceitar se tiver um carro à minha inteira disposição."

REVISÃO

CURIOSIDADE

Estas expressões latinas tão populares!

A maioria destas expressões tem seu uso consagrado na linguagem jurídica.

A posteriori: do que vem depois; posteriormente, em conseqüência do que foi exposto. Juridicamente: com conhecimento de causa (aplica-se a argumentos, afirmações, conhecimentos que se baseiam na experiência).

A priori: (sem conhecimento de causa) antes, anterior à exposição, que precede; previamente; prova baseada unicamente na razão, sem fundamento na experiência.

Ad hoc: juridicamente: para um determinado ato; para isto, para o caso, eventualmente. Esse termo é utilizado para denominar pessoas que estejam exercendo uma função transitória. Exemplo: secretário ***ad hoc***.

Ad referendum: para ser referendado, dependente de aprovação de outrem.

Alter ego: um outro eu.

Caput: cabeça. Cabeça de artigo que inclui parágrafos, itens ou alíneas.

Data venia: concedida a vênia; com respeito, com sua permissão, com sua licença.

Et alii: e outros.

Et coetera: e o resto, e as demais coisas. Abreviatura: etc.

Et nunc et semper: agora e sempre

Ex officio: por obrigação do cargo, por dever de ofício.

Ex tunc: desde então; com efeito retroativo

Exempli gratia: por exemplo. Abreviatura: e.g.

Grosso modo: aproximadamente, mais ou menos, em linhas gerais.

Honoris causa: por causa da honra, honra por causa do merecimento. Título honorífico concedido a pessoas ilustres.

Ibidem: aí mesmo, no mesmo lugar. Termo utilizado em citações bibliográficas para indicar: na mesma obra, do mesmo autor citado.

16 Faça uma lista de alguns dos problemas atuais que não existiam no século passado. Depois discuta com seus colegas o que poderá acontecer no futuro. Os problemas atuais serão resolvidos? Como? Surgirão novos problemas? Por quê?

Faça frases como: "Se o homem não tiver resolvido o problema do lixo, é muito provável que a poluição se torne o grande problema do futuro" ou "Talvez a máquina tome o lugar do homem no mercado de trabalho"...

UNIÕES DE TRABALHADORES

GRÊMIO
SINDICATO
ORGANIZAÇÃO TRABALHISTA
ONG (ORGANIZAÇÃO NÃO GOVERNAMENTAL)
ASSOCIAÇÃO DE ADVOGADOS/MÉDICOS/DENTISTAS...
CLUBE DE MÉDICOS/MILITARES...

psiu!

Amplie o seu vocabulário

Correspondências (2)

CI - COMUNICAÇÃO INTERNA

DINP - CI-299/98

Guarulhos, 24 de agosto de 1998

ATT: Sra. Yoriko — DCRH

ASSUNTO: Curso Idiomas — Viagem

Tendo em vista viagem para prestação de serviços no Japão por 2 anos, solicitamos a V. Sas. a inscrição em curso de Japonês - viagem para o funcionário André Leonardo P. Eletério - Registro 11930-7 e sua esposa Flávia de Azevedo Calomeni. Centro de custos: 02925.

Atenciosamente,

Mário Júlio M. Nascimento
Gerente Departamento Integração
De Projetos Transmissão

José Carlos Fiochi Junior
Gerente Seção Gerenciamento
de Eventos - Transmissão

TRANSMISSÃO - DEP. DE INTEGRAÇÃO DE PROJETOS DE TRANSMISSÃO
NEC

OCTÁVIO & PEROCCO S/C LTDA.
Fundada em 1928

São Paulo, 27 de Março de 19

DOCUMENTO DE DEPÓSITO DE MARCA

Servimo-nos da presente para encaminhar a V. Sas. o comprovante de depósito de exp
requerida por vossa Empresa junto ao Instituto Nacional da Propriedade Industrial, danc
iniciada a incumbência a nós confiada.
partir da data do depósito, o processo iniciará sua tramitação naquele Instituto, seguidos fa
azos previstos no Código da Propriedade Industrial, até sua conclusão. Manteremos V.
formados sobre tudo o que acontecer relativamente ao andamento do processo.
entanto, para que possamos realizar nosso trabalho com presteza e eficiência, necessitamos
as. nos mantenham informados sobre:
alquer mudança de endereço;
alquer alteração de razão social ou denominação de vossa empresa;
se tratando de marca figurativa ou mista, qualquer modificação em sua forma
tação deverá ser comunicada imediatamente.
do-nos à disposição de V. Sas. para quaisquer outros esclarecimentos sobre o assunto
emo-nos mui

Atenciosamente,

Octávio & Perocco S/C Ltda.

ORRE DE BABEL IDIOMAS E COM...

E MARCA
epósito do pedido de
so nº 820570869

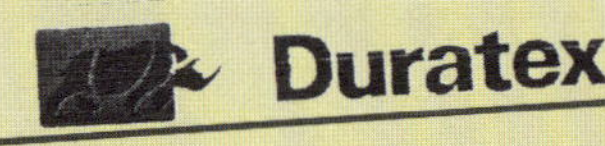

São Paulo, 17 de agosto de 1998

Caro Amigo (a),

É com prazer que recebemos sua solicitação para obter maiores informações sobre os produtos Duratex, em especial o MaDeFibra — O MDF da Duratex.

Em anexo você está recebendo o material promocional solicitado.

Se você tiver alguma dúvida ou quiser fazer algum comentário, ligue para nossa central de atendimento — RINO RESPONDE tel: 0800-557474.

Um abraço,

Renata de A. Leite Braga
Gerência de Marketing

A CULTURA BRASILEIRA no trabalho

VOCABULÁRIO RELEVANTE

TERNO/GRAVATA/TAILLER
PASTA
CARTÃO DE VISITA
DOUTOR/A
MOTORISTA/COPEIRA/BOY (OFFICE-BOY)
HORA MARCADA
PONTUALIDADE
APERTO DE MÃOS
ALMOÇO/JANTAR DE NEGÓCIOS
BRINDE (DIA DA SECRETÁRIA/NATAL)

UMA PALESTRA

Palestrante: Boa tarde, senhoras e senhores. É uma honra para mim ter sido convidada para apresentar um tema tão importante como GLOBALIZAÇÃO para uma audiência de empresários brasileiros. É muito importante perceber a conscientização por parte das nossas empresas da necessidade de nos situarmos mais competitivamente no mercado internacional e é reconfortante percebermos que finalmente o Brasil também é um país digno de confiança para assumir suas novas posições no mercado internacional. Por uma questão de organização, já que temos também outros palestrantes importantes convidados, gostaria de solicitar que possíveis perguntas sejam reservadas para o final da minha palestra.

O tema GLOBALIZAÇÃO é por demais amplo, portanto me foi solicitado concentrar minhas idéias no sub-tema: TREINAMENTOS A SEREM REFORÇADOS NAS EMPRESAS BRASILEIRAS PARA FAZER FRENTE ÀS MUDANÇAS SOLICITADAS PELO MERCADO INTERNACIONAL. Como pode ser visto na minha primeira transparência, falarei um pouco sobre 'Novos Conhecimentos' e 'Mudanças de Atitudes'. O tema 'Novos Conhecimentos' nos remete à segunda transparência onde salientamos a necessidade URGENTÍSSIMA de aprimorarmos nossos conhecimentos de idiomas e de informática. Sugere-se um investimento IMEDIATO no idioma inglês e, no caso específico do Brasil com sua grande e importante participação no Mercosul, no espanhol. É também de relevância o estudo do idioma do país de origem da Empresa assim como o estudo do português pelos funcionários estrangeiros que nos visitam por períodos curtos ou longos. Quanto ao conhecimento de informática, hoje em dia é quase impossível imaginarmos funcionários em cargo de chefia, mesmo que ainda dos escalões mais baixos, que não dominem os programas básicos. No caso de empresas multinacionais, é de relevância também o conhecimento da cultura do país sede da Empresa. A partir deste conhecimento procedemos a MUDANÇA DE ATITUDES nossas para nos adaptarmos à cultura do país e ao mesmo tempo começamos a solicitar a nossos visitantes que entendam melhor nossa cultura e se adaptem a ela.

Falando de uma maneira mais geral, vamos nos concentrar nas mudanças de alguns dos nossos hábitos. Alguns pontos que merecem destaque e dos quais vamos falar, estão ilustrados nesta transparência:

ESTUDO DE...

PALAVRAS USADAS APENAS NO SINGULAR:

a bondade, o ouro, a prata, a brisa, o oxigênio, a fome, a sede, o pó, a gente, a fumaça, a falsidade, a caridade, a fé, a sinceridade...

MUDANÇA DE NÚMERO COM MUDANÇA DE SENTIDO:

bem = felicidade, virtude, benefício	**bens = propriedades, valores**
féria = venda diária	**férias = descanso**
vencimento = fim de prazo	**vencimentos = salário**
costa = litoral	**costas = dorso**
letra = símbolo gráfico	**letras = literatura**

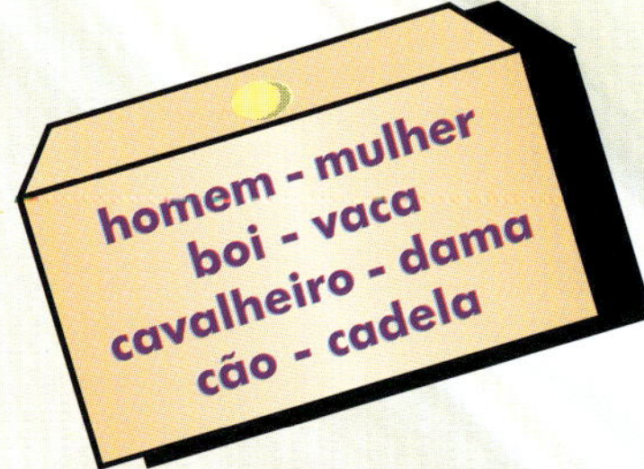

PALAVRAS DIFERENTES PARA MUDANÇA DE GÊNERO:

SUBSTANTIVOS UNIFORMES (1):

o crocodilo macho/o crocodilo fêmea
a mosca macho/a mosca fêmea
a aranha macho/a aranha fêmea

SUBSTANTIVOS UNIFORMES (2):

a criança (homem ou mulher)
o indivíduo (homem ou mulher)
a criatura (homem ou mulher)

SUBSTANTIVOS UNIFORMES (3):

o colega - a colega
o estudante - a estudante
o cliente - a cliente

COLETIVOS:

multidão - conjunto de pessoas em geral
platéia - conjunto de espectadores
orquestra - conjunto de músicos
elenco - conjunto de atores de uma peça
fauna - conjunto de animais de uma região
flora - conjunto de vegetais de uma região

VERBO - PRETÉRITO-MAIS-QUE-PERFEITO (SIMPLES):

Falar - Eu **falara**, Você/Ele/Ela **falara**, Nós **faláramos**, Vocês/Eles/Elas **falaram**
Comer - Eu **comera**, Você/Ele/Ela **comera**, Nós **comêramos**, Vocês/Eles/Elas **comeram**
Partir - Eu **partira,** Você/Ele/Ela **partira**, Nós **partíramos**, Vocês/Eles/Elas **partiram**

Obs.: Na linguagem do dia-a-dia, usa-se muito pouco a forma simples do pretérito mais-que-perfeito. É comum, entretanto, na linguagem formal e literária, bem como em algumas expressões como "Quem me dera!" ou "Quisera eu!". A forma composta do pretérito-mais-que-perfeito, no entanto, é muito usual: Ele já **tinha estudado** a lição quando seus amigos chegaram. **(Ver p.102)**

Flexão do Substantivo
Pretérito-Mais-que-Perfeito

COMPENSAÇÃO É ALTERNATIVA NAS EMPRESAS

Algumas vão trabalhar até aos domingos para não deixar os clientes na mão. Outras preferem liberar seus empregados. Mas a maioria das empresas terá de negociar a folga com os funcionários.

A Di Cunto (alimentação), que funciona de terça-feira a domingo, voltará a abrir, em fevereiro, às segundas-feiras. "Queremos atender melhor os nossos clientes", explica Marco Di Cunto, 50, diretor.

As folgas, que antes eram feitas às segundas-feiras, serão realizadas por meio de revezamento durante a semana. Mas todos terão direito ao que determina a lei - uma folga por mês no domingo.

Segundo Di Cunto, além de voltar a trabalhar às segundas, a empresa não irá emendar nenhum feriado prolongado. Ele garante que os funcionários não reclamam.

"O clima agradável, os salários e os benefícios compensam", diz.

Mas há quem trabalhe de maneira diferente. A Du Pont do Brasil é um bom exemplo disso. Segundo José Roberto Priore, 40, gerente da folha de salários, os funcionários vão trabalhar seis minutos a mais todos os dias para compensar as três pontes negociadas no ano.

"Nós já trabalhamos dessa maneira há muitos anos e a atitude é vista com bons olhos pelos funcionários", afirma o gerente.

Além de permitir a compensação diária para cobrir os feriados prolongados com dias-ponte, a empresa tem como regra liberar os funcionários no Carnaval.

Outra que também privilegia a folga dos funcionários é a empresa Elma Chips. A empresa, que possui cerca de 5.000 funcionários, aderiu ao método da liberalidade.

"Os funcionários do setor administrativo fazem as pontes em todos os feriados. O pessoal de produção e de vendas negocia com as chefias mediante as necessidades, mas podem compensar", explica Roberto Affonso Santos, 46, vice-presidente de RH.

Na opinião dele, não há muita necessidade de ficar agendando compensações programadas."Nós preferimos trabalhar à base de cooperação. Quando a empresa precisa, todo mundo fica contente em colaborar. Doze minutos a mais não fazem diferença."

Os sábados ele também julga um dia pouco apropriado para compensação. "Não há um espírito de trabalho, de produção", diz.

Fonte: Jornal Folha de São Paulo - 25/01/98.

COMO NEGOCIAR

- **Procure o departamento de RH da empresa e informe-se sobre o calendário de folgas;**
- **Se for possível fazer revezamento de grupos para cobrir as folgas, divida a equipe do departamento, determine as datas e turnos e faça uma proposta para a empresa;**
- **Outra opção é realizar a compensação diária. Neste caso, é preciso somar o total de horas a serem incluídas nas folgas, dividir pelos dias trabalhados no ano e acrescentá-las ao período diário;**
- **Caso seu departamento não dependa de serviços externos, como bancos, cartórios e Correios, a compensação também pode ser feita aos sábados.**

Fonte: Jornal Folha de São Paulo - 25/01/98

1 Leia o texto e discuta com seu colega como você negociaria suas folgas. Qual das sugestões anteriores você acha mais aceitável? Você acha que o sistema de compensação é eficaz do ponto de vista da produtividade? Você é a favor de emendar o feriado ("fazer ponte") para ter um "feriadão"?

Releia o mesmo texto e vamos exercitar um pouco a formação das palavras.

I. Encontre no texto 5 funções e 1 local. Depois, sublinhe os sufixos.

FUNÇÃO 1.__________ 2.__________ 3.__________ 4.__________ 5.__________ **LOCAL** 1.__________

II. Encontre 3 substantivos terminados em "-ção"; 2 em "-dade"e 2 em "-mento". Qual seria o radical? É possível formar outras palavras a partir do mesmo radical (por exemplo um adjetivo ou um verbo)?

-ção	-dade	-mento
1.__________	1.__________	1.__________
2.__________	2.__________	2.__________
3.__________		

III. Encontre 1 adjetivo terminado em "-vel"; 1 em "-ivo"; 2 em "-ente";

-vel	-ivo	-ente	
1.__________	1.__________	1.__________	2.__________

TREINAMENTO DE FUNCIONÁRIOS

ADMINISTRATIVO
GERENCIAL
IDIOMAS
LEAN
RELAÇÕES INTERPESSOAIS
TÉCNICO...

2 No seu país o que um trabalhador deve (ou não) fazer no dia-a-dia, dentro de uma empresa? Agora discuta com seu colega/professor: no caso de um trabalhador brasileiro, quais seriam as alternativas adequadas?

	OBRIGATÓRIO	NÃO É OBRIGATÓRIO MAS É MELHOR	NUNCA	OPTATIVO
USAR UNIFORME/CRACHÁ				
MARCAR PONTO				
MARCAR HORA ANTES DE VISITAR UM CLIENTE				
FAZER TROCA DE CARTÃO DE VISITA				
ALMOÇAR (JANTAR) PARA DISCUTIR NEGÓCIOS				
PASSAR FINS DE SEMANA COM OS CLIENTES				
FAZER REUNIÃO ANTES, DURANTE E DEPOIS DE QUALQUER PROJETO OU NEGÓCIO				
DAR SUAS OPINIÕES AOS SUPERIORES				
FAZER HORA-EXTRA				
FAZER COMPENSAÇÃO				
TIRAR FÉRIAS				
"VENDER" (PARTE DAS) FÉRIAS				

SUJEITO INDETERMINADO

Quando não se quer ou não se pode identificar claramente quem ou o que participa do processo verbal. Ocorre com:

a) o verbo na 3ª pessoa do plural, desde que o sujeito não tenha sido mencionado anteriormente.
Exemplo: Perguntaram por você.

b) o verbo na 3ª pessoa do singular + SE. Neste caso, o verbo é intransitivo (não exige complemento) ou transitivo indireto (pede complemento com preposição). O pronome SE funciona como índice de indeterminação do sujeito.
Exemplos: Precisa-se de mentes criativas.
Vivia-se bem naqueles tempos.
Sempre se está sujeito a erros.

3 Reescreva cada uma das orações abaixo seguindo o exemplo:

Exemplo: Trata-se de casos delicados.

1. Alguém falou sobre novos projetos. ____________________
2. Alguém dormia demais naquela casa. ____________________
3. Alguém aspira a um nível digno de vida. ____________________
4. Alguém precisa de uma secretária executiva bilíngüe. ____________________
5. Alguém acredita na vida após a morte. ____________________

4 Complete cada um dos pequenos diálogos abaixo com frases como no exemplo:

Exemplo: Onde você ouviu isso?
Contaram-me na escola.

1. Alguém me telefonou?
____

3. Onde você achou meu livro?
____

2. Quem trouxe esse pacote?
____

4. O que é isto?
____

C.I. (COMUNICAÇÃO INTERNA)
E-MAIL (INTRANET)
FAX
MALOTE
MEMORANDO
TELEFONEMA...

5 **Passando informações.** Trabalhe em pares: se você fosse Sílvia, como você daria a Eliza a notícia de que terá de interromper as férias porque seu chefe precisa dela e exige seu retorno imediato?

Querida Sílvia,

Estamos em Los Angeles há 3 dias. Tem feito muito frio, 3 a 4 graus, às vezes alguns graus abaixo de zero. Nem eu nem o Henrique gostamos de um inverno rigoroso como este, mas quem está aproveitando bastante é o nosso filho Carlinhos, uma vez que ele nunca tinha visto neve antes. Quando pode e onde pode, ele faz bonecos de neve ou provoca a gente para poder começar uma guerra de bolas de neve. Ele está simplesmente adorando!

Antes de chegar a Los Angeles passamos por Miami e Atlanta. Vamos ficar mais 8 dias aqui e depois vamos ao México onde pretendemos passar a nossa última semana de férias. No dia 28 ou 29 estaremos chegando ao Brasil.

Apesar do tempo, estamos nos divertindo bastante. Estas férias estão sendo inesquecíveis. Estou com saudades de vocês mas estaria mentindo se dissesse que tenho saudades do trabalho, embora eu adore trabalhar. Gostaria que estas férias não terminassem nunca. Agora me arrependo de ter "vendido" parte das minhas férias.

Um abraço bem grande da sua amiga

Eliza.

P.S.: Não diga nada ao chefe sobre a última parte da carta, OK?

6 **Use os sufixos estudados para formar novas palavras, fazendo eventuais modificações nos radicais:**

1. carinho→*adjetivo*→ ______
2. livro→*local*→ ______
3. real→*substantivo*→ ______
4. rápido→*substantivo*→ ______
5. amor→*adjetivo*→ ______
6. encerrar→*substantivo*→ ______
7. claro→*substantivo*→ ______
8. escuro→*substantivo*→ ______
9. ouvir→*agente*→ ______
10. treinar→*profissão*→ ______
11. consulta→*local*→ ______
12. abrir→*substantivo*→ ______
13. perigo→*adjetivo*→ ______
14. atrair→*substantivo*→ ______
15. ano→*adjetivo*→ ______
16. criar→*adjetivo*→ ______

7 **O que você diria nas situações abaixo? Pratique com seu colega.**

1. **Você está em uma reunião.** *Você quer:*
   a) interromper quando alguém está falando.
   b) sair da sala para fazer uma ligação urgente.
   c) fumar, mas ninguém está fumando no momento.

2. **Você está no escritório de um colega.** *Você quer:*
   a) usar o telefone.
   b) fumar.
   c) pedir o jornal emprestado.

Pratique, agora, as respostas:

Fique à vontade.
Sim, é claro.
Por favor.

Desculpe, mas...
Sinto muito, mas...

MEIOS DE COMUNICAÇÃO EXTERNOS

CARTAS
E-MAIL (INTERNET)
FAX
MOTOQUEIROS
SERVIÇOS DE ENTREGA RÁPIDA
TELEFONEMAS (CONFERENCE CALLS)...

Leia o seguinte diálogo vendo as anotações dos RECADOS:

REVISÃO

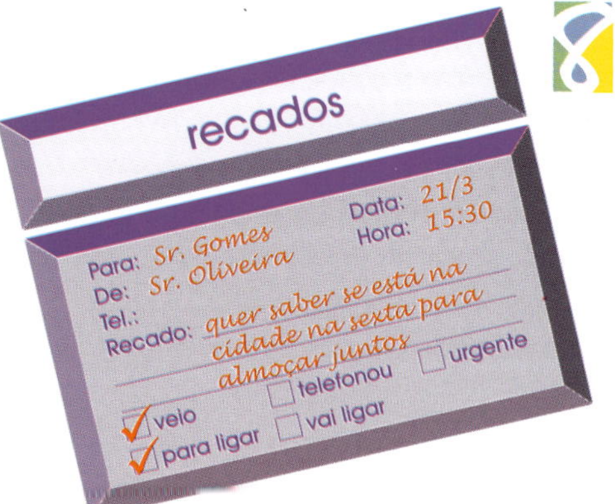

A: Bom dia, Karen!

B: Bom dia Sr. Gomes! Fez boa viagem?

A: Sim, obrigado. Algum recado *pra* mim?

B: Ah, sim! O Sr. Oliveira veio procurá-lo e queria saber se o senhor estaria livre na sexta para almoçar juntos. Pediu para que o senhor retornasse a ligação assim que voltasse.

A: Sexta? Veja na minha agenda se tenho algum compromisso na sexta.

B: O senhor só tem uma reunião à tarde, a partir das 14 horas.

A: Então está bem. Ligue-me com ele depois. Algum outro recado?

B: Sim. O Sr. Ricardo telefonou e disse que não poderá vir amanhã à reunião.

A: Disse o porquê?

B: Ele disse que tinha sido marcada uma viagem de última hora e só voltará na próxima semana. Disse para pedir-lhe desculpas. Vai ligar quando estiver de volta.

A: É só?

B: Alexandre da Contabilidade telefonou e pediu licença para faltar uma semana a partir de amanhã.

A: Aconteceu alguma coisa?

B: Pelo que ele me disse, sua esposa deu à luz um bebê prematuro e tanto a mãe quanto o bebê terão de ficar internados durante uma semana.

A: Espero que os dois estejam bem.

B: Ah, sim. Ele disse que não há risco de vida.

A: Então, por favor, tire uma hora a mais de almoço hoje e compre algum presente para o bebê e entregue a Alexandre por mim. Diga-lhe que ele pode tirar uma semana de licença-paternidade.

B: Sim, senhor.

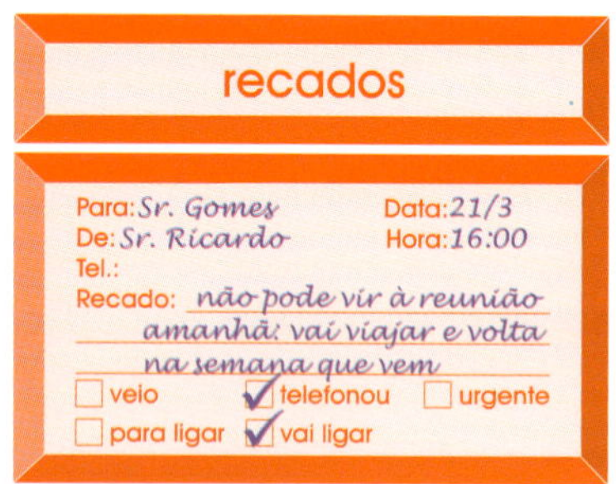

Vamos agora ouvir 3 pessoas passando recados: preencha as anotações abaixo e discuta com o colega.

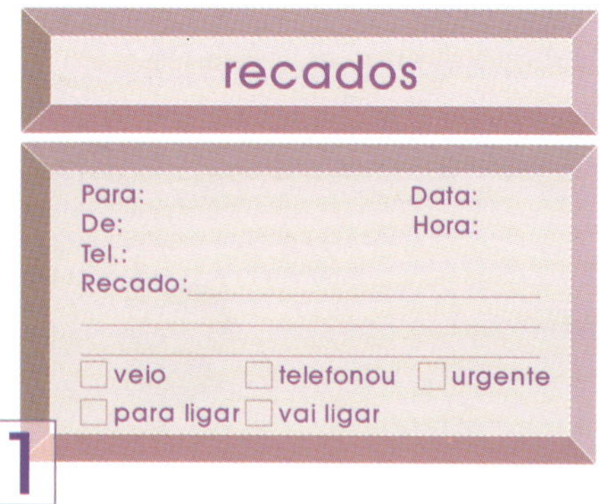

Agora, trabalhe em pares: um é o secretário e o outro, o chefe. O secretário deverá passar os recados ao chefe seguindo as anotações. Pratique o DISCURSO INDIRETO, usando expressões como: *Ele disse que...; Pelo que ele disse...; Ele pediu para (que)...*

psiu!

AVISOS DENTRO DA EMPRESA

PROIBIDO { CORRER / FUMAR / JOGAR LIXO...

PERIGO: ALTA TENSÃO...
ÁREA RESTRITA

CUIDADO COM { O FOGO / ACIDENTES DE TRABALHO...

9 Prepare-se para falar sobre a empresa onde você trabalha. Primeiramente, faça algumas anotações. Não escreva frases, use somente palavras-chave que o ajudarão na apresentação.

MINHA EMPRESA	ANOTAÇÕES
Produtos e serviços	
Principais clientes	
Localização (fábrica, matriz, filiais)	
Número de funcionários	
Atividade principal	
Projetos atuais	
Outras informações	

Estas frases vão ajudá-lo a preparar sua apresentação:

INTRODUÇÃO	*Gostaria de falar sobre...*
ORDENANDO AS INFORMAÇÕES	*Primeiramente...* *Agora, vamos passar ao tópico seguinte...*
CHECANDO O ENTENDIMENTO	*Alguma pergunta?* *Alguma dúvida?*
FINALIZANDO	*E para concluir, gostaria de dizer que...* *E só para finalizar, quero dizer que...*

• Conceitos como carreira, estabilidade, promoção por tempo de serviço, estão desaparecendo. As empresas valorizam mais quem não se acomoda num único emprego, mas procura aprimoramento contínuo. Hoje se recomenda que a pessoa não fique mais de cinco anos no mesmo emprego.

• É preciso ter conhecimento especializado em pelo menos uma área, além de conhecimento básico das outras áreas da empresa. Quem conhece um pouquinho de cada coisa, mas nada em profundidade, está perdendo importância.

• O técnico também precisa mudar. É bom que ele tenha noções de vendas, administração, mercado. Marca ponto se consegue abrir uma oportunidade de negócio para a companhia.

• É necessário antecipar as mudanças e preparar-se para elas. Um bom conselho é fugir dos setores que não dão lucro, ou estão em decadência, ou a caminho da terceirização.

• Informação geral é preciosa, mesmo para um técnico. A leitura precisa acrescentar alguma coisa às necessidades do trabalho, ainda que seja um vocabulário melhor.

• O profissional deve melhorar seus conhecimentos por conta própria. A iniciativa é bem vista pelas empresas. Cada vez menos elas promovem cursos de reciclagem ou pagam aula de inglês.

• Um engenheiro pode transformar-se num bom vendedor, uma economista pode ganhar um salário maior como secretária. Nenhuma habilidade deve ser desprezada, preconceitos podem atrapalhar o trabalhador.

• Boas oportunidades de trabalho não existem só em cidades grandes. No interior do país há carência de profissionais.

• O conhecimento de inglês está sendo cada vez mais exigido. Cerca de 90% do material técnico à disposição dos profissionais é em inglês. Conhecimento de informática é essencial.

Fonte: Revista VEJA - 11/02/98

De acordo com o texto e sua própria experiência, discuta as seguintes questões:

1. Qual deve ser o perfil de um empregado que almeja ser bem sucedido?
2. O que está mudando nas relações entre empregador e empregado?

DIA-A-DIA DO TRABALHADOR

OBEDECER AO HORÁRIO DE ENTRADA E SAÍDA
BATER O CARTÃO
USAR O UNIFORME/CRACHÁ...
CONTATO COM OS CLIENTES (TRABALHO EXTERNO)
PROJETOS/RELATÓRIOS/PROPOSTAS
PARTICIPAR DE REUNIÕES...

psiu!

10 Organizando Conferências, Palestras, Recepções, Reuniões:

REVISÃO

Ouça a conversa de 3 pessoas falando ao telefone com a recepcionista de um hotel. Eles são os encarregados pela organização de eventos para suas respectivas empresas. Preencha os itens abaixo com as informações da fita e, vendo o desenho da planta do hotel, escreva que sala, na sua opinião, teria sido reservada para cada um dos 3 eventos.

elevadores 1 2 — sala 1 — sala 2 — sala 3 — sala 4 — sala 5

	EVENTO	EXIGÊNCIAS	SALA RESERVADA
1			
2			
3			

Você já organizou algum evento na sua vida?
Se sim, que tipo de evento? O que você achou?
Qual a maior dificuldade encontrada?
Por quem lhe foi atribuída essa tarefa?
Se não, você gostaria que lhe fosse atribuída essa tarefa?
Na sua opinião, quais os itens imprescindíveis para uma boa organização de eventos?
Qualquer pessoa pode ser uma boa organizadora de eventos?

11 Nas frases abaixo o a é (1) preposição, (2) artigo definido ou (3) pronome?

Não esqueça!:
a preposição é invariável, o artigo e o pronome se flexionam de acordo com o termo a que se referem!

REVISÃO

1. A menina foi **à** cidade encontrar-se com **a** professora. De longe **a** avistou e acenou-lhe com **as** duas mãos. Mas parece que ela não **a** viu.
2. O que você prefere fazer hoje: ir **a** um cinema, assistir **a** um jogo de tênis, brincar com **as** crianças ou ficar em casa assistindo **a** algum filme pela televisão?
3. Eu **a** vi e fiquei horrorizada: **a** cabeça, **a** boca, o nariz, e **a** orelha cobertos de sangue; **a** saia, **a** blusa e os sapatos sujos de lama; **a** bolsa rasgada...
4. A moça merece um castigo severo: nunca obedece **a** seus superiores, responde mal **a** todos, nunca pensa em agradar **aos** outros. E, ainda assim, aspira **a** um cargo de importância!...

psiu!

ECOLOGIA DENTRO DA EMPRESA

RECICLAGEM { PAPEL, PLÁSTICO, LATAS DE ALUMÍNIO...

PROTEÇÃO { À NATUREZA, AO MEIO AMBIENTE

REUTILIZAÇÃO DE...
TRATAMENTO DE EFLUENTES
SEMANA DO MEIO AMBIENTE

12 Ouça a fita e escreva as palavras que você conseguir distinguir, relacionadas à aviação.

Ouça novamente a fita e responda às seguintes perguntas, trabalhando em pares:

1. A que tipo de autônomos se refere o texto?
2. Qual o papel de cada um dos membros da família?
3. Quais são as barbaridades cometidas por cada um deles?
4. Qual é o significado das palavras ou expressões abaixo?
   a) colocá-lo na praça
   b) avião próprio
   c) metade da féria
   d) estamos fritos
5. Você acha que, no futuro, o transporte aéreo (ou qualquer outro serviço) poderá ser explorado por autônomos ou microempresários?

Agora leia o texto e verifique se as respostas estão corretas ou não.

AUTÔNOMOS

As grandes companhias de aviação vão mal das pernas, ou, no caso, das asas. Ao mesmo tempo, todos os candidatos à presidência falam em favorecer a microempresa no Brasil, e o neoliberalismo prega a competição desenfreada como saída. Devemos começar a pensar na possibilidade de permitir a exploração do transporte aéreo por autônomos, pequenos empresários que receberiam incentivos oficiais para comprar seu próprio avião e colocá-lo, por assim dizer, na praça. Um avião de passageiros requer um número relativamente pequeno de pessoas para fazê-lo funcionar e no começo o proprietário poderia empregar seus próprios parentes como tripulantes. Não deve ser muito difícil pilotar um jato, ainda mais com a mulher ao lado, de co-piloto.

— Estabilômetro de moção inercial.

— Estabilômetro de moção inercial, ligado.

— Retropimba de windsor.

— Retropimba de windsor, ligado.

— Isopor com o iogurte e as frutas.

— Isopor com as... O quê?!

— Esqueci o isopor para a viagem em casa. Segura a decolagem que eu vou buscar.

Uma vez no ar, não haveria maiores problemas, apesar dos comentários da mulher.

— Quero ver aterrissar.

— É só fazer tudo que eu fiz para decolar, ao contrário. Se eu conseguir me lembrar do que fiz.

— Um avião... Só você mesmo. Podia ter comprado uma mercearia. Se ainda fosse avião próprio, mas é o Boeing do meu irmão.

— Ele fica com metade da féria e... O que é isso?

— O queeeeê?

— Na nossa frente?

— É OUTRO AVIÃO! VOCÊ ESTÁ NA CONTRAMÃO!

Entra na cabine a filha, que é a aeromoça.

— Papai, os passageiros estão pedindo comida.

— Pois então sirva a comida.

— Mas a vovó ainda está fazendo.

— Eu sabia. Eu disse para a sua mãe, feijoada não...

Entra a sogra, coberta de feijão.

— Quem é o maluco que está dirigindo este avião?

— Eu disse que era para trazer a comida pronta de casa.

— Era só o que faltava. Você já não me deixou trazer paio e lingüicinha, ainda queria feijão congelado?!

Entra o filho de dez anos, engenheiro de vôo e comissário de bordo.

— Pai, precisa pressurizar a cabine. Tem gente ficando azul.

— Pressurização, pressurização... Será isso aqui? Não, isso é o isqueiro. Acho que é aqui.

Ele pressiona um botão e o avião imediatamente vira de cabeça para baixo.

— Desvira! Desvira!

— Filho, vai ver como estão os passageiros.

O filho vai e volta dizendo que os passageiros estão flutuando dentro da cabine.

— Flutuando? Vocês não disseram que era para apertar os cintos de segurança?

— Os cintos de segurança desapareceram, pai.

— Como, desapareceram?

— Fui eu que peguei — diz a sogra.

— E as máscaras de oxigênio também.

— O QUÊ?!

— Alguma coisa tinha que dar gosto no feijão!

— E agora? Se algum passageiro morrer antes da chegada, estamos fritos.

— Não vai me dizer que você não cobrou adiantado.

— Você não lembra do nosso slogan "Você só paga se o avião chegar ao destino"?

— Eu não acredito...

— É um mercado competitivo!

Fonte: Revista BUSINESS - 01/98
Luís Fernando Veríssimo

SERVIÇOS BANCÁRIOS (COBRADOS)

CARTÃO (VALOR ANUAL)
CHEQUE ADMINISTRATIVO/AVULSO/DEVOLVIDO
DOC
EMISSÃO DE CARTÃO
MANUTENÇÃO DE CONTA
1º TALÃO
SAQUE 24 HORAS
2º EXTRATO SEMANAL...

Amplie seu vocabulário

Documentos Diversos (1)

BRADESCO PREVIDÊNCIA

CONTRATO DE PREVIDÊNCIA PRIVADA PARA EMPRESAS

(REAJUSTE MENSAL)

BRADESCO PREVIDÊNCIA E SEGUROS S.A., detentora da Carta Patente nº 54, expedida pela Superintendência de Seguros Privados em 19 de março de 1981, CGC nº 00.000.000/0000-00 com sede na Cidade de Deus-Osasco-Estado de São Paulo, a seguir denominada - COMPANHIA - e Torre de Babel Idiomas e Com. Ltda., CGC nº 00.000.000/0000-00 com sede na Cidade de São Paulo, a seguir denominada EMPRESA, tem justo e acordado o presente - CONTRATO PREVIDENCIÁRIO que será regido pelas condições abaixo:

Art. 1º - A COMPANHIA implantará a partir de 1 / 11 / 96 um Plano de Previdência Privada na EMPRESA para seus Empregados e Dirigentes, que será regido pelo Regulamento do Plano que é do conhecimento dos contratantes.

Art. 2º - Serão inscritos no Plano todos os Empregados e Dirigentes da EMPRESA que assinarem a - Proposta de Inscrição - onde constam elementos indispensáveis à sua identificação, os benefícios que pretendem subscrever, seus valores e respectivas contribuições e serão chamados de Participantes.

§ Único - Após a aceitação da Proposta, a COMPANHIA emitirá para cada Partipante o - Certificado de Participante - documento que confere ao seu titular todos os direitos e obrigações previstos no Regulamento.

Art. 3º - Os valores das contribuições e dos benefícios constantes em cada uma das Propostas de Inscrição serão reajustadas mensalmente, com base no índice estabelecido para remuneração básica da Caderneta de Poupança (TR) do 1º dia do mês.

§ Único - Este reajuste poderá ser feito pela adoção de qualquer outro índice que eventualmente venha a ser estabelecido pela autoridade competente em substituição ao índice de Remuneração básica da Caderneta de Poupança (TR).

Art. 4º - A COMPANHIA compromete-se a:

a) Incluir no Plano somente os Empregados e/ou Dirigentes com cujas Propostas de Inscrição a EMPRESA esteja de acordo.

b) Apresentar, com a antecedência que se fizer necessária, os valores reajustados dos benefícios e contribuições ao Plano, de cada um dos Empregados e Dirigentes nele incluídos.

c) Elaborar, mensalmente, fatura relacionando os participantes e as respectivas contribuições a serem pagas, a qual será enviada à EMPRESA.

d) Atender as reclamações da EMPRESA por inexatidão comprovada da fatura, ficando no entanto acordado que as correspondentes correções somente serão consideradas na fatura do mês seguinte.

e) Pagar pontualmente os benefícios na forma e nos prazos estabelecidos pela legislação vigente.

Art. 5º - A EMPRESA compromete-se a:

a) Participar na contribuição de cada um dos seus Dirigentes ou Empregados admitidos no Plano nas condições definidas em relação a cada um deles, especificadas na respectiva Proposta de Inscrição.

b) Comunicar à COMPANHIA os Participantes que, mensalmente, deixarem de pertencer aos seus quadros.

c) Encaminhar à COMPANHIA as Propostas de Inscrição de Dirigentes e Empregados que vierem a ser abrangidos por este Contrato.

d) Autorizar a COMPANHIA a entrar em contato com os Dirigentes e Empregados para promoção do Plano.

e) Manter a COMPANHIA informada sobr[e] quem será seu Representante, qualificando-o dando conhecimento da sua assinatura, o qu[e] terá plenos poderes para incluir novos Par[ti]cipantes e autorizar a concessão de condiç[ões] especiais a específicos Empregados e Dirig[en]tes da EMPRESA.

f) Quitar as faturas correspondentes às co[ntri]buições devidas ao Plano, sendo a 1ª à vist[a e as] subseqüentes até o dia 25 do mês de comp[etên]cia, mediante débito em conta corren[te] mantida em agência do Banco Brades[co] expressamente indicada, ou cobrança ba[ncária]

MOD. 13.00.55-5

1ª VIA - BRADESCO PREVIDÊNCIA E SEGUROS SA
2ª VIA - EMPRESA

Endereço: **SAN, q. 03, lt 'A', ed. Núcleo dos Transportes - Mezanino Sul, Asa Norte, Brasília - DF**
Entrega de Proposta: **1/9/1998 às 16:30 Hs**

MINISTÉRIO DA INDÚSTRIA, DO COMÉRCIO E DO TURISMO
Secretaria Executiva

Tomada de preço Nº 8/98
Objeto: **Contratação de pessoa jurídica ou física para prestação de serviços de tradução e versão de textos, abrangendo os idiomas: inglês, espanhol, português, italiano e francês. Para retirada do edital a interessada terá de apresentar guia de recolhimento original no valor de R$ 8,00 (oito reais), a ser creditado na conta nº 00.000.000-0, Banco do Brasil, agência 0000-0, CGSG/MICT.**
Edital a partir de: **14/8/1998 das 9:00 às 11:30 Hs e das 14:30 às 17:00 Hs**
Endereço: **Ministério da Indústria, do Comércio e do Turismo, Sl. 312, retirada do edital, Brasília - DF**
Entrega da Proposta: **2/9/1998 às 10:00 Hs**

MINISTÉRIO DA INDÚSTRIA, DO COMÉRCIO E DO TURISMO
Secretaria Executiva

Tomada de preço Nº 10/98
Objeto: **Item 1: Contratação de empresa especializada em serviços de limpeza, conservação, asseio para as instalações da Secretaria de Comércio Exterior SECEX/MICT, localizada na Praça Pio X, nº 54, Rio de Janeiro - RJ. Item 2) Contratação de empresa especializada em serviços de condução de elevadores, recepção e carregadores, para as instalações da Secretaria de Comércio Exterior - SECEX/MICT, localizada na Praça Pio X, nº 54, Rio de Janeiro - RJ. Para retirada do edital a interessada terá de apresentar guia de recolhimento original no valor de R$ 14,00 (quatorze reais) a ser creditada na conta 00.000.000-0, Banco do Brasil, agência 0000-0, CGSG/MICT.**
Edital a partir de: **11/8/1998 das 09:00 às 11:30 Hs e das 14:30 às 17:30 Hs**
Endereço: **Ministério da Indústria, do Comércio e do Turismo, Sl. retirada do edital, Brasília - DF**
Entrega da Proposta: **26/8/1998 às 10:00 Hs**

São Paulo, 22 de julho de 1995

RECIBO

Recebemos de *Torre de Babel Idiomas*, conj. 125, a quantia supra de R$ 20,00 (vinte reais) referente ao pagamento da Arte Final da Programação Visual da placa do painel da recepção do Centro Empresarial Santa Júlia.

DEP. Desenho Ind. e Progr. Visual

TRABALHO, TRABALHO, *trabalho...*

APRENDA

Entrevista com BEATRIZ - Uruguai

? -Com quem e quando você veio ao Brasil?
R -Com meu marido, em 1988, porque ele já tinha um emprego aqui.
? -Qual era a sua expectativa quanto à vida no Brasil?
R -Vim ao Brasil com a idéia de trabalhar, formar uma família e estudar também.
? -Qual foi o seu maior choque ao chegar ao Brasil?
R -Não conseguia entender o português de algumas pessoas e ficava assustada com o número de pessoas nas ruas. Ficava completamente atordoada.
? -Como é a sua vida, atualmente?
R -Tenho um trabalho estável, uma filha de 8 anos, nascida aqui. Já me acostumei à correria de São Paulo mas às vezes fico com saudades da minha terra.
? -Compare o Brasil com o Uruguai.
R -Considero o Brasil como a terra do trabalho e do futuro mas o Uruguai é a terra dos sentimentos, do descanso. Por isso gostaria de passar a minha velhice lá.

Entrevista com PETER - Estados Unidos

? - Com quem e quando você veio ao Brasil?
R - Sozinho, em fevereiro de 1998.
? - Qual era a sua expectativa quanto à vida no Brasil?
R - A minha expectativa era a de ensinar inglês, estudar português e poder fazer muitos amigos.
? - Qual foi o seu maior choque ao chegar ao Brasil?
R - A grandeza de São Paulo e as filas que têm em todos os lugares.
? - Como é a sua vida, atualmente?
R - Estou trabalhando muito, estou curtindo a vida noturna de São Paulo. Estou aproveitando para conhecer vários lugares. Gostei muito de Belo Horizonte, que é muito limpo e calmo e de Ouro Preto onde fui no último feriado de Corpus Christi.
? - Compare o Brasil com os Estados Unidos.
R - Os paulistanos trabalham muito mais do que os americanos em geral. O povo brasileiro é muito aberto e amigável, ligado à família. O americano é mais independente. Gostaria de voltar e poder morar em outras cidades, por exemplo, no nordeste que ainda não tive oportunidade de visitar.

Entrevista com PRINIVEN - África do Sul

Walter - Peru

Dolores - Espanha

? -Com quem e quando você veio ao Brasil?
R -Sozinho em janeiro de 1998.
? -Qual era a sua expectativa quanto à vida no Brasil?
R -Levar uma vida com maior liberdade e que fosse um pouco menos perigosa.
? -Qual foi o seu maior choque ao chegar ao Brasil?
R -Fiquei assustado com o modo com que os motoristas de ônibus dirigem.
? -Como é a sua vida, atualmente?
R -Estou satisfeito com a minha vida porque tenho uma namorada brasileira e saio sempre com meus amigos. São Paulo tem uma vida noturna muito interessante. Os paulistanos têm uma atividade cultural bastante variada.
? -Compare o Brasil com a África do Sul.
R -Temos os mesmos problemas sociais como drogas, violência, miséria, mas a economia brasileira está mais estável. Acho que você pode estar otimista quanto ao futuro do Brasil, o que não acontece com a África do Sul. O interessante também é que no Brasil cada cidade tem uma característica distinta.

ALGUNS PROBLEMAS DA LÍNGUA CULTA

QUE e QUÊ

Que você pretende?
Afinal, você veio fazer o quê?

POR QUE, POR QUÊ, PORQUE, PORQUÊ

Por que você acha?
Ainda não terminou? Por quê?
O túnel por que deveríamos passar desabou ontem.
A situação agravou-se porque muita gente se omitiu.
Dê-me ao menos um porquê para sua atitude.

ONDE e AONDE

Aonde você vai?
Onde você está?

MAS e MAIS

Tentou, mas não conseguiu.
É um dos países mais miseráveis do planeta.

MAL e MAU

A seleção brasileira jogou mal, mas conseguiu vencer a partida.
O mau é que não se toma nenhuma atitude definitiva.

A PAR e AO PAR

Mantenha-se a par de tudo o que acontecer.
As moedas fortes mantêm o câmbio praticamente ao par.

AO ENCONTRO DE e DE ENCONTRO A

Quando a viu, foi rapidamente ao seu encontro e a abraçou afetuosamente.

O caminhão foi de encontro ao muro, derrubando-o.

ACERCA DE e HÁ CERCA DE

Haverá uma palestra acerca das conseqüências das queimadas sobre a temperatura ambiente.

Os primeiros colonizadores surgiram há cerca de quinhentos anos.

AFIM e A FIM

São espíritos afins.
Tentou mostrar-se capaz de inúmeras tarefas a fim de nos enganar.

DEMAIS e DE MAIS

Aborreceram-nos demais!
Não vejo nada de mais em sua atitude.

SENÃO e SE NÃO

Não fazia coisa alguma senão criticar.
Se não houver seriedade, o país não sairá da situação melancólica em que se encontra.

NA MEDIDA EM QUE e À MEDIDA QUE

O fornecimento de combustível foi interrompido na medida em que os pagamentos não vinham sendo efetuados.

A ansiedade aumentava à medida que o prazo fixado ia chegando ao fim.

FONTE: *CURSO DE GRAMÁTICA APLICADA AOS TEXTOS* - ULISSES INFANTE

Forma e grafia de algumas palavras e expressões

APRESENTANDO SUA EMPRESA

Franquia de refeições rápidas

Há 14 anos no mercado, a Atta Alimentação, especializada em refeições coletivas, decidiu expandir por meio do sistema de franchising. De acordo com a sócia-diretora da empresa, Telma Anunciato, o objetivo é crescer sem perder a identidade.

O franqueado terá de montar uma cozinha para o fornecimento de refeições. O investimento inicial varia de R$ 20 mil a R$ 50 mil. O faturamento anual previsto é a partir de US$ 700 mil.

Campanha ajuda a elevar vendas

A rede de óticas e de revelação fotográfica Iguatemy Jetcolor está comemorando o resultado da mais recente campanha publicitária feita pela empresa — um investimento de R$ 800 mil.

O número de ampliações nas lojas da rede cresceu 17% em dezembro, em comparação ao mesmo período do ano anterior. A empresa prevê para 1998 um faturamento de R$ 106 milhões.

Rede divulga investimentos

O mercado de faça-você-mesmo ainda é recente no Brasil, mas os empresários que atuam no setor estão atentos à necessidade de investimento.

É o caso da rede Peg & Faça, franquia que, no ano passado, investiu R$ 250 mil em automação comercial e R$ 450 mil em marketing.

Para este ano está previsto um investimento de R$ 1 milhão em marketing, ampliação da linha de marca própria e inauguração de três unidades. Estima-se que o faturamento para 1998 é de R$ 28 milhões.

Fonte: Jornal *O Estado de São Paulo* - 24/02/1998)

1

Leia as apresentações acima de três empresas em expansão e preencha o quadro abaixo:

Empresa	Atta Alimentos	Iguatemy Jetcolor	Peg & Faça
Área de Atuação			
Estratégia de Mercado			
Previsão de Faturamento Anual			
Objetivo, Planos Futuros			

2

Lendo as apresentações das três empresas, que adjetivos você usaria para qualificar cada uma delas? Discuta com seus colegas. Veja a relação de adjetivos para ajudá-lo nesta tarefa:

organizada	renomada
inteligente	frágil
eficaz	semelhante
vulnerável	expressiva
(in) aceitável	maior
competente	competitiva
convicta	criativa
notável	visível
inescrupulosa	esperado
inconfundível	ousada
qualificada	séria
(in) constante	capaz
jovem	real
exemplar	exclusivo
melhor	livre

Não se esqueça que os adjetivos são VARIÁVEIS!

PRIVATIZAÇÃO

EDITAL
PROPOSTA (TÉCNICA, COMERCIAL...)
CONCORRÊNCIA
LEILÃO/LANCE
CONCESSÃO
CONCESSIONÁRIA...

psiu!

Vejamos agora uma breve apresentação da empresa "Microsoft", conhecida internacionalmente:

A Microsoft, a maior empresa de programas de computador do mundo, foi fundada por Bill Gates e Paul Allen em 1977. O que fez a fortuna da Microsoft é o software, o produto intelectual que está gravado em disco, seja ele disquete ou CD-ROM. Tem um faturamento médio anual de 6 bilhões de dólares em vendas e com um programa de sua marca instalado em nove de cada dez computadores do planeta. Para tanto dinheiro, ele emprega pouca gente. São pouco mais de 17.000 pessoas espalhadas por 49 países. Os funcionários que trabalham na sede da Microsoft em Redmond, podem vestir-se (e vestem-se) de bermuda, têm cabelos compridos e praticam esportes nas quadras da empresa. Não há horários fixos de trabalho, com exceção do departamento de atendimento ao usuário.

Gates quer tomar conta do comércio na rede Internet e ter presença ativa no mundo das telecomunicações por satélite. Está investindo em engenharia genética e em novas tecnologias bancárias. Quer ser o rei dos efeitos especiais no cinema e liderar a televisão interativa.

Fonte: Revista VEJA, nº 28 - 12/07/1995

3 Como você descreveria a empresa "Microsoft"? Utilize alguns dos adjetivos vistos anteriormente para caracterizá-la. O que você acha de Bill Gates, um dos homens mais ricos do mundo? Você o admira? Você sente inveja dele? Qualifique-o com os adjetivos aprendidos.

4 Prepare a apresentação de uma empresa renomada, à sua escolha, de preferência uma empresa conhecida mundialmente, seguindo os itens mencionados no anúncio acima, ou seja: área de atuação, estratégia de mercado ou investimentos feitos, faturamento anual, objetivos, planos futuros. Dê também dados básicos como: fundação da empresa, sócios, funcionários, características... Escreva ao lado um resumo, para ajudá-lo na apresentação.

5 Faça as combinações da PREPOSIÇÃO + ARTIGO e insira-as no texto abaixo:

EM+O (3x) DE+UM A+O EM+A DE+OS EM+UMA

A 1ª ENTRE AS NOVAS SORVETERIAS

A pioneira entre as novas sorveterias italianas, todas instaladas em regiões nobres e com decoração bem cuidada, é a Sottozero. Aberta em janeiro de 1995, já tem quatro franquias. A responsável pela produção é a colombiana Martha Ruiz, que rumou para Bolonha _______ final ______ anos 80 com o objetivo de ganhar uma bolsa de pós-graduação em pedagogia. Começou a trabalhar _____ sorveteria para faturar uns trocados, apaixonou-se pela coisa e largou a carreira acadêmica. Oito anos depois, associada ________ italiano Giovanni Santucci, abriu a loja da Rua Augusta. Eles estavam _____ lugar certo _____ hora certa. As leis de importação haviam mudado pouco antes, permitindo que as máquinas necessárias para produzir esse sorvete especial entrassem _____ país. O novo negócio criou a necessidade _______ tipo diferente de profissional.

Fonte: Revista VEJA SP - 25/02/1998

psiu!

SEGURANÇA

ALARMES
AMBULÂNCIA
CINTO DE SEGURANÇA
EXTINTORES DE INCÊNDIO
MÁSCARAS DE GÁS
ROUPAS APROPRIADAS/BOTAS
SALVA-VIDAS/BÓIAS...

6 FAÇA SUA ESCOLHA!

Escolha dentre as duas palavras sugeridas: apenas uma é a correta para completar a frase (em alguns casos as duas podem ser usadas no português de uso cotidiano).

1- ______________ (aonde, onde) devo ir para conseguir as informações necessárias?
2- Não sei ______________ (aonde, onde) fica o Departamento Pessoal.
3- Fui ao cinema ______________ (mas, mais) cheguei atrasado para a primeira sessão.
4- Foi o filme ______________ (mas, mais) interessante que já vi.
5- Trabalhei ______________ (demais, de mais), estou cansada!
6- Não vi nada ______________ (demais, de mais) em seu trabalho para que ele merecesse uma promoção!
7- A bicicleta foi ______________________ (de encontro a, ao encontro de) seu chefe.
8- O novo funcionário foi ______________________ (de encontro a, ao encontro de) seu chefe.
9- O expediente termina daqui ______________ (a, há) duas horas.
10- ______________ (a, há) quanto tempo você trabalha aqui?
11- O empregado se comportou ______________ (mal, mau) e foi demitido.
12- O câncer é um ______________ (mal, mau) que já vitimou milhões de pessoas em todo o mundo.
13- Aquele presidente foi um ______________ (mal, mau) administrador da dívida pública.
14- ______________ (mal, mau) nós chegamos, faltou energia.
15- Eles vivem murmurando. Não fazem nada ______________ (se não, senão) criticar.
16- ______________ (se não, senão) chegarmos cedo, seremos descontados.
17- Puxa! Ele está mesmo bem informado! Está sempre ______________ (a par, ao par) de tudo.
18- Até recentemente o real estava ______________ (a par, ao par) do dólar.
19- O Departamento de Treinamento dará um curso ______________ (acerca de, há cerca de) novos horizontes para o mundo da telefonia.
20- Vi esse filme ______________ (acerca de, há cerca de) um mês.
21- Elas são muitos amigas. São muito ______________ (afins, a fim de).
22- Vou estudar muito ______________ (afim, a fim de) merecer a promoção por conhecimento adquirido.
23- ______________________ (na medida em que, à medida que) faltou verba, o projeto foi abandonado.
24- O stress aumentava __________________ (na medida em que, à medida que) as demissões iam acontecendo.

7

O senhor Valdomiro foi demitido há 5 meses e continua desempregado. Aqui estão relacionadas algumas coisas que ele tem feito desde então. Complete as lacunas com o participío passado.

1 - Tenho ______________ todos os dias às 6:00 da manhã. (levantar-se)

2 - Tenho ______________ com amigos que trabalham na mesma área. (conversar)

3 - Tenho ______________ meu currículo em muitas empresas e agências de emprego. (deixar)

4 - Tenho ______________ (fazer) entrevistas semanalmente.

5 - Tenho ______________ (ler) todas as colunas de emprego de todos os jornais diariamente.

6 - Tenho ______________ (estudar) muito para não me desatualizar.

O que mais você acha que poderia ajudar seu Valdomiro a arrumar um emprego? Ele já tem 42 anos.

CAMPANHA

CONTRA O CONSUMO DE DROGAS
DE COMBATE À FOME
DE PREVENÇÃO DA AIDS
DO AGASALHO
ELEITORAL
EM DEFESA DO MEIO AMBIENTE
EM PROL DA INFÂNCIA...

psiu!

8 Três pessoas, em estágios diferentes da vida, vão falar sobre o seu dia-a-dia e seus planos para o futuro. Anote as informações, inclusive as queixas, escrevendo na última coluna as sugestões para melhorar a vida delas.

NOME	PROFISSÃO	ROTINA	PLANOS	QUEIXAS	SUGESTÕES
SÍLVIO (17 ANOS)					
MATEUS (43 ANOS)					
JORGE (67 ANOS)					

Agora fale sobre sua rotina, suas queixas, seus planos para o futuro. Se você não estiver satisfeito/a com a sua vida, peça sugestões aos colegas para melhorá-la.

9 No texto abaixo há nove palavras embaralhadas. Pelo contexto, descubra qual é a palavra. A primeira sílaba é sempre a correta.

REVISÃO

"... Uma das piores EX - RI - AS - PE - ÊN - CI das empresas que se dispõem a investir no Mercosul são os vistos de trabalho que seguem o mesmo ritmo de quando o Mercosul não existia. Pela lei, um EM - O - SÁ - PRE - RI argentino que precise ir ao Rio de Janeiro assinar um contrato de IM - TA - POR - ÇÃO de bananas, deve entrar na fila do consulado brasileiro e pagar 60 reais por um visto de negócios. "As MER - RI - CA - DO - AS cruzam FA - MEN - TE - CIL a fronteira, as pessoas ainda encontram problemas", diz o cônsul BRA - RO - LEI - SI em Buenos Aires, Nuno Álvaro de Oliveira. "Novos acordos estão sendo negociados para eliminar esses OBS - CU - LOS - TÁ". Mais grave é a relação das leis de PRO - E - DE - DA - PRI de patentes e marcas, que funciona quase como um IN - TI - VO - CEN aos golpes."

Fonte: Revista VEJA - Ano 31 nº 8 p. 67 - 25/02/98

10 Complete o diálogo abaixo considerando: (1) Se usado no Imperfeito do Subjuntivo e (2) Se usado no Futuro do Subjuntivo.

REVISÃO

A: Antes de qualquer negociação gostaria de ver o produto.
B: Se __________ (ser) ontem teríamos o produto para lhe mostrar mas acabamos de entregar todo estoque esta manhã.
A: Mas vocês não tem nenhum mostruário?
B: Normalmente sempre deixamos um para mostrar aos clientes mas infelizmente... Se nos __________ (dar) 1 dia poderemos conseguir um. Se o senhor __________ (ter) telefonado antes de vir hoje, teríamos nos programado.
A: Se vocês __________ (ter) um panfleto para poder analisar...
B: Se o senhor __________ (quer) ver o panfleto temos aí atrás do senhor.
A: Parece bom. Talvez possamos discutir o preço antes. Se __________(ser) razoável voltarei amanhã para ver o produto e fechar o negócio.
B: Pois não. Se o senhor não se __________ (importar) gostaria de saber quantas unidades pretende adquirir. Se __________ (ir) adquirir uma quantidade grande poderemos fazer um bom desconto.
A: Preciso de uma centena delas.
B: Nesse caso poderemos dar um desconto especial sobre o nosso preço promocional. Ficaria em R$ 20 por peça.
A: Se você ________(ter) o produto para me mostrar agora e se o produto __________ (ser) realmente bom como diz o panfleto, poderíamos fechar o negócio hoje mesmo. Voltarei amanhã.
B: Muito bem, senhor. Tenho certeza de que o senhor aprovará o nosso produto e não se arrependerá de fazer negócio conosco. Até logo.

psiu!

ORGANIZAÇÕES FILANTRÓPICAS

APAE
ADERE
CASAS ANDRÉ LUÍS
LBV...

11 Leia com bastante atenção os artigos abaixo extraídos do JORNAL DO TRÂNSITO da semana de 17/02 a 03/03 de 1998

GM faz doação

O Hospital do Câncer recebeu nova doação, de R$ 46 mil da General Motors do Brasil, como resultado da pesquisa de satisfação dos clientes dos veículos Chevrolet. Os questionários são enviados aos clientes 45 e 120 dias após a compra do veículo. E cada um deles, respondido, gera o equivalente a US$ 1 para a doação. Por isso é importante que o comprador o responda.

Mecânico 100%

Finalmente chegou o dia. A festa para entrega do Grande Prêmio Mecânico 100% acontecerá no domingo, dia 15, na casa de espetáculos Tom Brasil, quando serão apresentados os seis ganhadores dos prêmios que ainda participarão do sorteio de um Corsa 0 km.

O Grande Prêmio Mecânico 100% elege os melhores inventos dos profissionais de reparação — como ferramentas, processos de trabalhos e layouts de oficinas que possam facilitar os serviços nas empresas. A promoção é conjunta da General Motors do Brasil, Dana-Albarus, Bosch Freios, Degussa - Divisão Newtechnos, Sabó, Embreagens Sachs, Wahler e Jornal Motor 100%.

Imagine ser o Diretor do Hospital do Câncer. Você está encarregado de fazer o DISCURSO de agradecimento no jantar oferecido pela GM para a entrega oficial da doação. Agora, imagine ser o MECÂNICO 100%. FAÇA O DISCURSO da noite de entrega do Prêmio.

12 Preencha os diagramas abaixo com as palavras que lhe vêm em mente:

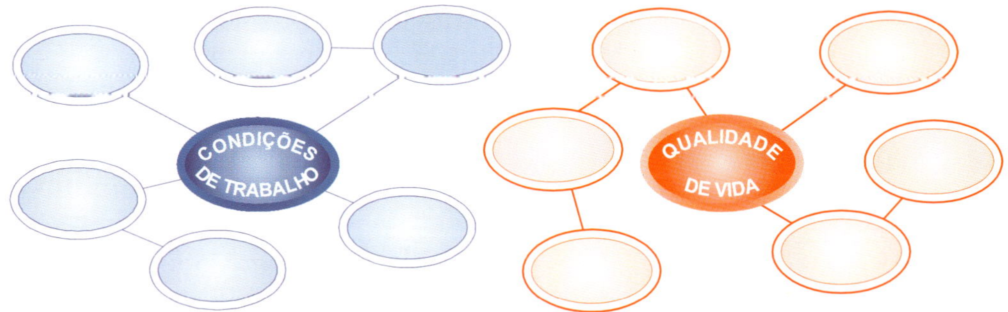

Compare suas palavras às do seu colega/professor e discuta as diferenças.

13 Perguntamos a um jovem de 16 anos sobre o que ele já terá feito até o ano 2020. Ouça a fita e complete os espaços em branco:

Jovem: Bem, daqui a 22 anos acho que já terei feito muita coisa. ________________ já terei ________________ meu curso de Administração de Empresas e terei ________________ um curso de pós-graduação.

Até lá, já terei me ____________, eu espero! E minha esposa e eu já ____________ tido uns quatro filhos, no mínimo.

Acredito que já terei ____________ de emprego. Não vejo futuro na empresa onde trabalho hoje.

Ah! Já terei também ____________ *pra* fora do Brasil, ____________ para os Estados Unidos ou a Europa.

E se eu continuar comendo do jeito que eu como agora já terei ____________ umas cem dietas de emagrecimento. Hoje estou pesando 80quilos e já ________________ por muitas dietas para perder alguns quilinhos!

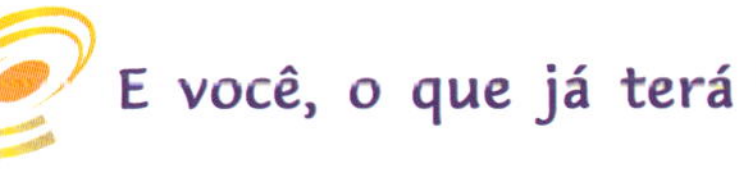
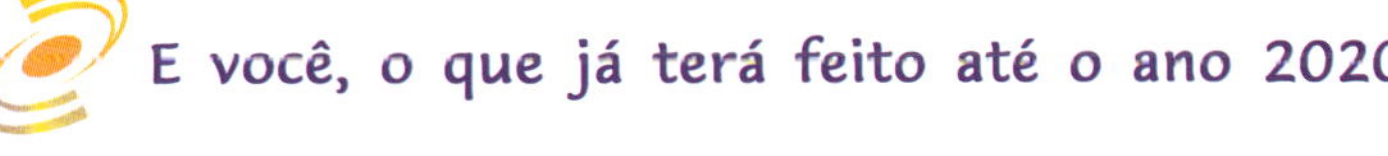
E você, o que já terá feito até o ano 2020?

REIVINDICAÇÕES

AÇÃO TRABALHISTA
ACORDO
CAMPANHA/MOVIMENTO
GREVE
NEGOCIAÇÕES
PROPOSTA...

Dando, aceitando ou recusando sugestões.
Trabalhe em pares. Pense em determinadas situações considerando que:

A expõe o problema (a situação)
B dá sugestões
A aceita ou recusa as sugestões dadas por B

Vamos, antes, estudar as expressões que normalmente são usadas para dar, aceitar ou recusar sugestões:

DAR SUGESTÕES

Eu acho que você deveria...
Você não acha que é melhor...?
Não seria melhor...?
Por que você não...?
Que tal se você...?

ACEITAR SUGESTÕES

É mesmo, né!
É uma boa idéia!
(Acho que) você tem razão! Vou...
Vou seguir o seu conselho.

RECUSAR SUGESTÕES

Talvez você esteja certo mas...
Talvez você tenha razão mas...
Acho que você tem razão mas...
Obrigado/a (pela sugestão) mas acho que...
Não quero ser mal-educada mas...
Não quero ser indelicada mas...

Pense agora nas seguintes situações. Que tipo de sugestões você daria?

1. Seu amigo marcou uma reunião com um cliente mas o carro dele quebrou e ele já está atrasado.

____

2. Seu amigo quer dar um presente de aniversário ao chefe dele mas não tem idéia do que poderia dar-lhe.

____

3. Sua amiga recebeu uma proposta de uma firma concorrente para trabalhar com um melhor salário, mas em um cargo inferior ao atual. Ela gosta muito do atual emprego mas está precisando de dinheiro.

____

4. Seu amigo tem duas namoradas e gosta igualmente das duas mas elas estão pressionando-o a se decidir.

____

5. Seus amigos querem investir o capital deles abrindo algum negócio, mas não sabem como fazê-lo.

____

RENDIMENTOS DE UMA EMPRESA

AÇÕES
ASSESSORIAS
INVESTIMENTOS
POUPANÇA
PRESTAÇÃO DE SERVIÇOS
VENDAS...

psiu!

Armadilhas da Qualidade

Os programas de Qualidade e Produtividade vêm ganhando espaço no mundo globalizado. No Brasil, multiplicaram-se também nas empresas, mas nem sempre o trabalhador é devidamente recompensado. Copiar modelos é um perigo.

O desafio de produzir no competitivo mercado globalizado está forçando as empresas brasileiras a investirem em programas de qualidade e produtividade. Segundo levantamento feito pela empresa americana de consultoria Price Waterhouse, 70% das grandes empresas e 65% das médias adotam essas técnicas administrativas.

O programa da Qualidade Total (QT), método de gerenciamento voltado para o aumento da qualidade e produtividade, surgiu como resposta ao modo de produção fordista, modelo no qual o trabalhador tem o domínio apenas da sua área de atuação.

A "nova" visão empresarial não modificou a estrutura de produção em série das linhas de montagem, mas deu ao indivíduo a consciência do contexto do seu trabalho e da sua importância no processo produtivo. "O controle da qualidade é atribuição de todos e em todas as etapas de produção, tornando o processo único, o que explica o termo total", diz o superintendente do Instituto de Desenvolvimento de Recursos Humanos do Distrito Federal, Ademar Kyotoshi Sato.

Hoje, as empresas que incorporam o conceito da qualidade buscam maior nível de participação do trabalhador.

"Esse envolvimento se dá em programas de capacitação, gerando melhores resultados no trabalho e aumentando a satisfação da equipe", diz Carmem Castilho Silva, consultora em qualidade da Fundação Christiano Ottoni, vinculada à Universidade Federal de Minas Gerais.

EMPRESA LIMPA

O conceito da qualidade deve começar a ser aplicado no ambiente de trabalho. Para atingir essa organização são difundidos entre os trabalhadores da empresa termos japoneses como seiri, seiton, seisou, seiketsu e shitsuke, que em bom português significam arrumar, organizar, limpeza, asseio e disciplina. É o que se chama "5S".

Para ser total em qualidade, também é preciso adequar a empresa às normas do sistema de gerenciamento da produção e de atendimento às exigências do cliente estabelecidas pelo Clube Mundial da Qualidade Total, cuja criação contou com o apoio direto de cerca de 90 países. A organização dita para o mundo o padrão ideal de qualidade através da concessão do Certificado ISO (International Organization for Standardization) — uma espécie de passaporte para o mercado globalizado.

Partindo do princípio de que trabalhar motivado produz melhor, o programa prevê a formação de grupos, em cada unidade da empresa, para discutir problemas e, com participação e comprometimento de todos, encontrar soluções criativas. Para a liderança desses grupos recomenda-se garimpar pessoas com alto grau de carisma e poder de comunicação.

Dependendo da empresa, os grupos que apresentarem melhor desempenho recebem prêmios, seja na forma de gratificação no salário, na participação no lucro ou, simplesmente, ganhando título de campeão.

Fonte: Revista Momento - Jan/Fev/1997 - Márcia Machado

Vamos checar a sua compreensão do texto acima. Responda:

1. Do que trata o programa da Qualidade Total (QT)?
2. Por que as empresas brasileiras estão investindo em programas de qualidade e produtividade?
3. Os novos programas são totalmente diferentes dos anteriores? Descreva-os.
4. Quais São os "5 S"?
5. O que significa para as empresas obter o Certificado ISO? Quem concede tal Certificado?
6. Como as empresas elevam a produção partindo do princípio de que trabalhador motivado aumenta a produtividade?
7. Como as empresas trabalham para motivar o trabalhador a fim de elevar a produção?

Una com um traço as palavras ou expressões de cada coluna relacionadas entre si. Complete as informações que estão faltando nas três últimas linhas:

Objeto	Explicação	Usuário
Agenda	Usado para medir a temperatura do corpo	Arquiteto
Arado	Usado para anotar horários de compromissos	Médico
Prancheta	Usado para elaborar desenhos e gráficos	Secretária
Termômetro	Usado para preparar a terra para o plantio	Agricultor
Computador		
		Professor
	Usado para fazer frituras	

DESPESAS DE UMA EMPRESA

COMPRAS: MATÉRIA PRIMA/SUPRIMENTOS...
CONSUMO DE LUZ/ÁGUA/TELEFONE...
ENCARGOS SOCIAIS: PIS/FGTS...
IMPOSTOS: ISS/ICMS...
PAGAMENTO DE FUNCIONÁRIOS...

Amplie seu vocabulário

Documentos Diversos (2)

GOVERNO DO ESTADO DE SÃO PAULO
SECRETARIA DO MEIO AMBIENTE
CETESB - COMPANHIA E TECNOLOGIA DE SANEAMENTO AMBIENTAL

Nº GRMV	VENCIMENTO
003865216	15/10/98

NOTIFICAÇÃO / GUIA PARA RECOLHIMENTO DE MULTA DE VEÍCULO

PLACA	MUNICÍPIO	DATA INFR.	ENQUADRAMENTO
BQK7310	7107 - SÃO PAULO	08/05/98	30 - DESOBEDIÊNCIA AO REGULAMENTO DA LEI Nº 9.690/97 (RODÍZIO)

NOME DO PROPRIETÁRIO: SUZANNA FLORISSI

LOCAL DA INFRAÇÃO	HORA INFR.	MUNICÍPIO DA INFRAÇÃO
R. DOMINGOS DE MORAES N 1954	19:45	7107 - SÃO PAULO

Nº DO AIIPM	Nº FOTOGRAMA	EMITENTE	VALOR
4T0608341	71780002186	SMA/CETESB	R$ 100,00

- Este documento dá ao proprietário o conhecimento da multa imposta ao seu veículo. Através deste você poderá efetuar o pagamento em qualquer agência do banco NOSSA CAIXA NOSSO BANCO até a data do vencimento.
- O pagamento através desta Notificação/Guia de Recolhimento tem as seguintes vantagens:
  - evita o seu deslocamento para obtenção de nova Guia de Recolhimento;
  - permite o licenciamento do veículo no Posto de Atendimento do DETRAN mais próximo de sua casa.
- Após o vencimento, retirar Guia de Recolhimento no DETRAN, e Postos Descentralizados da capital ou nas Delegacias de Trânsito e CIRETRAN de sua cidade.
- Mantenha seus dados cadastrais, junto ao DETRAN, sempre atualizados.
- Recursos: No prazo de 20 dias após o recebimento da Notificação. A interposição de recurso deverá ser entregue preferencialmente pelo correio, ou pessoalmente, na CETESB, à Rua Natingui, 1487 - Alto de Pinheiros - CEP 05443-002 - São Paulo. Anexar alegação de defesa, cópias do RG, Certificado de Propriedade do Veículo e desta Guia de Recolhimento ou MILT, que não necessariamente precisa estar quitada. Somente o proprietário poderá dar entrada com recurso ou seu procurador.
- Nos recursos remetidos pelo correio, escreva no envelope 'OPERAÇÃO RODÍZIO - RECURSO'.

Atenção

- Maiores informações relativas a multas ambientais: Tel.: 0800-113560 ou 221-8577 das 09:00h às 16:00h de 2ª a 6ª feira.
- Senhor proprietário: não considerar este documento caso já tenha pago esta multa. Confira os dados do seu veículo constantes neste documento. A quitação dessa multa será considerada após compensação do cheque.

AUTENTICAÇÃO MECÂNICA — VIA PROPRIETÁRIO

GOVERNO DO ESTADO DE SÃO PAULO
SECRETARIA DO MEIO AMBIENTE
CETESB - COMPANHIA E TECNOLOGIA DE SANEAMENTO AMBIENTAL

Nº GRMV	VENCIMENTO
003865216	15/10/98

NOTIFICAÇÃO / GUIA PARA RECOLHIMENTO DE MULTA DE VEÍCULO

Nº DO AIIPM	Nº FOTOGRAMA	DATA INFRAÇÃO	DATA EMISSÃO	VALOR
4T0608341	71780002186	08/05/98	16/08/98	R$ 100,00

LOCAL DA INFRAÇÃO	HORA DA INFR.
R DOMINGOS DE MORAES N 1954	19:45

PLACA	MUNICÍPIO DA PLACA	MUNICÍPIO DA INFRAÇÃO
BQK7310	7107 - SÃO PAULO	7107 - SÃO PAULO

ENQUADRAMENTO	EMITENTE
30 - DESOBEDIÊNCIA AO REGULAMENTO DA LEI Nº 9.690/97 (RODÍZIO)	SMA/CETESB

NOME DO PROPRIETÁRIO: SUZANNA FLORISSI

LOGRADOURO	Nº	COMPLEMENTO	BAIRRO
R GABRIELE D ANUNZIO	00296	AP81	CAMPO BELO

CEP	MUNICÍPIO	LEGISLAÇÃO	
04619-000	7107 - SÃO PAULO	REGULAMENTO DA LEI Nº 9.690/97	VIA BANCO/CETESB

82630000001-3 00000323003-4 86521602171-3 17310071072-7

AUTENTICAÇÃO MECÂNICA

TELECOMUNICAÇÕES DE SÃO PAULO SA - TELESP
Empresa do Sistema Telebrás
INSCRIÇÃO ESTADUAL 000.000.000.000
CGC 00.000.000/000-00

TERMO DE TRANSFERÊNCIA DEFINITIVA DE ASSINATURA

DATA DO PEDIDO | Nº DA OS | NATUREZA DA OS

USO EXCLUSIVO DA TELESP

LOCALIDADE A QUAL PERTENCE

Preencher este formulário sem rasuras de forma legível, preferencialmente à máquina ou em letra de forma.
Cada formulário deve conter apenas uma inscrição ou um telefone residencial / não residencial.

Nº | TRONCO CHAVE Nº

☐ INSCRIÇÃO OU ☐ LINHA TELEFÔNICA ☐ TRONCO

UTILIZAÇÃO PRETENDIDA: ☐ RESIDENCIAL ☐ NÃO RESIDENCIAL

TELEFONE PARA CONTATO

CEDENTE
NOME POR EXTENSO | CPF / CGC | LOCALIDADE | CEP
DOCUMENTO DE IDENTIFICAÇÃO (TIPO / Nº) | BAIRRO
ENDEREÇO DE CORRESPONDÊNCIA | TELEFONE PARA CONTATO

CESSIONÁRIO
NOME POR EXTENSO | CPF / CGC
DOCUMENTO DE IDENTIFICAÇÃO (TIPO / Nº) | BAIRRO
ENDEREÇO PARA CONTA TELEFÔNICA / CORRESPONDÊNCIA (PREENCHER SOMENTE QUANDO DIFERENTE DA INSTALAÇÃO) | USO EXCLUSIVO DA TELESP
CEP | CF | PE
LOCALIDADE
TÍTULO DA ATIVIDADE (PRODUTO / SERVIÇO PARA LISTA CLASSIFICADA)
NOME PARA FIGURAÇÃO EM LISTAS TELEFÔNICAS

DOCUMENTO
— É dispensada a apresentação do documento de identificação das pessoas físicas e/ou representantes legais de pessoas físicas / jurídicas, exceto nas situações em que se fizerem necessárias.
— Anexar ao presente o (s) documento (s) de competência de assinatura, na forma original ou cópia autenticada ou publicação em jornal (pessoa jurídica), tais como: cedente / cessionário: PROCURAÇÃO PÚBLICA OU PARTICULAR, sendo esta última com firma reconhecida, constituída de poderes específicos para a transferência ou alienação de bens; cedente: CONTRATO SOCIAL E ÚLTIMA ALTERAÇÃO; ESTATUTO SOCIAL E ÚLTIMA ATA DE ELEIÇÃO; ATA DE DISSOLUÇÃO OU DISTRATO SOCIAL; DOCUMENTO DE NOMEAÇÃO DO LIQUIDANTE; devidamente registrado (a) na Junta Comercial ou órgão competente, bem como outros documentos que justifiquem a transferência de assinatura.

Em caso de dúvida quanto a documentação ou dados cadastrais, consulte a Loja da TELESP ou o órgão de atendimento por telefone *.

MUDANÇA DE ENDEREÇO: solicite através do órgão de atendimento por telefone *.

* O número do código de acesso encontra-se na Lista Telefônica de sua cidade.

Pelo presente documento o CEDENTE transfere ao CESSIONÁRIO, em caráter definitivo, os direitos relativos a inscrição / linha telefônica acima mencionada, passando o CESSIONÁRIO a responder pelas obrigações correspondentes aos referidos direitos, na forma da legislação em vigor.

Declaramos responder civil e criminalmente pelo presente ato, bem como pelas informações aqui prestadas, isentando a TELESP de qualquer responsabilidade decorrente da transferência, na forma ora proposta e, estamos cientes que:

1. O presente pedido somente será efetivado, após verificações nos registros internos da TELESP quanto a inexistência de impedimentos.
2. É de responsabilidade do CESSIONÁRIO a verificação de competência de autenticidade da assinatura do CEDENTE.
3. Comprovada, a qualquer tempo, a falsidade ou irregularidade das assinaturas ou dos atos constantes neste documento, mediante a presentação pelo interessado de documento hábil nesse sentido, a TELESP tornará sem efeito esta transferência.
4. O CESSIONÁRIO responde por todos os equipamentos de propriedade da TELESP, instalados na linha telefônica, e pelos débitos anteriores a esta data, bem como por aqueles que vierem a ser apurados futuramente, e por quaisquer outros encargos devidos pelo CEDENTE, inclusive os referentes a publicação nas Listas Telefônicas.
5. A Participação Financeira, referente a linha telefônica / inscrição acima deve estar integralizada, sendo que a transferência de assinatura não implica em transferência de ações, exceto no caso de falecimento quando a transmissão do direito for para o cônjuge / descendente ou separação conjugal, mediante decisão judicial, e por sucessão da pessoa jurídica. As contas telefônicas devem estar quitadas.
6. O número da linha telefônica estará sujeito a alterações, no caso de necessidade técnico operacional.

OPF - OP - 0282

A Língua Portuguesa

Língua oficial de Portugal, Brasil e de cinco países de colonização portuguesa: São Tomé e Príncipe, Cabo Verde, Guiné-Bissau, Moçambique e Angola. Derivada do latim vulgar (popular), se desenvolve na Lusitânia (atual Portugal e região espanhola da Galícia) a partir do final do século III a.C. Nessa época, o Império Romano conquista a região e institui o latim como língua oficial.

Do latim ao português - *Com as invasões bárbaras, no século V, o latim começa a entrar em decadência. A partir do século VIII deixa de ser falado, quando os árabes dominam a península Ibérica e impõem sua língua. A expulsão dos árabes, no século XII, leva à criação do reino de Portugal. O latim volta, então, a ser a língua predominante, embora já modificado pelas influências que recebeu dos povos bárbaros e do próprio árabe. Posteriormente, o idioma é reformulado e dá origem ao galego-português. Um dos primeiros documentos escritos nessa língua data de 1198: uma poesia, conhecida como Cantiga da Ribeirinha, escrita pelo trovador Paio Soares de Taveirós. Aos poucos, o galego-português vai sofrendo modificações e adquirindo, na região de Portugal, as características do português moderno. Quando a dinastia Avis é fundada, em 1385, o português passa a ser a língua oficial. Com a expansão marítima portuguesa, entre os séculos XV e XVI, espalha-se por várias regiões da África, Ásia e América.*

O PORTUGUÊS NO MUNDO - *Segundo dados de 1995 do Summer Institute of Linguistics da Universidade do Texas, Estados Unidos, o português é a sexta língua mais falada no mundo. É a língua materna de 170 milhões de falantes, concentrados em 7 países: Brasil, Portugal, São Tomé e Príncipe, Cabo Verde, Guiné-Bissau, Moçambique e Angola. Além dos falantes nativos,12 milhões de pessoas utilizam o português como segunda língua no mundo.*

América - *O Brasil é o único país de língua portuguesa na América, com cerca de 163 milhões de falantes no total (língua materna e segunda língua). O português falado no Brasil colonial é influenciado pelas línguas indígenas, africanas e de imigrantes europeus que se instalam no centro-sul. Isso explica as diferenças regionais na pronúncia e no vocabulário verificadas, por exemplo, no Nordeste e no Sul do país. Apesar disso, a língua conserva a uniformidade gramatical em todo o território.*

Europa - *O português é a língua oficial de Portugal, falada aproximadamente por 10 milhões de portugueses (língua materna e segunda língua). Em 1986, o país passa a integrar a Comunidade Econômica Européia (CEE) e a língua portuguesa é adotada como um dos idiomas oficiais da organização. Atualmente, mais de 1 milhão de cidadãos da União Européia (antiga CEE) falam o português. Eles estão concentrados na França, Alemanha, Bélgica, em Luxemburgo e na Suécia. A França é o país com mais falantes (750 mil).*

Ásia - *Entre os séculos XVI e XVIII, o português é a língua franca nos portos da Índia e sudeste da Ásia. Atualmente, a cidade de Goa, na Índia, é o único lugar do continente onde o português sobrevive na sua forma original, com 250 mil falantes no total. Entretanto, o idioma está sendo gradualmente substituído pelo inglês. Em Damão e Diu (Índia), Java (Indonésia), Macau (território português), Sri Lanka e Málaca (Malásia) fala-se o crioulo, língua que conserva o vocabulário do português, mas adota formas gramaticais diferentes.*

África - *O português é a língua oficial de cinco países: São Tomé e Príncipe, Cabo Verde, Guiné-Bissau, Moçambique e Angola, somando cerca de 7,5 milhões de falantes no total. Nesses países, o português oficial - usado na administração, no ensino, na imprensa e nas relações internacionais - convive com diversos dialetos crioulos. Nas ilhas de São Tomé e Príncipe, apenas 2,5% dos habitantes falam a língua portuguesa. A maioria utiliza dialetos locais, como o forro e o moncó. Em Cabo Verde, quase todos os habitantes falam o português e um dialeto crioulo, que mescla o português arcaico a línguas africanas. Há duas variedades desse dialeto, a de Barlavento e a de Sotavento. Em Guiné-Bissau, 90% da população fala o dialeto crioulo ou dialetos africanos, enquanto apenas 10% utiliza o português. Em Moçambique, somente 0,18% da população (30 mil pessoas) considera o português como língua oficial, embora seja falado por mais de 2 milhões de moçambicanos. A maioria dos habitantes usa línguas locais, principalmente as do grupo banto. Em Angola, 60% dos moradores falam o português como língua materna. Cerca de 40% da população fala dialetos crioulos como o bacongo, o quimbundo, o ovibundo e o chacue.*

Fonte: Almanaque Abril - 1998

QUEM SOMOS, AFINAL? (1)

Uma fusão de raças e culturas que já dura meio milênio deu aos brasileiros traços e personalidade próprios. Mas basta olhar mais de perto para perceber que, apesar de tudo, não perdemos contato com as raízes de nossa formação.

Algumas das cabeças mais brilhantes do Brasil, de Gilberto Freire a Darcy Ribeiro, gastaram décadas de trabalho tentando resolver a questão 'o que é ser brasileiro?' e não chegaram a uma resposta definitiva.

De algumas coisas, porém, temos noções suficientes para darmos palpites: somos um povo ainda em formação, que junta num vasto território raças e culturas distintas, numa imensa massa humana que já chega a 160 milhões de pessoas - e que costumamos chamar de povo brasileiro.

O brasileiro é isso: o resultado de uma mistura que, mesmo submetida a tantos contrastes históricos e geográficos, manteve-se unida. E não só por causa da língua portuguesa que todos os brasileiros entendem, pois nossos vizinhos hispano-americanos acabaram se fragmentando em vários países. O que temos no Brasil é, por falta de um termo mais apropriado, uma alma comum.

Mas de onde vem essa alma? 'Dos nossos índios', arrisca o sociólogo Roberto Gambini, 'apesar da importante influência portuguesa e negra na nossa constituição, os principais traços culturais que distinguem o brasileiro dos outros povos foram herdados dos índios. Nosso espírito brincalhão, por exemplo, que não consegue ver limites muito claros entre o que é trabalho e o que é diversão, pode ser ainda hoje encontrado nas aldeias indígenas espalhadas pelo país'.

Segundo essa hipótese, os tipos regionais brasileiros, dos gaúchos do sul aos caboclos do norte, dos caiçaras do litoral aos pantaneiros do Mato Grosso, possuem em comum um estrato básico de cultura indígena. Não só aquele facilmente comprovado nos nomes das cidades, nas técnicas de cultivo, nos utensílios ou no folclore de sacis e curupiras, mas algo mais profundo, que moldou nosso inteiro jeito de ser.

O CAIPIRA

De um modo geral, é quem mora no interior de São Paulo e Minas Gerais, vivendo de cultivar a roça. Planta principalmente o milho, do qual fabrica o fubá, mas também retira a palha para o chapéu e o cigarro. Seus modos rústicos, herdados da convivência com os índios, provocavam desdém quando visitava a cidade. Tem mais de setenta sinônimos, a maior parte deles pejorativos, como jeca, capiau, matuto e pé-duro.

O SERTANEJO

É o morador das zonas secas do país, principalmente das chapadas e da caatinga nordestina. Enfrenta a dureza do sertão com uma vida simples, baseada na criação de umas poucas cabeças de gado e no plantio de subsistência. Sua figura sobre o jegue, de facão na cintura, chapéu e gibão de couro e capanga inspirou obras de escritores como Guimarães Rosa, Graciliano Ramos e Euclides da Cunha.

O GAÚCHO

O tipo gaúcho está diretamente ligado às vastas pastagens dos pampas do Rio Grande do Sul. Solitário e destemido, essa figura surgiu em busca do gado que, trazido pelos jesuítas, ficou abandonado depois da destruição das missões, reproduzindo-se de maneira selvagem. A bombacha nas pernas, a boleadeira no lugar do laço, o chimarrão e o churrasco são as suas marcas registradas.

O CABOCLO

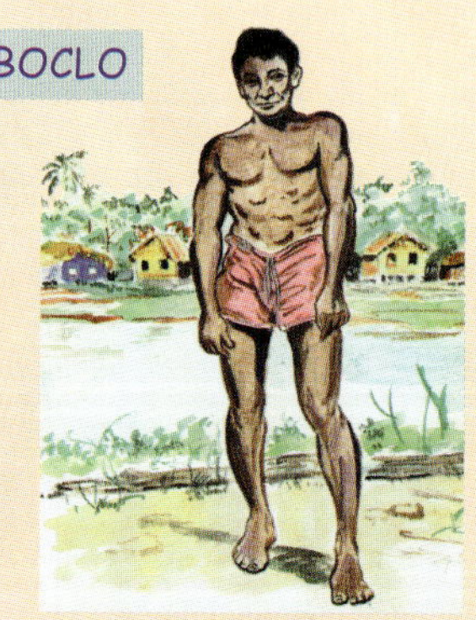

A palavra caboclo também é usada como sinônimo de mameluco - a mistura entre brancos e índios. Como tipo cultural, no entanto, o caboclo é o ribeirinho, ou seja, o morador das margens dos rios, principalmente os da região Norte, da bacia amazônica. Vive basicamente da pesca e do pequeno roçado aberto em clareiras, e mora em palafitas por causa das freqüentes cheias a que está sujeito.

Claro que o Brasil não se esgota na herança indígena, como também não está tão permeado pela cultura negra como se chegou a afirmar nas últimas décadas, graças principalmente à intensa produção cultural dos baianos.

Nos centros urbanos vivem hoje 76% dos brasileiros, o que teve um impacto gigantesco na forma de encararmos o mundo. Em 1900, éramos pouco mais de 17 milhões de pessoas, a grande maioria espalhada pelo interior do país, vivendo em contato com a natureza. Não tínhamos televisão, as estradas eram poucas e quase ninguém tinha a chance de viajar por outras partes do país. Quem morava no sul nem sonhava com o estilo de seus conterrâneos do norte. Hoje, porém, vivemos num Brasil bem diferente. Primeiro, experimentamos a chegada de milhares de imigrantes convocados para trabalhar nas lavouras de café de São Paulo ou, então, colonizar as zonas desabitadas do sul brasileiro. Foi um incremento populacional importante, que, além da força de trabalho, introduziu novos elementos culturais.

Quem anda pelas ruas das cidades brasileiras neste final de século sente-se tentado a dizer que estamos cada vez mais parecidos. Mas, se olharmos mais de perto esses brasileiros, veremos que ainda é possível encontrar gente que leva consigo a alma de caipiras, sertanejos e tantos outros personagens que fizeram a história do povo brasileiro.

Fonte: Revista TERRA 06/98 - resumo do texto de Vinícius Romanini

Regência Nominal
Numeral Multiplicativo/Fracionário

1 Agora ouça a música e complete os espaços em branco. Cante com seus colegas!!!

SONHAR NÃO CUSTA NADA! OU QUASE NADA...

Paulinho Mocidade/Dico da Viola/Moleque Silveira

SONHAR NÃO ____________ NADA
E O MEU SONHO É _________ REAL
________________ NESSA MAGIA
ERA TUDO O QUE EU ______________
PARA ESSE CARNAVAL

DEIXE A SUA _______________ VAGAR
NÃO CUSTA _______________ SONHAR
VIAJAR NOS _____________ DO INFINITO
ONDE TUDO É MAIS ______________
NESSE MUNDO DE ________________
__________ O SONHO EM REALIDADE
É SONHAR COM A ________________
É SONHAR COM O __________ NO CHÃO

ESTRELA DE LUZ
QUE ME CONDUZ
ESTRELA QUE ME FAZ SONHAR

AI, AMOR
AMOR, SONHE COM OS ___________
NÃO SE _____________ PRA SONHAR
EU SOU A _______________MAIS BELA
QUE _______________ O TEU SONHO
TE __________________ POR TE AMAR
VEM NAS ________________ DO CÉU
VEM NA LUA-DE-MEL
VEM ME QUERER...

2 Discuta com seu colega as questões abaixo:

1. Com que freqüência você ouve música?
2. Onde você normalmente ouve música? (no carro, no ônibus a caminho do trabalho, em casa, no trabalho, andando na rua com seu walkman...)
3. De que tipo de música você gosta?
4. Quem é seu cantor ou cantora favorito? Você é fã de algum grupo ou dupla musical?
5. Você costuma ir a shows ou concertos? Qual foi a última vez?
6. Em seu país, ouve-se mais músicas nacionais ou internacionais nas rádios?
7. Quais as estações de rádio mais ouvidas? Qual é o tipo de programação?
8. Ouça a fita e numere de 1a 5 as diferentes programações de rádio:

( ) MPB (Música Popular Brasileira)

( ) música sertaneja

( ) noticiário

( ) entrevista

( ) Hora do Brasil

3 Vamos falar um pouco mais sobre música, aproveitando para estudar a REGÊNCIA NOMINAL. Os adjetivos usados nestas frases vêm sempre acompanhados por uma preposição. Que preposição será essa? Complete as frases abaixo:

1. Gostaria que os shows musicais fossem **acessíveis** _____ todas as pessoas.
2. A pintura é **agradável** aos olhos; a música _______ ouvido.
3. ______qual tipo de música você é **fanático?**
4. Esta música é **diferente** ______ qualquer outro gênero musical.
5. Esta canção é **idêntica** ______ que ouvi no meu país, uma vez.
6. Ele se diz **entendido** ______ música. Será que é mesmo?
7. Saber apreciar uma música é **essencial** _______ se ter uma vida psicologicamente equilibrada.
8. Marcelo é **hábil** ______ compor músicas românticas.
9. Elas estão **habituadas** ______ ouvir diferentes gêneros musicais.
10. Acho que esta música deveria ser censurada. Eu a considero **imprópria** _____ menores.

DOCES BRASILEIROS

BEIJINHO
BRIGADEIRO
COCADA
CURAU
GOIABADA
MARMELADA
OLHO DE SOGRA
PAÇOCA
PAMONHA
PÉ-DE-MOLEQUE
PUDIM DE LEITE CONDENSADO
QUINDIM...

psiu!

4 Nos fins de semana ou no seu dia de folga, se o tempo estiver bom, você, provavelmente, vai procurar uma forma de lazer fora de casa. Mas e se estiver chovendo? Não tem jeito: é procurar alguma coisa para fazer dentro de casa! Quais as suas opções? Assistir à televisão ou vídeo, ouvir música, ler um livro, cozinhar ou entreter-se com joguinhos de computador ou mesmo navegar pela Internet. Vamos então pesquisar como seus colegas/professor passam os fins de semana em que são obrigados a ficar em casa. Entreviste seus colegas anotando as respostas no quadro abaixo.

ENTRETENIMENTO	SEMPRE	ÀS VEZES	O DIA TODO	PARTE DO DIA	NUNCA
TELEVISÃO					
VÍDEO					
LEITURA					
MÚSICA					
JOGOS (computador)					
INTERNET					
OUTROS ( )					

Qual é a forma de lazer mais cotada? ___________________

E você? Qual é o seu lazer preferido? Esta seria também a forma de lazer que você escolheria mesmo se as condições do tempo não fossem favoráveis?

É muito provável que "assistir à televisão" seja uma forma de lazer preferida por muitas pessoas. Hoje em dia, além dos canais abertos, temos TVs a Cabo, algumas inclusive com "pay per view", isto é, filmes pagos solicitados na hora, o que aumenta bastante a probabilidade de encontrar alguma programação interessante do seu agrado. Se você não tem nenhuma assinatura de TV a Cabo, pode valer-se das Locadoras de Vídeo, para estar a par dos últimos lançamentos cinematográficos. Abaixo, você vai ler a resenha de alguns filmes que vão ser passados na TV esta semana. Que filme você escolheria para assistir? Por quê?

A REVOLTA DOS BRINQUEDOS

Globo, 14h. (Toys). EUA, 1992, 121 min. Direção: Barry Levinson. Com Robin Williams, Michael Gambon, Joan Cusak. Ao morrer, fabricante de brinquedos lega sua fábrica ao irmão, um general militarista, que logo trata de transformá-la num arsenal infantil. Ao meio-dia, a Globo é bélica; agora, é antibelicista, mas o resultado é igualmente pífio.

OS FRANCO-ATIRADORES

Bandeirantes, 20h (Gunmen). EUA, 1993, 90 min. Direção: Deran Sarafian. Com Christopher Lambert, Mario Van Peebles, Richard Sarafian. Agente (Van Peebles) viaja à América do Sul, atrás do contrabandista Lambert. Rouba seu dinheiro (obtido com tráfico de drogas) e tem de fugir pela Amazônia adentro. Aventura inédita com algum humor, ao que se diz, e mesmo cenas que lembram o "western spaghetti".

A HONRA DO PODEROSO PRIZZI

SBT, 1h. (Prizzi's Honor). EUA, 1985, 126 min. Direção: John Huston. Com Jack Nicholson, Anjelica Huston, Kathleen Turner. Matador a serviço da Máfia tem de liquidar um homem, por sinal o marido da mulher por quem está apaixonado. Não é nenhum "O Poderoso Chefão", mas tem classe.

Fonte: Jornal Folha de São Paulo - 1/3/98

psiu!

SALGADINHOS

COXINHA
EMPADA
ESFIHA
PÃO DE QUEIJO
PASTEL
PIZZA
QUIBE
RISSOLE...

5 Qual foi o último filme que você viu? Escreva aqui a resenha do filme e fale sobre ele oralmente ao seu colega/professor. Num terceiro momento, incentive-o a ver o filme.

6 Se você fosse escolher um programa de TV por modalidades, qual estaria em primeiro lugar? Numere-os por ordem de preferência:

( ) esporte	( ) música	( ) noticiário
( ) documentário	( ) comédia	( ) turismo, viagem
( ) show	( ) cultural	( ) suspense
( ) desenho animado	( ) terror	( ) western (bang-bang)
( ) aventura	( ) ficção científica	( ) outros ( )
( ) entretenimento familiar	( ) drama	

7 Falando em televisão, não podemos deixar de falar em NOVELAS. No Brasil diz-se que "novela é coisa de mulher" e que os homens não as vêem. Será verdade? Por que este preconceito em relação às novelas? O que você acha disto? Discuta com seu colega.

8 Que tipo de livros você lê? Utilize as mesmas modalidades de programas de TV do exercício 5 para discutir com seu colega/professor. Quantos livros você compra por mês? Você acha que no Brasil lê-se mais ou menos do que no seu país? E quanto a revistas? Quais são as mais comuns: as semanais, as mensais, as bimestrais...?

Vamos aprender diferentes palavras para indicar tempo. Associe a palavra da coluna 1 ao seu significado na coluna 2.

Coluna 1	Coluna 2
Trimestre	6 meses
Biênio	10 anos
Século	100 anos
Bimestre	3 meses
Milênio	2 anos
Semestre	1.000 anos
Década	2 meses

SOPAS e ENTRADAS

SOPA DE LEGUMES (MANDIOQUINHA...)
CANJA
CREME DE (PALMITO, CEBOLA, MILHO...)
SALADA (MISTA, VERDE, DE TOMATE...)
CARPACCIO
COQUETEL DE CAMARÕES...

psiu!

9 Leia o texto ao lado e:
(1) circule uma das palavras apresentadas entre parênteses que complete corretamente o texto;
(2) defina o significado das palavras sublinhadas;
(3) discuta o texto com seus colegas/professor.

1. Confissões ______________
2. Escrevedor ______________
3. Movimentos ______________
4. Migrantes ______________
5. Espécie ______________
6. Imediatamente ______________
7. Interferir ______________
8. Sermão ______________
9. Pelo menos ______________
10. Favelas ______________
11. Periferia ______________

Padre escreve saudades de migrantes

O alagoano Valderan Santos, 35, se ordenou padre (a/há) apenas cinco meses, mas ouviu "confissões" nos (últimos/próximos) 20 anos.

Como a personagem de Fernanda Montenegro no filme "Central do Brasil", o padre Santos é um "escrevedor" desde que entrou nos movimentos de ajuda a migrantes (ainda/já) adolescente. Ele escreve cartas para namorados, mães, filhos, sobrinhos, netas...

"Não sei como isso começou, mas foi naturalmente. Como trabalho ajudando migrantes, converso muito (sobre/com) eles. A maioria nunca pede diretamente para que eu escreva. Dizem que estão com saudade de alguém, mas que nunca mais tiveram notícia da pessoa. É uma espécie de código. É como se estivessem dizendo: 'Eu não sei escrever. Você faria isso (por/para) mim?'. Imediatamente pego um papel e começo."

Ordenação

Em setembro do ano passado, Santos se ordenou padre, mas continuou a escrever as cartas como fazia antes. "Sem interferir. Não dou sermão, apenas ajudo pessoas a dar notícias."

Santos não sabe quantas cartas escreveu (hoje/até hoje), mas mantém desde 93 - quando chegou a São Paulo - a correspondência em dia de, pelo menos, 50 migrantes.

A maioria dessas cartas é escrita quando o padre visita favelas na periferia. "São histórias de jovens que estão longe das namoradas, de filhos que querem falar com os pais, de separações..."

Fonte: Jornal Folha de São Paulo - Lúcia Martins

10 Leia agora a continuação do artigo e verifique com qual personagem você se identificaria mais. Se você fosse analfabeto, contaria seus segredos a outras pessoas para que elas escrevessem cartas por você? Confiaria nelas?
Nas cartas você contaria toda a verdade ou a omitiria (até mentiria) para evitar preocupações aos familiares? Discuta com seus colegas ou professor.

Prostituição

Duas delas Santos nunca esqueceu porque acabou interferindo na vida dos missivistas.

"Me lembro da Quitéria. Era uma moça que conheci em um forró em Pirituba. Conversamos, e ela disse que sentia saudades da mãe, que morava em Caruaru (PE). Me ofereci para escrever."

"Foi como soube da sua história. Ela tinha chegado a São Paulo convidada para trabalhar como empregada doméstica, mas descobriu aqui que tinha de trabalhar, na verdade, como prostituta. Para piorar, ela ficou grávida. Ela contava tudo isso na carta e dizia para a mãe que queria voltar.

Uma semana depois, conta, Quitéria telefonou. "Era sábado à noite. Disse que tinha brigado com a patroa porque não queria se prostituir e que, por isso, ia dormir na rua com o filho. Tive que ajudar. Ela foi dormir na paróquia."

Santos, então, levantou o dinheiro para ela voltar para a casa da mãe, semelhante ao que faz a personagem de Fernanda Montenegro — que, no filme, acompanha um menino em uma viagem ao Nordeste em busca do pai.

Mas, segundo ele, nem todos contam a verdade nas cartas, como fez Quitéria. A maioria esconde tudo que vá decepcionar a família. "Há muitos noivos infiéis que dizem que estão apaixonados e juram fidelidade, desempregados que afirmam que têm empregos... É sempre igual. Ninguém quer preocupar as pessoas de que gostam e estão longe."

'Quem não sabe ler é cego'

Esse foi o caso de Marcelo. "Ele era um garoto de 18 anos que tinha chegado a São Paulo havia uns sete meses e vivia drogado. Escrevi uma carta para a mãe dele. Ele disse que estava bem e que quase tinha conseguido um emprego. Mas omitia tudo sobre as drogas."

"Perguntei se ele não ia dizer nada sobre a maconha e a cocaína que estava usando. Ele olhou assustado e disse que não. Depois, deve ter mostrado a carta para alguém porque me disse no fim: 'Quem não sabe ler é cego'."

Segundo Santos, a grande maioria não coloca a carta no Correio antes de pedir que uma segunda pessoa leia.

Fonte: Jornal Folha de São Paulo 1995

PRATOS TÍPICOS DO BRASIL

ACARAJÉ
BOBÓ DE CAMARÃO
CHURRASCO
FAROFA
FEIJOADA
MOQUECA DE PEIXE
VATAPÁ...

GINÁSTICA LENTA

BUSINESS - Ano 4
nº. 01 / JAN - 1998

Exercícios em ritmo lento, praticados no próprio local de trabalho. Essa fórmula aparentemente simples tem sido responsável pela redução do número de afastamentos de pessoas do trabalho e de despesas médicas. A indicação é para um problema que vem crescendo cada vez mais nas empresas, as lesões causadas pelo ritmo acelerado e pelos movimentos repetidos durante a atividade profissional, conhecida como LER.

A técnica criada nos anos 60 pelo fisioterapeuta chinês Zhuang Yuan Ming chama-se lian-gong. Só em Xangai, os funcionários de cerca de 300 empresas, de diversos setores, fazem dois intervalos de 15 a 20 minutos durante o expediente, a cada dia, para a prática dos exercícios. Nesses momentos, os alto-falantes tocam uma música apropriada, as pessoas levantam-se de suas cadeiras e realizam os exercícios no mesmo lugar que trabalham.

No Brasil, a idéia já vem conquistando adeptos e algumas empresas estão entrando na onda do lian-gong. O fisioterapeuta Ming considera o Brasil o quarto país em número de praticantes do exercício no mundo. Perde apenas para a China, o Japão e a Indonésia. Durante suas apresentações promovidas pelo Senac em agosto de 97, nos 20 primeiros dias contou com a presença de cerca de 4 mil pessoas.

11

Ouça a fita e acompanhe o locutor lendo o texto acima. Agora ouça as definições de algumas palavras e tente encontrá-las no texto.

1. ____________________
2. ____________________
3. ____________________
4. ____________________

Trabalhe em PARES. O professor pedirá que vocês definam algumas palavras do texto. Será que sua definição estará correta? Compare com as definições de outros colegas.
BOA SORTE!

12

Coloque o texto abaixo na ordem correta e discuta-o com seu colega/professor:

Você é a FAVOR ou CONTRA as histórias infantis, os chamados contos de fada? Por quê?

Qual seria o TÍTULO mais APROPRIADO para este texto?

( ) As histórias não alteram esse processo: não se criam pessoas alienadas porque elas escutaram histórias fantásticas durante a infância. E esses contos permitem à criança elaborar conflitos e dificuldades que ela não consegue resolver no dia-a-dia.

( ) Assim, sua impotência diante de um mundo adulto é solucionada em uma série de histórias — na maioria, é o "mais novo" ou o "menor" que soluciona os problemas.

( ) Entretanto, questionou-se o fato dessas histórias não representarem nossa realidade e servirem de alternativas para que a criança fugisse de sua realidade.

( ) É tradicional a imagem da mãe ou do pai colocando o filho para dormir e contando uma história com bruxas, princesas, fadas e outras criaturas imaginárias.

( ) Há fantasias em histórias como Branca de Neve (a madrasta) e Chapeuzinho Vermelho (sexualidade infantil), e é impossível desprezá-las na educação da criança.

E o momento da história, não substituível pela televisão, é uma hora de intimidade e dedicação entre pais e filhos.

Fonte: Revista da Folha de São Paulo - 01/03/1998

BEBIDAS

BATIDA DE FRUTA
CAIPIRINHA
CERVEJA (CHOPE)
MEIA DE SEDA
PINGA (CACHAÇA)
RABO DE GALO
REFRIGERANTE
SUCO...

psiu!

ATENÇÃO! Estes verbos devem ser usados sempre na *3ª pessoa do singular:*

a) **ser, estar, fazer, haver** para indicar idéia de tempo ou fenômeno natural.
Exemplos: É cedo. Está claro. Faz frio. Faz 2 anos. Há 4 meses...
(Só o verbo ser, quando indica hora, é variável.)
Exemplo: São duas horas.

b) **haver** quando exprime existência ou acontecimento.
Exemplos: Há razões de sobra. Houve muitas discussões. Deve haver muitos lugares...

c) e verbos que exprimem **fenômenos da natureza**.
Exemplos: Trovejou muito ontem à noite. Anoiteceu rapidamente.
(Obs.: os verbos podem ter sujeito determinado quando usado de forma figurada.
Exemplo: Choveram reclamações pelo telefone.)

13 Coloque os verbos entre parênteses na forma apropriada:

1. Hoje ____________ (ser) 12 de outubro, Dia da Criança.
2. ___________ (ser) 4h15 quando cheguei em casa.
3. ____________ (fazer) muitos anos que não nos encontramos.
4. Quando estava em Paris, __________ (haver) muitos brasileiros lá.
5. Não tenho certeza mas, amanhã _________ (haver) duas comemorações aqui.
6. __________ (nevar) muito ontem à noite.
7. Logo__________ (estar) escuro porque __________ (anoitecer).
8. __________ (ser) 1h30.
9. __________ (chover) paus e pedras durante o jogo.
10. Vamos logo! _________ (haver) muitas pessoas esperando.

14 Ouça os diálogos e complete os espaços em branco. Observe os diferentes sotaques regionais.

DO INTERIOR DE SP

A. __________ procurando um __________ pra _________.
Minha __________ ___________ uma casa bem grande!
B. Por quê?
A. Tem mais dois _____________ chegando.
B. E o _____________ quer perto da cidade?
A. É claro, _____________! Meu filho vai ________ _________, vai estudar Medicina na faculdade da cidade.
B. __________________ dá pra ser um sitiozinho perto da cidade, uns 10 km de carro?
A. ______________________ dá, não. Quero _________ bem no centro da cidade.

DO RIO

A. Pô, já são cinco _________ e as _______________ ainda não chegaram da excursão.
B. Calma, Roberto! _______ elas estejam no trânsito. Tu não acabou de ouvir que a __________ foi interditada e o _______ teve que desviar por um caminho muito _______ longo?
A. É, tu tem razão. Acho melhor a gente ________ mais um pouco _______ de tomar ____________ providências.

DO NORTE

A. Ô Zé, assim não dá! Já falei a Ricardo que você tem que vir aqui visitar esse cliente urgente. Ele já tá _________demais! O pedido que ele fez ainda não foi __________ e já __________ o nosso prazo.

DO SUL

B. Bá tchê! Já despachei esse pedido, há muito tempo, pela transportadora "Digan". Vou verificar onde foi parar esse pedido e assim que tiver solucionado esse problema irei pessoalmente falar com o cliente. Ah! E já aproveito para comer um ________ aí com vocês da filial.
A. Combinado, vê se me liga assim que tiver notícias! E quando vier pra cá não esqueça de trazer este tal de _________ de que vocês tanto falam. Quero ver se é bom mesmo!
B: Bá tchê! Já vou ______ na mala pra não esquecer. Até breve! Tchau.

psiu!

TEMPEROS

AÇAFRÃO
AÇÚCAR
ALECRIM
CANELA
COENTRO
COMINHO
CRAVO-DA-ÍNDIA
ERVA-DOCE
FOLHA DE LOURO
MANJERICÃO
NOZ-MOSCADA
ORÉGANO
PÁPRICA
PIMENTA
SAL...

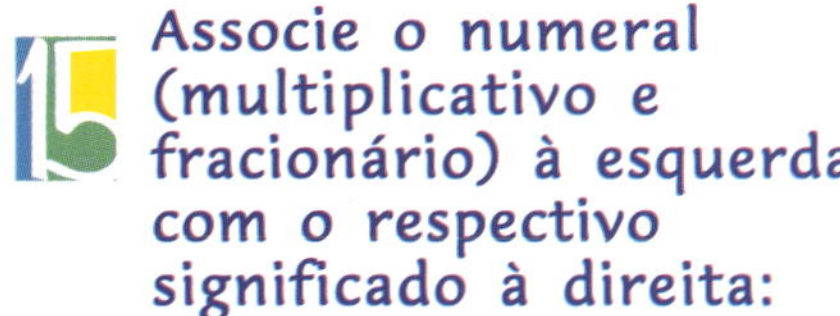

15 Associe o numeral (multiplicativo e fracionário) à esquerda com o respectivo significado à direita:

quádruplo	2 vezes
dobro, duplo	1/100
terço	4 vezes
triplo, tríplice	1/3
meio, metade	3 vezes
um quarto	1/2
centésimo	1/4

Complete as frases com um dos numerais do exercício acima.

Cuidado: Os multiplicativos são invariáveis quando atuam em funções substantivas, mas se flexionam em gênero e número quando atuam em funções adjetivas.
Os fracionários flexionam-se em gênero e número.

1. Hoje ele quer comemorar pra valer: para começar, já pediu uísque dose __________.
2. Coloque ____________ xícara de chá de vinho e misture bem.
3. Vamos fazer 3 camadas: coloque em primeiro lugar um ___________ da massa.
4. Do tablete de chocolate de 200 gr. vamos usar somente 50 gramas. Portanto vamos usar somente um ________.
5. Você quer preparar o ___________ da receita? É só multiplicar os ingredientes por 2.
6. Se você multiplica por 3, você tem o _____________.
7. A vacina que atua sobre as 3 doenças que são difteria, coqueluche e tétano, é chamada de vacina ____________.

O lazer em casa inclui também a culinária. Veja um exemplo de uma receita como normalmente é apresentada nos livros de receitas.

PAVÊ TROPICAL

Ingredientes

- 1 tablete de chocolate amargo (200 g)
- 2 colheres de chá de NESCAFÉ
- 4 colheres de sopa de manteiga
- 1 xícara de chá de açúcar
- 1 gema
- 1 lata de creme de leite
- 1 pacote de biscoitos Champagne
- 1/2 xícara de chá de vinho tipo Porto
- 1 xícara de chá de ameixa preta ou abacaxi ou pêssego

Modo de preparo

Misture o chocolate meio amargo, o NESCAFÉ, 3 colheres (sopa) de água e leve ao fogo baixo, mexendo sempre, até engrossar. Retire e deixe esfriar. Bata em creme a manteiga com o açúcar e a gema. Junte a mistura de chocolate e, sem parar de bater, acrescente aos poucos o creme de leite, batendo até obter um creme consistente. Forre com papel alumínio uma forma redonda (22 cm de diâmetro). Misture o vinho com uma xícara de chá de água e umedeça os biscoitos à medida que os for usando. Arme o pavê, alternando camada de biscoitos, uma fina camada de creme e frutas picadas. Comece e termine com biscoitos.

Reserve o restante do creme. Leve o pavê à geladeira de véspera. Desenforme e cubra-o com o restante do creme. Decore com as frutas que usou no recheio.

Bom Apetite!

Você gosta de cozinhar? Que tipo de prato você normalmente prepara?

Com que freqüência você cozinha? Qual é a sua receita favorita?

"HOBBIES" CASEIROS

"BONSAI"
BORDADO
CARPINTARIA
COSTURA
CROCHÊ
ORIGAMI
PINTURA (EM TECIDO)
QUEBRA-CABEÇA
TRICÔ...

psiu!

Guias do Executivo estão na Internet

Desde a semana passada, os Guias do Executivo, publicados pelo Núcleo Guias da Gazeta Mercantil, estão disponíveis na Internet. O acesso à home-page (www.guia-doexecutivo.com.br) é gratuito e pode ser feito em português, inglês e espanhol. As informações são as mesmas do Guia do Executivo impresso e trazem os principais dados sobre bares, hotéis, restaurantes, negócios, compras, cultura, turismo e serviços.

Inicialmente, podem ser acessados os Guias do Executivo de São Paulo, Brasília, Porto Alegre, Florianópolis e Salvador. "É a primeira vez que são lançados simultaneamente cinco guias de cidades brasileiras", afirma o diretor de Projetos Especiais da Gazeta Mercantil, Carlos Lovizzaro.

Daqui a um mês também estarão à disposição os guias do Rio de Janeiro e Vitória, e o das rodovias Anhangüera-Bandeirantes, lançado recentemente.

Segundo o diretor-geral da Gazeta Mercantil Informações Eletrônicas, Admilson Marin, até o final do ano deverão ser colocadas na Internet as 28 edições do Guia do Executivo. "Estamos negociando com bares e restaurantes plugados na Internet, a possibilidade de que nossos usuários possam fazer reservas 'on line' ", afirma o diretor-geral.

Os espaços publicitários disponíveis nos guias eletrônicos já estão sendo negociados. No caso de bares e restaurantes, será possível, por exemplo, a colocação da bandeira do guia nos estabelecimentos catalogados. As empresas que já anunciam nos guias impressos gozarão de uma promoção especial na mídia eletrônica.

Segundo o diretor de Projetos Especiais Lovizzaro, o usuário dos guias eletrônicos pode acessar de graça o Centro de Informações de Negócios da Gazeta Mercantil e da Gazeta Latino-Americana. "O acesso é gratuito apenas na primeira vez, caso o internauta queira se tornar um assinante do serviço, deve se cadastrar".

O principal recurso dos guias eletrônicos é a pesquisa, que pode ser feita diretamente por temas. Para se procurar uma loja de brinquedos, por exemplo, o cliente deve simplesmente escrever "brinquedos" no campo reservado para a procura. Já se o usuário quiser encontrar um restaurante dotado de lareira – um caso bem mais específico – deverá escrever "lareira" e, automaticamente, aparecerão na tela todos os estabelecimentos deste tipo. Um recurso sem dúvida útil, sobretudo quando se trata de uma metrópole como São Paulo ou de uma cidade grande como Porto Alegre.

Além de servir aos usuários brasileiros (1,2 milhão de pessoas estão plugadas na Internet no País), os Guias do Executivo na versão eletrônica (eles também estarão disponíveis em inglês) deverão ser acessados por milhões de internautas espalhados pelo mundo. Nesse sentido, indiretamente, vão colaborar para aumentar o fluxo de turistas estrangeiros para o Brasil e facilitar a estadia dos empresários que vêm ao País a trabalho.

Os Guias do Executivo são publicados desde fevereiro de 1997. Até hoje, já saíram 11 títulos: Rio de Janeiro, São Paulo em português, São Paulo em inglês, Porto Alegre, Florianópolis e Cidades Catarinenses, Brasília, Salvador, Curitiba, Belo Horizonte e Anhangüera-Bandeirantes. Com um perfil de prestação de serviços, a coleção tem sido um sucesso de público e vendas publicitárias.

Pesquisa realizada junto ao público leitor dos guias demonstrou que a maioria (73%) dos usuários é formada por pessoas com formação superior completa – 28,53% dos quais com nível de pós-graduação.

O universo dos clientes é ainda composto por uma maioria (48,48%) de usuários entre 31 e 45 anos e por uma forte presença do sexo masculino (76,18%).

Fonte: Jornal Gazeta Mercantil - 10/09/98 - Adriana Marcolini

Angola

Em 1482 chegou à desembocadura do rio Congo uma frota portuguesa.
Esse foi o primeiro contato dos angolanos com os portugueses e aí começou também o processo de colonização através de missões voltadas para o comércio e para a evangelização. As guerras contra a ocupação e a escravidão foram responsáveis por reduzir a população de Angola de 18 milhões em 1450 para apenas 8 milhões em 1850. Em 1900 estima-se que era de aproximadamente 10 mil o número de colonos portugueses no país aumentando para 80 mil até 1950 e para 350 mil no fim de 1974. A economia baseava-se na exploração dos recursos minerais e agrícolas, dos diamantes e do café. O movimento de independência iniciou-se em 1956 com a fundação do Movimento Popular para libertação de Angola (MPLA) culminando no dia 11 de novembro de 1975. Devido a longos períodos de guerra, a situação da economia de Angola era então muito precária. Os europeus se retiraram em massa levando tudo o que podiam transportar deixando inoperantes as instalações produtivas. O governo angolano dedicou-se ao treinamento da mão-de-obra em geral pouco qualificada e analfabeta. Os bancos e as atividades consideradas estratégicas foram então nacionalizados. Em fins de 1977 o MPLA realizou seu primeiro congresso e adotou o nome de MPLA-Partido do Trabalho. As guerras envolvendo a África do Sul que apoiava outro grande partido político, a UNITA (União para a Independência Total de Angola) e o Zaire que haviam invadido o país e Cuba que o apoiava, continuaram por mais longos anos. No final de abril de 1990 foi negociada uma trégua definitiva no país e no dia 31 de maio foi assinado um acordo de paz em Estoril, Portugal. Contudo, devido a relações internas tensas, houve um ressurgimento de hostilidades em fins de 1992 com novas negociações de paz em 1993.

Onde fica

- **População:** 10.442.000 (1994)
- **Superfície:** 1.246.700 Km²
- **Capital:** Luanda
- **Moeda:** Novo Kwanza
- **Idioma:** Português (oficial) e línguas africanas de origem banto
- **Religião:** A maioria da população segue religiões africanas tradicionais, aproximadamente 38% é católica e 15% protestante.

Fonte: Guia del Mundo - 1998

Moçambique

Parte do Moçambique da época anterior à colonização portuguesa era um ponto de contato das culturas mais desenvolvidas da África. A presença portuguesa na costa de Moçambique e o projeto de dominar o tráfico comercial com o Oriente levou à destruição dos portos e à asfixia da exportação de ouro do Zimbábue trazendo efeitos negativos à região. As tentativas de unir por terra Moçambique e Angola fracassaram repetidamente e o controle dos europeus deu-se apenas nas faixas costeiras onde a administração limitava-se à concessão de enormes extensões de terras a aventureiros portugueses e a índios que se dedicavam às atividades de saqueio e de aprisionamento de escravos. O país era virtualmente independente até 1890 quando o governo português teve que demonstrar seu controle do território pois ameaçava perdê-lo para os ingleses. Divididos em vários movimentos, grupos patriotas pediam a independência. Em 1960 uma concentração pacífica foi reprimida selvagemente e deixou um saldo de 500 mortos. No ano seguinte, Eduardo Mondlane, então funcionário da ONU, visitou seu país e incentivou os grupos a se unirem criando-se então a FRELIMO (Frente de Libertação de Moçambique). Em fins de 1964 inicia-se a luta armada. Em fevereiro de 1969 Mondlane foi assassinado. Quando do Segundo Congresso da FRELIMO firmou-se a orientação da busca por uma nova sociedade democrática e popular e Samora Moisés Machel foi eleito presidente da organização. Em 25 de junho de 1975 foi fundada a República Popular de Moçambique. O governo da FRELIMO incentivou o ensino, a assistência médica, os bancos estrangeiros e as empresas multinacionais. Promoveu-se a criação de aldeias comunitárias para reunir agricultores dispersos e organizar formas coletivas de produção. Em 1977, no seu Terceiro Congresso, a FRELIMO adotou o marxismo-leninismo como orientação ideológica. Para reativar a economia, em março de 1980 Samora iniciou uma campanha dirigida a eliminar a corrupção e a burocracia estatal. Iniciou-se um plano de desenvolvimento que previa grandes investimentos na agricultura, nos transportes e na indústria. Todavia, tais projetos foram afetados pela deterioração das relações com a África do Sul que não só invadiu o território como apoiou o Movimento Nacional de Moçambique (RENAMO). Em fins de 1982 o governo intensificou a ofensiva militar contra o RENAMO. A partir do Quarto Congresso da FRELIMO, em abril de 1983, começaram a ser deixados de lado os grandes investimentos na área agrícola partindo-se para uma priorização dos investimentos menores. Foram discutidas as 'oito teses' que levaram a uma mudança radical da composição dos delegados presentes ao Congresso sendo a maioria campesinos e duplicando-se ainda a presença de mulheres se comparado ao Terceiro Congresso. A partir de 1985 Moçambique inicia uma fase crítica devido às ações terroristas do RENAMO e à seca que tomou conta do país. A África do Sul volta a apoiar o RENAMO e a crise se agrava com a morte de Samora num acidente aéreo em 1986. No dia 3 de novembro, o Comitê Central da FRELIMO elegeu Joaquim Chissano para a presidência. No ano seguinte, o governo aprova uma política mais flexível para os investimentos estrangeiros e para maiores investimentos por parte dos produtores locais. Em 1989 a FRELIMO abandona as referências orientadoras do marxismo-leninismo. Em 1990, com a entrada em vigor da nova Constituição e do sistema multipartidário, o governo de Maputo começa a negociar a paz com o RENAMO. Em outubro de 1991 uma seca avassaladora agrava a situação da população que já carecia de alimentos devido à guerra civil e faz com que o governo solicite a ajuda internacional de mais de um milhão de toneladas de alimentos. Em novembro de 1991 o governo de Moçambique e o RENAMO assinam em Roma um protocolo de acordo sobre as atividades dos partidos e sobre a realização de eleições. Para executar um plano de reconstrução, o governo solicitou ao Clube de Paris US$ 1 milhão que porém dependiam das conversações de paz. As eleições, previstas para 1991 foram adiadas. Em agosto de 1991 foi reeleito Chissano. No dia 4 de outubro de 1992 foi firmado em Roma um acordo de paz que pôs fim a 16 anos de confrontos os quais provocaram mais de um milhão de mortos e cinco milhões de refugiados. Soldados da ONU foram encarregados do desarmamento no país em um prazo de seis meses. A continuação das divergências forçaram a ONU a intervir diretamente e a enviar uma força de paz de 7.500 soldados para a região. Em março de 1995 o Clube de Paris prometeu entregar a Maputo 780 milhões de dólares para a reconstrução do país.

Onde fica

- **População:** 15.463.000 (1994)
- **Superfície:** 801.590 Km²
- **Capital:** Maputo
- **Moeda:** Meticais
- **Idioma:** Português

Fonte: Guia del Mundo - 1998

QUEM SOMOS, AFINAL? (2)

Outros personagens típicos entre o povo brasileiro são:

O MULATO

É a mestiçagem mais comum no Brasil, fruto do cruzamento entre brancos e negros. No período colonial, o mulato era quase sempre a prova do abuso do senhor de engenho, que escolhia na senzala as mulheres negras mais bonitas para sua satisfação sexual. Hoje, o mulato é um símbolo da beleza brasileira cada vez mais numeroso.

O PANTANEIRO

O homem pantaneiro, que é basicamente um vaqueiro adaptado para as pastagens úmidas, nasceu com a chegada da criação extensiva de gado ao Pantanal. O sistema de cheias e vazantes do Rio Paraguai obriga o constante deslocamento dos rebanhos das terras baixas e alagáveis para as altas e secas. Ao contrário do gaúcho, que só come carne, o pantaneiro também aprecia a fartura de peixe da região.

O SERINGUEIRO

Vive recluso no meio do mato, nas regiões da Floresta Amazônica, onde as seringueiras nascem espontaneamente, como no Acre. Seu trabalho é abrir vincos nos troncos para extrair o látex e, em seguida, defumá-lo até que se transforme em borracha. Como a seringueira só nasce na mata preservada, o seringalista passou a ser um combativo defensor da floresta, denunciando queimadas e a atuação de madeireiras.

O CAIÇARA

É o morador do litoral sudeste brasileiro, que povoa as matas de restinga próximas aos manguezais. Vive da pesca na foz dos rios e do cultivo de subsistência. Adotou muitos hábitos indígenas, como a roça de coivara e a pesca artesanal com covas. Preserva palavras do português quinhentista e alguns são loiros porque descendem de aventureiros franceses e suíços que se instalaram ali no período colonial.

O JANGADEIRO

É o pescador dos mares nordestinos, que vive nas comunidades do litoral. Especializou-se na pesca de rede a bordo de jangadas, pequenas embarcações de vela triangular feitas de seis paus roliços retirados das matas da região. Singrando as águas verdes e ensolaradas, no amanhecer ou no pôr-do-sol, o jangadeiro virou elemento típico da paisagem da região e símbolo de Alagoas.

O MESTIÇO ORIENTAL

O termo mestiço serve para definir qualquer tipo de mistura de raças, mas nos últimos anos tem sido mais usado para o caso dos orientais. O fenômeno ainda é recente e, em certa medida, raro, pois a raça amarela - da qual os japoneses são maioria no Brasil - viveu décadas organizada em colônias fechadas, o que dificultou a mistura.

Fonte: Revista TERRA 06/98 - resumo do texto de Vinícius Romanini

UNIDADE 18

Regência Verbal

EXPLOSÃO DIVERTIDA

Novas formas de entretenimento, mais tempo livre e dinheiro no bolso provocam uma corrida à indústria do lazer no Brasil.

Os brasileiros estão se divertindo como nunca. Basta ligar para um hotel-fazenda, num raio de 100 quilômetros de uma grande capital, para perceber quanto. Todos, com pouquíssimas exceções, estão com vagas esgotadas para o feriado da Semana Santa.

No Brasil sem inflação, poucos ramos da economia cresceram tanto quanto a indústria do lazer. O entretenimento é uma atividade que inclui quase tudo aquilo que as pessoas fazem quando não estão trabalhando ou dormindo. Engloba desde o turismo até a arte, passando pela culinária. Viagens de férias, passeios de fim de semana, cinema, teatro, danceterias, bares e restaurantes e parques de diversões estão nesse galho florescente da economia. Inclui também uma lista enorme de atividades caseiras, como ver televisão, jogar videogame, ouvir música, ler ou simplesmente juntar os amigos para o churrasco no domingo.

O crescimento das atividades de lazer no Brasil se deve à combinação de dois fatores. O primeiro é que o entretenimento está em alta no mundo todo. Só o turismo gera trilhões de dólares e dá emprego a centenas de milhões de pessoas. O segundo motivo é a estabilização da economia brasileira. É difícil encontrar um único produto ou serviço cuja venda não tenha disparado depois do Real. Nesse ranking o entretenimento só perde para o consumo de alimentos, o que mais cresceu nos últimos anos. Com a moeda estável, é possível reservar parte do orçamento para o lazer.

A bilionária indústria do entretenimento, ao contrário de outras atividades econômicas, raramente vende produtos que podem ser pesados e medidos, como um automóvel e um sabonete. Quem compra lazer geralmente está adquirindo coisas imensuráveis, como bons momentos com a família ou os amigos, paisagens bonitas, sons e imagens, e até status, como poder dizer: fui ao parque tal, no país tal.

"Usar o tempo livre para brincar, viajar e se divertir é um hábito recente no Brasil", diz a professora Kátia Passos, coordenadora do curso de lazer da Universidade de Brasília. "Até hoje muita gente confunde lazer com ociosidade e tem certo sentimento de culpa por não estar produzindo nada." E hoje se trabalha menos que no passado. Até a década de 30, o brasileiro trabalhava em média 4.000 horas por ano. Hoje, trabalha 2.000 horas. "O Brasil está entrando na sociedade do tempo livre", diz o professor Luiz Octávio de Lima Camargo, coordenador dos cursos de lazer do Senac.

A indústria do entretenimento é a maneira encontrada pelo capitalismo para entrar no tempo livre, fazer com que a pessoa fora do horário de trabalho se transforme num consumidor de mercadorias.

Em busca de divertimento, o brasileiro está cada vez menos caseiro. Danceterias surgem quase todos os dias nos bairros mais distantes - sempre com filas enormes na porta. "Está cada vez mais difícil definir quais são os lugares da moda", diz Percival Maricato, presidente da Associação de Bares e Restaurantes Diferenciados de São Paulo, entidade que reúne estabelecimentos a que as pessoas vão para comer, beber, dançar ou ver shows - tudo num mesmo local. "A Zona Leste de São Paulo, que até pouco tempo atrás era um local sem atrativos, é hoje a região onde mais se abrem casas noturnas."

Viagens curtas de fim de semana tornam-se um hábito corriqueiro da classe média. Nas estradas de São Paulo, o número de veículos nos pedágios aumentou consideravelmente. O mesmo ocorre em todo o país.

Uma forma de medir a explosão do lazer no país é somar os investimentos em parques de diversões. É mais de 1,5 bilhão de dólares em uma dezena de parques a ser inaugurados nos próximos três anos. Isso sem contar as ampliações nos parques já em funcionamento.

Há parques em construção por todo o Brasil. Nas cidades com clima quente, sobretudo litorâneas, o grande atrativo são os parques aquáticos, com piscinas de água corrente, tobogãs, escorregadores e bóias. Nas metrópoles ou em áreas vizinhas, predominam os chamados parques temáticos, cópias da Disney na Flórida ou do Parque Asterix, na França. O Playcenter, a maior empresa do setor de parque de diversões do país, vai erguer na região de Vinhedo, a 35 minutos de carro de São Paulo, um pólo turístico numa área de 3,5 milhões de metros quadrados. A primeira atração será um novo parque temático, o Playcenter SerraAzul. Com tema ligado à ecologia, custará 200 milhões de dólares e deve ficar pronto em 1998. "Será o maior complexo turístico da América Latina", promete Marcelo Gutglas, superintendente do Grupo Playcenter. O Rio de Janeiro ganha seu parque temático em outubro de 1997, o Terra Encantada. É um projeto de 220 milhões de dólares, que já está sendo construído na Barra da Tijuca pelo grupo Esta. O tema será as origens do povo brasileiro e o folclore nacional. "A existência do parque deve aumentar a permanência média do turista na cidade", diz Danilo Rocha, diretor do Esta. "Os parques chegam para complementar a indústria do turismo no Brasil."

Fonte: Revista VEJA - 3/4/1996 - Marcos Pivetta e Sergio Túlio Caldas

1 Agora responda conforme o texto:

1. Por que as atividades de lazer cresceram tanto no Brasil, nos últimos anos?
2. Qual é o ranking do entretenimento?
3. Qual é o objetivo da indústria do lazer?
4. O que é considerado atividade de lazer?
5. Qual a diferença entre parque aquático e parque temático?

BAGAGEM

BOLSA
CARTEIRA
FRASQUEIRA
MALA
MALETA
MOCHILA
PASTA
POCHETE
SACO
SACOLA...

psiu!

Discuta com seu colega:

1. Qual é a sua atividade de lazer preferida? Por quê?
2. Que atividades mencionadas no texto você nunca vivenciou? Por quê?
3. Você concorda com a afirmação da professora Kátia sobre haver pessoas que confundem lazer com ociosidade e têm certo sentimento de culpa por não estar produzindo nada?
4. Você poderia dizer o nome de um "lugar da moda" da sua cidade? Por que ele é considerado um "lugar da moda"?
5. Você acha mais interessante um parque aquático ou um parque temático?

2 Ouça a fita e preencha os quadros com os dados mencionados:

BETO CARRERO WORLD

- Onde: ____________________
- Funcionamento: das 10h às 19h. Fecha às segundas-feiras, na baixa temporada.
- Ingresso: R$ 30 por dia, ou R$ 54 para dois dias. Os shows Excalibur (R$ 9 ou R$ 12 com jantar) e Oeste Selvagem (R$ 14 com almoço) são opcionais.
- Área do parque: ____________________
- Aluguel: Não aluga equipamentos.
- Serviços Oferecidos: ____________________

PARADISE WATER PARK

- Onde: Praia de Mucugê, Arraial D'Ajuda (BA). Tel.: (073) 875.1500.
- Funcionamento: ____________________
- Ingresso: ____________________
- Área do parque: 157 mil metros quadrados. Capacidade para 5 mil pessoas.
- Aluguel: ____________________
- Serviços Oferecidos: Um restaurante e quatro *fast-foods*, ambulatório médico, berçário, barracas de praia, lambateria, lojas de conveniência e passeios panorâmicos de helicóptero (R$ 30 por pessoa).

WET'N WILD

- Onde: ____________________
- Funcionamento: das 10h às 18h, de segunda a sexta-feira; ou de 9 h às 19 h, aos sábados e domingos.
- Ingresso: grátis para crianças de até um metro de altura, R$ 11,95 para crianças de até 1,30 m ou R$ 19,95 para as demais pessoas. Inclui todas as diversões, exceto jogos eletrônicos.
- Área do parque: ____________________
- Aluguel: ____________________
- Serviços Oferecidos: ____________________

BEACH PARK

- Onde: Praia Porto de Dunas, a 20 km de Fortaleza (CE). Tel.: (085) 360.1150
- Funcionamento: ____________________
- Ingresso: ____________________
- Área do parque: 85 mil metros quadrados. Capacidade para seis mil pessoas.
- Aluguel: ____________________
- Serviços Oferecidos: Um restaurante cinco estrelas, um *self-service*, café, sorveteria, "bar molhado", serviço de praia, ambulatório, três boutiques de *souvenirs*, aluguel de *buggy*, quadriciclo e ultraleve.

Fonte: Revista Momento - Mar/Abr-97

3 Ouça a fita e descubra qual o lugar ideal para passar as férias mencionado por cada um dos personagens e o motivo da preferência.

	Descrição do lugar ideal	Motivo
Manuel		
Dalton		
Celina		
Kátia		

ITENS PARA VIAGEM

CHEQUES DE VIAGEM
DICIONÁRIO
FILMADORA
GUIA TURÍSTICO
MAPAS
MÁQUINA FOTOGRÁFICA
PASSAPORTE
REFERÊNCIAS DE AMIGOS
REVISTAS TURÍSTICAS
VISTO...

Use as sugestões abaixo para convidar um colega para sair no fim de semana. Comece o diálogo assim:

A: Está passando um filme muito bom no Cinearte. Você gostaria de assistir?
B: Qual é o nome do filme?
A: "O Homem que fazia chover".
B: Que tipo de filme é esse?
A: Acho que é um drama. Dizem que é muito bom!
B: Então vamos. Qual é o horário?
A: Tem às 18h, 20h, 22h. Que tal às 20h?
B: Tudo bem. Espero você em casa por volta das 19h15.
A: Combinado. Até lá, então.

- **Em que dias está passando?**
- **Onde (mais) está passando?**
- **Quem são os atores principais?**
- **Onde fica o cinema? É longe/perto daqui?**

- **Parece uma ótima idéia!**
- **Eu adoraria!**
- **Jóia! Legal!**

- **Que pena! Vou estar muito ocupado este final de semana. Talvez a semana que vem.**
- **Talvez uma próxima vez. Obrigado mesmo assim.**
- **Infelizmente não vai dar. Estou cheio de coisas pra fazer neste fim de semana. Quem sabe num outro dia?**

FUGA PARA O INTERIOR

Até pouco tempo atrás havia uma clara tendência das pessoas migrarem para as grandes cidades, principalmente para as capitais, uma vez que o sonho das grandes e famosas universidades, empregos bem remunerados, redes de supermercados e shopping centers era privilégio restrito às grandes capitais. Quem não abrisse mão de tais serviços automaticamente era obrigado a conviver com congestionamento, alto custo de vida, poluição e violência crescentes.

Atualmente muitos dos serviços acima citados deixaram de ser privilégios restritos às grandes capitais. Muitas cidades do interior já oferecem tudo o que as capitais podem proporcionar, além de outras vantagens da vida urbana que acabaram se tornando inacessíveis nas grandes cidades. E é justamente isso o que a maioria das pessoas busca quando migra para o interior.

Fonte: Revista Veja - 03/1998

E você? Você gostaria de morar numa metrópole ou numa cidade do interior? Se você optasse por viver no interior, quais seriam as razões para isso? Colocamos ao lado uma lista de razões prováveis por que cada vez mais brasileiros querem mudar-se para o interior. Numere os itens a seguir em ordem de importância para você.

- **( ) custo de vida mais baixo**
- **( ) menos violência**
- **( ) melhor qualidade de vida**
- **( ) ar mais puro**
- **( ) vida mais tranqüila**
- **( ) pessoas mais amigas**
- **( ) menos congestionamento**

Compare suas razões com a opinião dos seus colegas e discuta. Qual foi o item mais valorizado por todos? Você concorda com eles?
Agora o professor lhes indicará o resultado de uma pesquisa realizada em março de 1998 por uma revista brasileira, "Veja". Verifique se coincide com a ordem de importância assinalada por você. Se não, discuta com seus colegas, em classe.

CAMPING

BARRACA
COLCHONETE
FOGAREIRO
FÓSFOROS
LANTERNA
PANELAS E AFINS
REPELENTE
SACO DE DORMIR...

psiu!

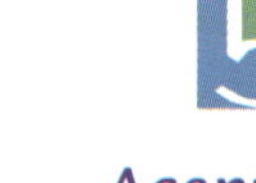

REVISÃO

Acentue, quando necessário, as palavras dos cupons de desconto ao lado:

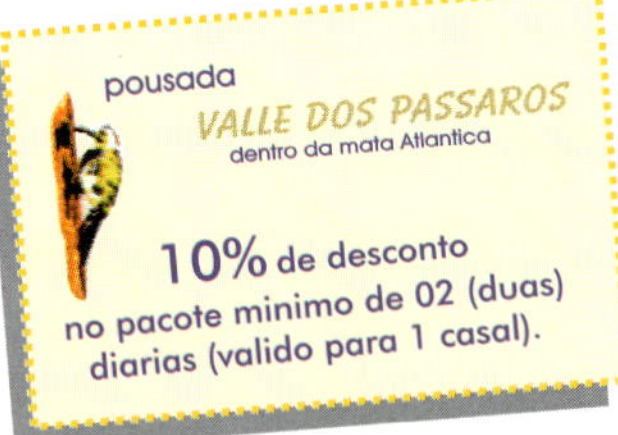

Ψ Clinica Psicologica

30% de desconto nas sessoes Psicoterapia e Orientaçao Profissional (atendimento tambem a dependente de drogas).

Que profissionais estão relacionados às propagandas acima:

Exemplo: 1- Pousada Valle dos Pássaros: arrumadeira, porteiro, ...

Ouça a fita e liste as MULTAS de acordo com a sua GRAVIDADE. Na coluna apropriada, indique o VALOR DE CADA MULTA:

GRAVÍSSIMAS	VALOR R$

MÉDIAS	VALOR R$

GRAVES	VALOR R$

LEVES	VALOR R$

7 Observe os seguintes folhetos informativos e publicitários. O que eles têm em comum é o tempo verbal: o IMPERATIVO. Por que será que os especialistas em publicidade usam tanto o Imperativo? Nas propagandas do seu país também usa-se muito o Imperativo? Pesquise e discuta com seu colega/professor.

REVISÃO

Agora vamos criar um folheto informativo para uma agência de viagens a fim de fazer propaganda do seu país, da sua beleza, da sua cultura. Deve ser o mais atraente, convidativo e convincente possível. Use e abuse do IMPERATIVO! Coloque também um título sugestivo para o folheto. Se puder, coloque fotos ou desenhos para que seja visualmente atrativo! Mãos à obra!

PRAIA

BIQUINI
BÓIA
BRONZEADOR
CADEIRA DE PRAIA
ESTEIRA
GUARDA-SOL
ISOPOR
MAIÔ
PROTETOR SOLAR
SAÍDA DE BANHO
TOALHA...

Leia os anúncios abaixo retirados da *Revista da Folha de 12 de abril de 1998*. Qual dos cursos anunciados interessaria mais a você? Por quê?

Canoagem

O Cepeusp, clube esportivo da USP, oferece aulas de canoagem na raia olímpica para pessoas de fora da universidade. O curso é destinado ao público infanto-juvenil, dos 12 anos aos 16 anos, que está se iniciando no esporte.

Cepeusp • Praça Rubião Meira, 61 - Cidade Universitária, Butantã. Tel. 818-3361. Dias: terças e quintas. Horário: 8h/9h. Duração: um semestre. Vagas: 14. Inscrições até 6/3. Preços: R$ 130 e R$ 100 (para alunos da comunidade USP).

Dança do Ventre

O objetivo do curso é desenvolver a expressão e a comunicação não-verbal, utilizando a expressão facial, o desenvolvimento de um estilo próprio e ensinando a sintonizar os ritmos e os movimentos corporais na mesma freqüência

Dhammapada Escola de Yoga • R. Estado de Israel, 322 - Vila Mariana. Tel. 549-8815. Início: março. Duração: um semestre. Dias: terças e quintas, 9h / 10h, ou segundas e quartas, 18h30 / 19h30, além de outras opções de horários. Preço: R$ 90.

Arranjos Florais

O curso, dirigido para iniciantes, trata das técnicas de conservação das flores, ensina embalagens rápidas e econômicas como as usadas em floriculturas.

Green Escola • Av. Brigadeiro Luís Antônio, 2.791 - Bela Vista. Tel. 7960-3363. Dia: 25/04. Horário: 9h / 15h. Preço: R$ 75.

Fotografia e Iluminação para Cinema

O curso oferece noções básicas de utilização de luz com Waldemar Lima, diretor de fotografia de "Deus e o Diabo na Terra do Sol" e "Barravento", ambos de Glauber Rocha, entre outros.

Funarte SP • Al. Nothmann, 1.058 - Campos Elísios. Tel. 3662-5177. Inscrições até 16/04. Horário: quintas, sextas e sábados, 17h / 19h30. Mensalidade: R$ 40.

Associação Brasileira de Barmen

No curso básico de coquetelaria, o aluno aprende a fazer drinques com tequila, uísque, vinhos etc. A associação está promovendo também o 1º Curso de Enologia, com o enólogo Saverio Notari, do Maksoud Plaza.

Av. Senador Queiroz, 605 - 5º andar - sala 517 - Santa Ifigênia. Tel. 227-8293. Básico de Coquetelaria: de 17/3 a 20/4, terça a sexta (15h30 / 17h30), R$ 250. Curso de Enologia: início em 16/3, duração 13 aulas de duas horas. R$ 300.

Discuta com seu colega. Qual foi o curso mais interessante que você já fez? Que curso você gostaria de ter feito mas não teve oportunidade? Você tem algum curso programado para o futuro imediato? E a longo prazo?

Alguns verbos pedem o uso de uma preposição que pode inclusive modificar o significado dos mesmos. Discuta a diferença de sentido entre as frases abaixo:

1. Sempre agrada o filho quando o vê.	≠	O presente não agradou ao filho.
2. Sentiu-se mal ao aspirar a fumaça.	≠	Aspiramos a um cargo melhor.
3. Por que você implica tanto com ele?	≠	Exigir os seus direitos implica altos riscos.
4. Quero o bem-estar de todos.	≠	Quero a todos por igual.
5. As enfermeiras assistem os idosos com carinho.	≠	As enfermeiras assistem ao jogo de tênis. Esse é um direito que lhe assiste.
6. Custou-me encontrar uma boa casa.	≠	O carro lhe custou barato.
7. Vim de metrô para a escola.	≠	Vim do Metrô para a escola, correndo.
8. Eles falam da fome.	≠	Enquanto isso milhares morrem de fome.
9. Eu o encontrei no vilarejo.	≠	Eu o encontrei num vilarejo.
10. Cheguei à casa do produtor.	≠	Cheguei da casa do produtor.

Acrescente uma preposição a cada uma das frases seguintes:

1. O filme que assisti me deixou muito emocionada.
2. A única pessoa quem confio é você.
3. O cão obedece o dono cegamente.
4. Nós aspiramos um mundo melhor.
5. A loja que entrei ontem estava fazendo liquidação de quase todos os produtos.
6. O cantor não agradou os fãs.
7. Os lugares onde fui são estes.
8. Amélia não simpatiza Haroldo.

CUIDADOS COM O CARRO

ALINHAR DIREÇÃO
CALIBRAR PNEUS
CHECAR ÓLEO E FREIOS
CONFERIR DOCUMENTOS
VERIFICAR CINTOS E TRIÂNGULO...

10 **Leia o texto abaixo e:**

1. pesquise o significado das palavras sublinhadas no texto.
2. circule a preposição correta que aparece entre parênteses no texto.

Mulher na Pesca - Que emoção lúdica!

Quando eu ouvia comentários a respeito de pesca, normalmente masculinos, o que imaginava eram paisagens bucólicas onde um homem calmamente sentado à beira do rio esperava sua presa. Mas onde estava a ação que muitos comentavam?

A pesca parecia, até então, uma atividade sem muita emoção, onde para justificar sua prática se inventavam estórias. Eu acreditava que pessoas ativas e "plugadas" nos roteiros alternativos e culturais de uma cidade como São Paulo não se interessariam por esse esporte.

Conforme ouvia de amigos, a pescaria também, era utilizada para se criarem álibis, justificando eventuais férias conjugais. Numa destas estórias, aconteceu um flagra. Ao voltar de um final de semana com os amigos de infância, no canal de Bertioga, quando a aventura tinha acontecido nas areias da praia e não em alto-mar, um dos mentirosos pescadores se esqueceu (em, de, para) trazer alguns exemplares que testemunhariam a seu favor. A solução foi comprar peixes de pescadores nativos. Porém, encontrou em uma peixaria, o peixe já limpo e embalado. Sua esposa logo o desmascarou, quando ao preparar o peixe encontrou um carimbo azul de fiscalização em seu dorso. Logo pensei: pescador necessita mesmo inventar estórias para proporcionar emoção a seus ouvintes.

Foi então que em uma viagem de reveillon com minha paixão descobri a emoção da pesca. Na ilha do Cardoso eu, meu leonino e toda aquela tralha de varas, alicates, molinetes, puçás...

E, acima de todos os meus preconceitos sobre a arte de pegar aqueles bichinhos que respiram por brânquias, me lambuzei de citronela, contra as mutucas, e embarquei logo cedo naquele barco de alumínio. Até então não conhecia de perto as habilidades de pescador de meu namorado, mas depois de preparar uma vara com a linha passando através dos anéis, o chumbo, o chicote e depois o anzol, ele me convenceu. Sorrindo disse: "Esta é para você. Pega um camarão vivo e vem aqui que eu vou te ensinar (para, a) arremessar."

Arremessar, mas o quê? Como? Seu sorriso me fez entender a paz contida em um canal de ilha, cheio de vegetação, céu azul e águas límpidas, onde arremessei pela primeira vez.

Como dizia o filósofo: "Amo aquele que não quer ter muitas virtudes. Uma virtude é mais do que duas, porque tem mais nó a que suspender-se a fatalidade".

E, fatalmente , o meu primeiro sinal de fisgada.

Senti meu batimento cardíaco se precipitar, tendo que segurar forte com a segunda fisgada. Um certo medo de deixar escapar de minhas próprias mãos essa emoção também me atingiu.

Novamente, com meiguice a resposta: "Sente, com calma fisgue forte e de uma vez, puxa. Puxa para o alto e vai enrolando esta manivela, sente, solta, enrola mais a linha, com firmeza cede e continua enrolando". E toda a minha energia voltou-se (a, para, com) a água e dentro dela vi uma luzinha prateada e saltitante.

Era meu primeiro Robalinho na Ilha do Cardoso, em Cananéia, tão perto e ao mesmo tempo distante de meu habitat urbano e natural. Ah, que emoção lúdica é se sentir incapaz, por uma fração de segundos, de controlar sua própria emoção.

Então gritei de felicidade e beijei aquele exemplar escorregadio que veio de dentro das águas, sentindo sua força por entre meus dedos.

Por todo o dia fiquei pescando e apostando quem pegava mais peixes. Como todo pescador sabe, naturalmente, fui eu quem mais pescou naquele dia, sorte de principiante.

"Amo aqueles que não procuram atrás das estrelas uma razão para sucumbir e serem sacrificados: mas que se sacrificam à terra...", aos peixes, às águas, varas, puçás e outros objetos pelo puro prazer da pesca, que passa de pai para filho, de avô para neto, de marido para mulher.

Agradeço (para, ao, a) avô Roque, hoje avô do meu marido, por um dia tê-lo levado ao "Morro do Maluf" para pescar no final da década de 70. Assim os homens passam como espíritos (pela, por) sobre a ponte e cheios de emoção pescam: Robalos, Pernas-de-Moça, Bagres, Baiacus e criam os valores em que acreditam: na pesca!

Fonte: Revista "Pesca e Companhia" - Maria Regina Rocha Viesi

CORPO DE BOMBEIROS-193
DESPERTADOR AUTOMÁTICO-134
HORA CERTA-130
INFORMAÇÕES-NÚMEROS DA LISTA TELEFÔNICA-102
LIGUE LUZ-120
POLÍCIA-190
PRONTO SOCORRO-192
TELEGRAMA FONADO-135...

psiu!

Agora leia e responda:

1. Qual era a opinião da autora sobre a pesca? ______
2. Como ela mudou de opinião? ______
3. Qual é exatamente a emoção da pesca? ______

Complete:

Ela gostou tanto da pesca que, ______

Trabalhe em pares, entrevistando seu colega a respeito de:

1. Experiência com pescaria (quando, onde, com quem, quantos peixes, etc.)
2. Opinião sobre a pesca
3. Opinião sobre "sorte de principiante"
4. Opinião sobre "estórias de pescador"

11 **Escolha um dos verbos ao lado, coloque-o na forma adequada e escolha a alternativa correta entre parênteses:**

reconhecer | fisgar | desmascarar | levar | sentir | pescar | utilizar

REVISÃO

O peixe foi ______ (por, pelo, pela) pescador.
A pescaria era ______ como álibi (por, pelos, pelas) alguns pescadores.
O pescador foi ______ (por, pelo, pela) esposa, quando, ao preparar o peixe, ela encontrou o carimbo da fiscalização em seu dorso.
As habilidades do namorado foram ______ (por, pelo, pela) Maria.
O robalinho foi ______ (por, pelo, pela) ela.
Uma forte emoção foi ______ (por, pelo, pela) pescadora ao primeiro sinal de fisgada.
Meu marido foi ______ (por, pelo, pela) avô Roque ao "Morro do Maluf" na década de 70.

12 **Agora relacione as palavras com um traço e escreva frases usando a VOZ PASSIVA:**

REVISÃO

ladrão	pais
paciente	professor
filhos	policial
aluno	convidados
noivos	doutor
cliente	advogado

1. ______
2. ______
3. ______
4. ______
5. ______
6. ______

ARTIGOS PARA PESCA

ANZOL
ISCA (NATURAL, VIVA, ARTIFICIAL)
ISOPOR
LINHA
MOLINETE
VARA...

psiu!

Viajar com ELES? Pode ser ÓTIMO

Para a maior parte das pessoas, as férias ideais são passar uma semana na praia a fim de descansar do trabalho e voltar com um bronzeado de abafar. Mas o que acontece quando o casal leva as crianças?

Bem, por certo não vai ser possível ter muitos momentos íntimos, tirar boas sonecas nem ficar bebendo até tarde da noite. Então por que fazemos o impossível para encaixar as crianças quando planejamos férias? Quem sabe porque todos necessitamos dar atenção aos filhos e, como pais ocupados, não conseguimos isso na correria do dia-a-dia. Alguns amigos meus tratam de dar essa atenção às crianças viajando todo santo ano para Orlando a fim de visitar a Disney pela enésima vez — junto com hordas de crianças brasileiras em férias escolares — numa tentativa de aplacar o sentimento de culpa e agradar aos filhos. Eu não consigo ter tanta abnegação!

Afinal, fora a Disney existem muitos outros lugares onde passar as férias com a família — que tal Marrocos, Espanha, França, Escócia, Estados Unidos, Grécia e, é claro, as belas praias do Brasil? Passamos férias maravilhosas em todos esses lugares, muitas vezes sem que houvesse atividades ou diversões especialmente destinadas aos "baixinhos".

O grande segredo do sucesso das férias com a família é o planejamento. Se for viajar para o exterior, pesquise detalhadamente as opções de vôo. Viagens longas de avião levando crianças sempre são melhores à noite, horário que facilita o sono. Escolha um vôo direto, sem escalas, e procure reservar assentos na frente, além de encomendar refeições especiais, berço, etc. quando comprar as passagens. Leve um kit de sobrevivência completo — fraldas, mamadeiras, leite já medido, babadores, lanchinhos, uma muda de roupa, o brinquedo favorito. Crianças maiores gostam de levar a mochila delas cheia de brinquedos e outros objetos para atividades. Quanto a crianças de peito, dê-lhes de mamar na hora da decolagem e do pouso, para aliviar a pressão nos ouvidos delas. Às crianças maiores, dê chupetas, doces ou bebidas para obter o mesmo efeito.

Leia tudo que puder sobre o lugar para onde vai e verifique com todo cuidado as coisas especiais que vai precisar, como berços, cadeirinhas para adaptar nos assentos do automóvel, quartos com varanda — ótimos para secar roupa e jantar a dois depois que as crianças dormirem. Calcule quantos fusos horários vocês vão atravessar para encaixar as crianças suavemente numa rotina razoável. Procure não reservar nada sem informações confiáveis — os folhetos turísticos são famosos por mentir ou enfeitar a realidade. Um exemplo é a ilha de Santorini, onde estivemos há uns dois anos: os lindos quartos-caverna do *apart-hotel*, reservados por um amigo solteiro e sem filhos, eram perfeitos — se não considerarmos que para chegar lá tínhamos que descer pelo menos 200 degraus bem inclinados. Depois de uma semana e sabe Deus quantas subidas e descidas com duas crianças pequenas, carrinhos e mochilas, estávamos em condições de correr uma maratona!

O verdadeiro segredo, no entanto, é de vez em quando tirar umas férias sem as crianças — vocês vão sentir uma falta tremenda delas, mas vão adorar aqueles momentos íntimos!

Fonte: Revista de Bordo Varig nº162 - Lucy Needham Vianna

Cabo Verde

Quando os portugueses se instalaram no arquipélago de Cabo Verde, no século XV, as ilhas se encontravam cobertas por uma densa vegetação tropical. No século XVI Cabo Verde se tornou uma escala importante dos navios escravocratas que navegavam para a América. Já nesse período a colonização e o cultivo errôneo do solo haviam transformado as ilhas num 'deserto flutuante' que culminou com as secas periódicas do século XVIII que se prolongam até o presente. A redução da atividade agrícola provocou uma evasão em massa da população para Guiné-Bissau e mais tarde para Angola, Moçambique, Senegal, Brasil e principalmente para os Estados Unidos. Em 1956 foi fundado o Partido Africano para a Independência de Guiné-Bissau e de Cabo Verde (PAIGC). Em 1974 caía o regime colonial português e em 1975 foi proclamada a independência. Deu-se então um fato interessante: pela primeira vez no mundo um mesmo partido governava dois países. Desde 1975 a área de bosques de Cabo Verde começou a aumentar graças ao trabalho de toda a população. Em 1986 foi posto em prática o Segundo Plano de Desenvolvimento que deu prioridade à economia do setor privado, especialmente o informal. No início das estações chuvosas, homens e mulheres deixam seus lares e escritórios para plantar árvores durante uma semana. Até 1995 contudo, a economia caboverdiana continuava muito dependente da ajuda externa, especialmente da ajuda da União Européia.

Onde fica

- **População:** 372.000 (1994)
- **Superfície:** 4.030 Km²
- **Capital:** Praia
- **Moeda:** Escudo
- **Idioma:** Português (oficial), crioulo (baseado no português antigo com vocábulos e estruturas africanas). É a língua nacional.
- **Religião:** Majoritariamente católica

Onde fica

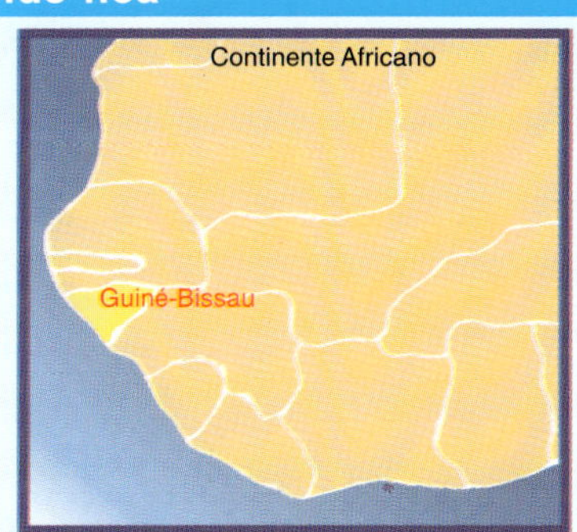

- **População:** 1.044.000 (1994)
- **Superfície:** 36.120 Km²
- **Capital:** Bissau
- **Moeda:** Peso
- **Idioma:** Português (oficial), dialeto crioulo com elementos africanos e portugueses e idiomas nativos (os mais falados: o mande e o fula).
- **Religião:** Aproximadamente dois terços professam religiões tradicionais africanas e um terço é muçulmano. Há poucos católicos.

Guiné-Bissau

Guiné-Bissau foi a primeira colônia portuguesa a conseguir sua independência. A resistência ao colonizador iniciou-se no século XVI quando os portugueses se instalaram na Guinéa. No século XVII foram feitos os primeiros contatos com os habitantes de Cabo Verde, escala obrigatória dos barcos de escravos com destino ao Brasil. Em um país pobre e pequeno, a agricultura e o comércio ficaram a cargo de um monopólio privado, a União Fabril. Na década de 1950 a mortalidade infantil era de 600 mortes para cada 1.000 nascimentos. Havia 11 médicos em todo o país e apenas 1% da população estava alfabetizada. Neste quadro, foi fundada, em 1954, a Associação de Esportes e Recreação que mais tarde seria o PAIGC. Em Bissau nasceu um importante movimento para a história de Portugal: o Movimento dos Capitães, antecessor do Movimento das Forças Armadas que no dia 25 de abril de 1974 derrotou o regime ditatorial português. Quatro meses depois, Portugal reconhece a independência de Guiné-Bissau. O governo do PAIGC diversificou a agricultura, nacionalizou o comércio exterior e iniciou uma campanha de alfabetização popular. Deu-se também prioridade à integração econômica com o arquipélago de Cabo Verde. Com o Primeiro Plano para o Desenvolvimento, iniciou-se a construção de 5 portos (1984) e foi concluído o aeroporto de Bissalanca. Entre planos de estabilização econômica, abertura da economia ao capital estrangeiro, reformas políticas, desequilíbrios sociais e econômicos, campanhas políticas e eleições, o FMI concedeu, em janeiro de 1995, um novo crédito de 14 milhões de dólares ao país.

Fonte: Guia del Mundo - 1998

Literatura Brasileira

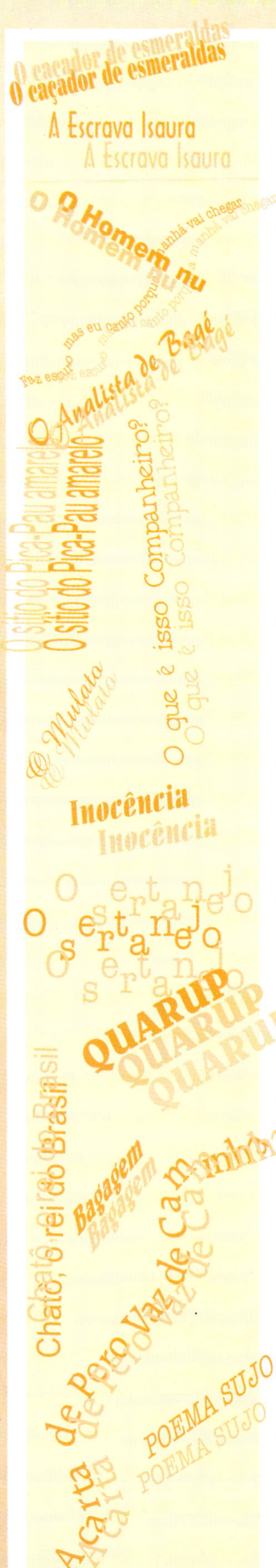

As primeiras obras literárias escritas no Brasil se constituíram de *textos informativos* sobre a conquista do território pelos portugueses e sobre a expansão da fé católica. Ficou famosa a carta de Pero Vaz de Caminha sobre a terra recém-descoberta e os sermões e peças religiosas escritos pelos jesuítas com destaque para José de Anchieta e Manuel da Nóbrega.

A partir do século XVII tem início o *barroco*, estilo ainda bastante influenciado pelo modelo europeu. Ficam conhecidos os sermões religiosos e os textos que falam sobre as belezas naturais do Brasil e a poesia lírica e satírica.

No início do século XIX surge o *romantismo* que tem caráter nacionalista valorizando a natureza, a história e a língua brasileiras. O poeta baiano Castro Alves destaca-se no período. Desenvolve-se o *regionalismo*, que enfoca costumes e tradições do interior brasileiro. Entre as principais obras regionalistas dessa fase estão *O sertanejo*, de José de Alencar, *Inocência*, de Visconde de Taunay, e *A Escrava Isaura*, de Bernardo Guimaraens.

O desenvolvimento das cidades e o crescimento da população urbana resultaram no surgimento do *realismo* além das obras influenciadas pelo *naturalismo*. O romance *O Mulato*, de Aluísio Azevedo, é considerado o marco do naturalismo no país. Dá-se uma consolidação do regionalismo como tema dos romances. A partir da segunda década do século XX, já no período *modernista*, há um novo impulso ao regionalismo e o sociólogo Gilberto Freyre lança o *Manifesto Regionalista*. A tendência renova-se ainda com Jorge Amado, Rachel de Queiroz, Graciliano Ramos, José Lins do Rego e Érico Veríssimo.

No final do século XIX conhecemos o *parnasianismo* que propõe uma poesia caracterizada pela correção métrica com vocabulário raro e rimas exóticas. O expoente do movimento é Olavo Bilac cujo romance *O Caçador de Esmeraldas* é lido e estudado até os dias de hoje.

No mesmo período desenvolve-se o *simbolismo*, caracterizado por uma poesia mística, espiritual e pela preferência por ritmos musicais. Um grande representante do movimento é Alphonsus de Guimarães.

No começo do século XX com a consolidação da República e a expansão cultural, alguns escritores passam a expressar uma visão crítica dos problemas socioeconômicos antecipando uma das tendências mais marcantes do modernismo. Esses escritores são considerados *pré-modernos*. Dentre eles destacam-se: Lima Barreto, que faz uma caricatura do nacionalismo e da pobreza dos subúrbios cariocas; Euclides da Cunha que, em *Os Sertões*, revela a situação miserável do sertanejo nordestino e Monteiro Lobato que elabora o ciclo do *Sítio do Pica-Pau Amarelo*, o maior conjunto de literatura infantil já escrito no Brasil.

Em 1922, na *Semana da Arte Moderna*, são divulgadas as teorias vanguardistas européias. Nessa fase há um resgate de tradições tipicamente brasileiras instalando-se ainda o verso livre, a prosa experimental e uma exploração criativa do folclore, da tradição oral e da linguagem coloquial.

Na década de 50 a poesia é inovada pelo concretismo com a valorização da palavra em si e a abolição do verso. Na prosa, as tendências vão do experimentalismo às pesquisas regionalistas. Destacam-se Nélida Piñon, atual Presidente da Academia Brasileira de Letras, Lygia Fagundes Telles e Rubem Fonseca, atuantes ainda hoje.

Entre os cronistas têm destaque Fernando Sabino (*O homem Nu*), Rubem Braga e Luís Fernando Veríssimo (*O Analista de Bagé*). Dentre os escritores de contos, devemos salientar Otto Lara Resende, Moacyr Scliar e Dalton Trevisan.

Na área de biografias, memórias e reconstituições históricas, não podemos deixar de mencionar Antônio Callado (*Quarup*), Fernando Gabeira (*O Que é Isso Companheiro?*), Fernando Morais (*Chatô, o rei do Brasil*), Ferreira Gullar (*Poema Sujo*), Thiago de Mello (*Faz escuro mas eu canto porque a manhã vai chegar*) e Adélia Prado (*Bagagem*).

Fonte: Almanaque 04/1998

Uso do Dicionário

CAPOEIRA

Não são todos os capoeiristas ou capoeiras que se consideram atletas. Para os grupos mais tradicionais de Salvador, ela é forma de expressão da cultura negra. Tanto que, para eles, trata-se de uma arte marcial afro-brasileira. "Reduzir a capoeira ao esporte é diminuir seu lado subjetivo, sua história e sua filosofia," diz Pedro Moraes Trindade, o mestre Moraes. "Capoeira é a fusão de corpo e mente. Em comparação a outras artes marciais, corresponde ao tai chi chuan chinês, no qual você não precisa ser forte, mas inteligente."

Manoel Nascimento Machado, ou mestre Nenéu, de Salvador, batizado na capoeira como "Sá Pererê", também insiste em ressaltar aspectos que extrapolam a mera habilidade física. "O capoeira nunca joga contra o outro, mas com o outro," explica. "Assim, ele se prepara para enfrentar a vida lá fora."

A capoeira começou a ser ensinada regularmente nos anos 30 e já naquela época estava dividida em duas vertentes. A de Angola, nome que homenageia as tradições dos escravos angolanos e a Regional, chamada assim por ter nascido na região da Bahia.

Em comum, a capoeira Angola e a Regional têm alguns princípios fundamentais. Quem joga sempre deve começar cumprimentando o parceiro ao pé do berimbau, quer dizer, agachado perto do instrumento que dará o ritmo dos golpes. Ambos devem estar limpos, decentemente trajados e jamais sem camisa. Deve-se procurar a harmonia, na qual um movimento de defesa já é o começo de outro, de ataque, sem ferir o companheiro. Os oponentes não se atracam, mas lutam por aproximação, respeitando a hora de entrar e sair da roda. E ninguém deve aprender capoeira para sair batendo nos outros.(...)

Fonte: Revista Super Interessante - 05/1996 - Rosangela Petta

1 REVISÃO

Você acha que os ADVÉRBIOS podem ou não MODIFICAR O SENTIDO de uma frase? Escreva as frases onde aparecem advérbios (sublinhados no texto) e discuta com seu colega se há alguma/muita diferença de sentido nas frases com e sem os advérbios.

1. ______
2. ______
3. ______
4. ______
5. ______
6. ______
7. ______

2 Trabalhe em grupos. O grupo A escolhe um esporte qualquer. O grupo B vai tentar adivinhar o esporte escolhido pelo grupo A fazendo perguntas às quais o grupo A vai responder apenas "sim ou não".

Exemplo: A: Usa-se bola?
B: Sim.
A: Pratica-se em equipe?
B: Não.
A: Usa-se uma raquete?
B: Sim.
A: A raquete é comprida?
B: Não.
A: Pratica-se sobre uma mesa?
B: Sim.
A: Então, o esporte escolhido é tênis de mesa?
B: Certo! (Bingo!)

FUTEBOL

ATAQUE
CARTÃO AMARELO
CARTÃO VERMELHO
CENTROAVANTE
DEFESA
FALTA
GOL
GOLEIRO
PÊNALTI...

psiú!

DAVIS: ESPANHA VENCE E BRASIL VAI PARA A REPESCAGEM

A torcida paulista deu sua contribuição na tarefa de incentivar a equipe brasileira na dura série de jogos contra o poderoso tênis espanhol, na cidade de Porto Alegre, Rio Grande do Sul, pela Copa Davis.

Foi uma festa muito bonita; casa cheia, torcida empolgada, rapaziada animada, começo sensacional com Guga virando o jogo em cima de Moya e Meligeni quase complicando a vida de Corretja. E na dupla, a sensação maior de chegar à vitória com a vantagem de Guga e Oncins sobre Sanchez/Corretja abria a grande esperança de um memorável triunfo. Mas não deu!

Perdemos os dois jogos finais - Guga para Corretja e Meligeni para Moya - e fomos para a repescagem. Mas valeu o esforço da equipe, a qualidade do evento e a excelente organização dos gaúchos.

Agora é aguardar e torcer para que tenhamos maiores chances na próxima etapa, em setembro.

Jaime Oncins formou a dupla com Gustavo Kuerten na grande vitória sobre Sanchez/Corretja colocando o Brasil em vantagem por 2 a 1. O jogador, no dia seguinte à série de jogos em Porto Alegre recebia a notícia do nascimento do primeiro filho, Lucas, na Maternidade São Luiz. A ele, à esposa Luciana nossos parabéns e ao futuro tenista muito sucesso na vida.

Fonte: Revista da FPT - Tênis em São Paulo Nº 54 - 04/1998

Observe como a palavra INCENTIVAR é apresentada no dicionário:

incentivador (ô), *Adj.* **1.** Que incentiva. *S. m.* **2.** Aquele ou aquilo que incentiva.
incentivar. *V. t. d.* Dar incentivo a; estimular, incitar.
incentivo. [Do lat. *incentivu.*] *Adj.* **1.** Que incentiva; que incita ou excita. *S. m.* **2.** Aquilo que incentiva, que incita ou excita; estímulo.

- após a palavra incentivar temos as iniciais V.t.d. que definem o tipo de VERBO;
- temos então a definição seguida por dois sinônimos: ESTIMULAR, INCITAR;
- o dicionário apresenta ainda a palavra INCENTIVADOR com suas duas funções: de Adj. (adjetivo) e de S. m. (substantivo masculino) e o termo INCENTIVO também com duas funções: de Adj. e de S. m. (também com o sinônimo ESTÍMULO).

Em uma folha separada faça o mesmo ESTUDO das palavras: *EQUIPE, TORCIDA, RAPAZIADA, SENSACIONAL, VANTAGEM, MEMORÁVEL, REPESCAGEM, VALEU, GAÚCHOS* e *ETAPA.*

Escreva frases com os DERIVADOS, SINÔNIMOS ou ANTÔNIMOS das palavras listadas ao lado.

Na sua opinião:

1. Qual é o esporte mais perigoso? E o menos perigoso?
2. Qual é o mais divertido?
3. Qual é o mais caro?
4. Qual é o mais fácil de praticar? E o mais difícil?
5. Qual é o mais saudável?

TÊNIS

ACE
DEIXADINHA
DUPLA FALTA
FOOT FAULT
GAME
IGUAIS
QUARENTA
QUINZE
SAQUE
SET
TRINTA
VOLEIO...

4

• Trivia •

Pólo aquático e futebol são os dois esportes coletivos mais antigos, em Olimpíadas. Estrearam nos Jogos de 1900, em Paris. • O uso do pódio para a entrega de medalhas aos três primeiros colocados começou nos Jogos de 1932, em Los Angeles. • As primeiras Olimpíadas que tiveram cobertura de televisão para Europa e Estados Unidos foram as de Roma, em 1960. Na época, a cadeia americana CBS pagou 50.000 dólares pelos direitos de transmissão.

Fonte: Revista Veja - 26/06/1996

Use a voz passiva, quando possível, para reeditar as informações. Veja o exemplo:

- Pólo aquático e futebol foram estreados nos jogos de 1900, em Paris.

5

Rodapé da História

No decorrer ______ décadas, Alice Coachman foi-se habituando ______ olhar comiserado de quem a ouvia dizer que era a primeira atleta negra a ganhar uma medalha ______ ouro olímpica. Achavam que ela era maluca. "Você? Mas não foi aquela *outra*?", perguntavam. A "outra", naturalmente, era a cultuada Wilma Rudolph, que capturou três ouros ______ Jogos de Roma, ______.1960. Só que Rudolph subiu ao pódio doze anos depois de Coachman fazer história nas Olimpíadas de Londres, em 1948, vencendo no salto em altura. A política segregacionista ______ época a impedia de treinar ______ pistas ______ brancos do Estado da Geórgia, onde morava — e onde agora se realizaram os Jogos de Atlanta. Até as palmas para comemorar sua vitória não podiam misturar-se: os brancos aplaudiram de um lado da rua, os negros, ______ outro. ______ 72 anos, Alice Coachman continua vivendo ______ sul dos Estados Unidos.

Fonte: Revista Veja - 26/06/1996

Algumas preposições foram omitidas do texto acima. Leia atentamente e use o quadro abaixo para completar os espaços adequadamente:

para	de	ao	no	aos	
em	da	nos	nas	do	das

Você sabia?

- **São duas as línguas oficiais das Olimpíadas: inglês e francês.**
- **Dois esportes premiam dois terceiros colocados (duas medalhas de bronze): judô e boxe.**

6

Ouça na fita os instrutores explicando a prática de certos esportes; siga suas instruções fazendo mímicas e adivinhe a que esporte eles se referem. Ouça mais uma vez e escreva abaixo as instruções dadas.

Esporte	Instruções
1.	
2.	
3.	

TIMES DE FUTEBOL

BOTAFOGO
CORINTHIANS
CRUZEIRO
FLAMENGO
GRÊMIO
PALMEIRAS
SANTOS
SÃO PAULO
VITÓRIA...

psiu!

A LISTA DA BOA FORMA

Qual o melhor esporte, o mais completo? A resposta de especialistas em medicina esportiva, treinadores e atletas é unânime: o melhor esporte é aquele de que você mais gosta e que tem mais facilidade em praticar. Se você gosta de ter a sensação de triunfo a cada dois minutos, o melhor esporte pode ser o basquete, pois dá para - chuá! - encestar sem parar. Se o objetivo é ficar torneado como Sylvester Stallone, o negócio é fazer musculação e halterofilismo. Mas, se o que se quer do esporte é a queima de calorias, o aumento discreto da massa muscular, o incremento da resistência física, da flexibilidade e da coordenação motora — ou seja, se o que se deseja é uma melhoria geral da condição física, com pouco risco de lesões — então as melhores modalidades esportivas são a natação e o remo, seguidos de perto pelo judô e pelo surfe.

"A natação é excelente porque combina queima de calorias com capacidade cardiorrespiratória, flexibilidade, coordenação motora e segurança", diz o médico Giuseppe Taranto, chefe do departamento médico do time de futebol do Flamengo. "Ela só não é ideal para a aquisição de massa muscular". Segundo Taranto, "para desenvolver a massa muscular nas pernas e no tronco, o remo é o melhor esporte".

Como não há esporte perfeito, mesmo o remo tem problemas, a começar pelas bolhas e calos que provoca nas mãos. Sendo um esporte que força bastante alguns músculos e articulações, como cotovelos, ombros e joelhos, o remo pode causar lesões, já que boa parte de seus movimentos não é feita naturalmente pelo homem. O que o leva à categoria de esporte número um, ao lado da natação, são os exercícios seqüenciados, durante longos períodos, que mexem praticamente com toda a musculação. "É possível perder até 1 quilo durante uma hora de treinamento", diz o treinador Guilherme Buck, técnico da seleção brasileira de remo, 68 anos de idade, cinqüenta de remo e oito Olimpíadas no currículo. O maior problema do remo não está propriamente no esporte em si, mas na dificuldade em se poder praticá-lo, já que são poucas as raias e lagoas no Brasil. Nesse aspecto, a natação é bem mais fácil, pois basta uma piscina e disposição.

Na Grécia clássica, os esportes olímpicos foram desenvolvidos para servir de treinamento para as guerras. Corridas, arremesso de peso, saltos e outras modalidades eram praticados para simular as condições dos campos de batalha. Nos tempos modernos, o esporte não serve mais como preparação para a guerra — mas também essa é uma das poucas coisas para as quais ele não serve. Hoje, o esporte serve para quase tudo: melhorar a saúde, socializar, jogar, se divertir, exibir o físico, cultivar a vaidade, competir, etc. Como são múltiplas as funções do esporte na sociedade contemporânea, desenvolveu-se a crença de que praticar um só esporte não basta. A última tendência em preparação física é o "cross-training", o treinamento cruzado. Em outras palavras: a prática de mais de uma modalidade esportiva. "O ideal é praticar o esporte de que se gosta mais, e complementá-lo com uma modalidade que ofereça aquilo que o preferido não dá", explica Valdir Barbanti, professor da Escola de Educação Física da Universidade de São Paulo, resumindo os preceitos do treinamento cruzado.

Fonte: Revista Veja -18/10/1995

7 No texto acima aparecem palavras terminadas em dade (indicativo de substantivo). Você consegue descobrir qual o ADJETIVO correspondente a esses SUBSTANTIVOS?

1. facilidade - ____________ 2. flexibilidade - ____________
3. capacidade - ____________ 4. dificuldade - ____________

Responda:

1. Qual é o esporte mais completo?

____

2. O que é treinamento cruzado?

____

3. Ganhar pontos e vencer é muito importante para você ou você prefere jogar sem contar pontos?

____

4. Por que você pratica esportes? Numere as alternativas abaixo:

a. (   ) para vencer
b. (   ) para fazer exercício físico
c. (   ) para se divertir e relaxar
d. (   ) outros

Sugestões para atividade escrita:

Escreva sobre seu esporte favorito. Coloque as seguintes informações:

a) O que você precisa para praticar esse esporte?

____

b) Quantas pessoas são necessárias?

____

c) Quais são as regras do jogo?

____

d) Quando você começou a praticar esse esporte? Por quê?

____

e) E agora, por que você o pratica?

____

Discuta:

1. Seus colegas praticam esportes pelas mesmas razões?
2. Quais as outras razões por que as pessoas praticam esportes?

NATAÇÃO

GOLFINHO
MERGULHO
NADO BORBOLETA
NADO DE COSTAS
NADO LIVRE
NADO SINCRONIZADO
REVEZAMENTO...

8 Trabalhe em pares: A está procurando um trabalho no Clube Atlético Paraíso onde os membros podem praticar uma variedade de esportes. B é um diretor do clube e está procurando um assistente para o Departamento de Esportes. A preenche o quadro A, e B o quadro B. Usem a imaginação e façam um diálogo onde B entreviste A. Será que A vai conseguir o emprego de assistente?

A

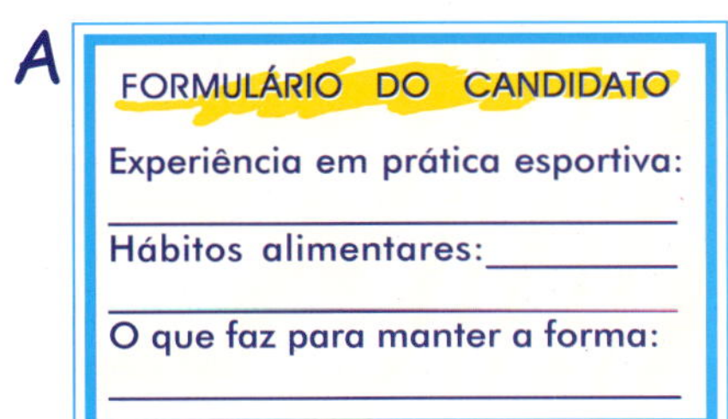

FORMULÁRIO DO CANDIDATO

Experiência em prática esportiva:

____

Hábitos alimentares:______________

____

O que faz para manter a forma:

____

B

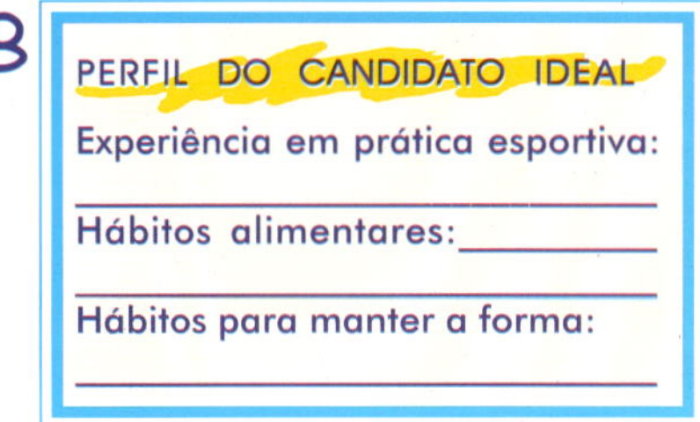

PERFIL DO CANDIDATO IDEAL

Experiência em prática esportiva:

____

Hábitos alimentares:______________

____

Hábitos para manter a forma:

____

Vamos inverter os papéis e fazer uma nova entrevista.

Agora escreva um pequeno relatório sobre o candidato que você entrevistou.

Comece assim: Eu entrevistei...
Termine assim: Portanto é/não é a pessoa certa para este trabalho.

9  Ouça o que cada um dos nossos personagens espera alcançar com a prática de esportes. Consulte a tabela abaixo e diga qual é o esporte que melhor se adapta às necessidades de cada um.

O que cada modalidade oferece para a saúde

	queima de calorias	aumento da massa muscular	desenvolvimento cardiorrespiratório	flexibilidade	coordenação motora	segurança
Natação	• • •	• •	• • •	• • •	• • •	• • •
Basquete	• •	• •	• •	• • •	• • •	• •
Futebol de Campo	• • •	• •	• •	• •	• • •	• •
Tênis	• •	• •	• •	• • •	• • •	• •
Vôlei	• •	• •	• •	• • •	• • •	• •
Aeróbica	• •	•	• •	• • •	• •	• • •
Corrida	• • •	•	• • •	•	•	• • •
Musculação	• •	• • •	•	•	•	• •

A	
B	
C	

Pontuação para cada item variou de um a três

• • •	muito
• •	médio
•	pouco

Fonte: Revista Veja

10 Agora discuta com seu colega/professor o que ele/você espera do esporte que está praticando ou que gostaria de praticar.

11 Observe o modelo abaixo à esquerda e aplique-o às frases apresentadas. Explique a mudança de sentido obtida.

REVISÃO

Ouça a explicação. Vai entender.
a. Se você ouvir a explicação, entenderá.
b. Se você ouvisse a explicação, entenderia.
c. Se você tivesse ouvido a explicação, teria entendido.

1. Venha no domingo. Vai me encontrar.
2. Sente-se lá. Vai ver melhor.
3. Pergunte a Ana. Vai ter a informação.
4. Aceite o emprego. Vai solucionar seus problemas.
5. Pratique algum esporte. Vai emagrecer.

BASQUETE (BOL)

ALA
CESTA (CESTINHA)
FALTA
GARRAFÃO
LANCE LIVRE
LINHA DOS 3
PIVOT
TABELA...

psiu!

Como vocês acham que os pais de um esportista famoso se sentem quando seus filhos estão competindo? Vocês gostariam de ser mãe ou pai de um esportista famoso? Leia a reportagem sobre a mãe de um famoso piloto brasileiro de Fórmula 1 e saiba como ela se sente ao ver o filho competindo.

Lutar contra o espírito esportivo do filho é uma tarefa dura para uma mãe. Competições de risco trazem ainda mais preocupações para dentro de casa, mas combater os desejos da criança pode ser ainda pior.

É assim que pensa Idely dos Santos Barrichello, mãe de Rubinho, piloto de Fórmula 1. Ela já passou por alguns apuros, como o grave acidente sofrido pelo filho há quatro anos, mas nada capaz de mudar a maneira como encara o esporte. "Acho que as mães devem apoiar seus filhos naquilo que eles gostam de fazer, pois de nada adiantaria vê-los infelizes", ensina. "Se eu tivesse criado algum tipo de barreira à carreira do meu filho, talvez tivesse impossibilitado o mundo de ver seu dom com relação ao automobilismo, o que, no meu ponto de vista, só seria prejudicial".

Dona Idely diz que não perde uma corrida de Rubinho. Sempre que pode, acompanha o filho pelo mundo nos autódromos do circo da F1. Quando não pode viajar, a solução é ligar a TV. O perigo não a assusta: "O risco que ele corre nas pistas, acredito ser o mesmo que enfrentamos diariamente no trânsito de São Paulo. E, além disso, acredito que o que tiver que acontecer, acontecerá, seja onde for".

O que mais a incomoda são os longos períodos de separação, que ela chama de "lado negativo" do automobilismo. "Ficamos muito tempo longe um do outro, em razão das corridas e treinos, mas quando estamos juntos é só paparicação". Sua satisfação é sentir o desejo de infância virar realidade. "Minha alegria é ver meu filho feliz, realizando o sonho que compartilhamos desde que ele era criança".

Incentivo e recursos financeiros, porém, podem não ser suficientes para iniciar a carreira esportiva de um filho. O sacrifício pessoal pode ser um ingrediente ainda mais decisivo na tomada de direção na vida de um atleta profissional. É onde a mãe se transforma numa supermãe.

FONTE: REVISTA GOOD FOR YOU NEWS - ANO 2 Nº 08 - 05/98

Você concorda com o pensamento de Dona Idely?
Você apoiaria seu filho se ele lhe dissesse que gostaria de ser um piloto de F1?

12 Agora leia o texto abaixo colocando os verbos entre parênteses na forma correta.

REVISÃO

Alice Thumel Kuerten _____________ (sofrer) muito para ver o filho _____________ (tornar-se) o maior tenista brasileiro de todos os tempos. O esporte sempre _____________ (marcar) a sua vida, até de uma maneira trágica. Ela _____________ (perder) o marido há 11 anos, quando ele _____________ (sofrer) um infarto durante uma partida de tênis, onde _____________ (atuar) como juiz. Desde então, _____________ (ter) de suar muito para _____________ (criar) sozinha os três filhos.

Gustavo Kuerten, o Guga, campeão em Roland Garros no ano passado, _____________ (ter), desde criança, todo o apoio para uma carreira de sucesso. "Logo cedo, ele _____________ (procurar) o esporte. _____________ (Passar) por várias modalidades até _____________ (tomar) uma decisão difícil, que foi a escolha do tênis, numa época em que também _____________ (gostar) muito do futebol", conta dona Alice.

Além de Guga, ela _____________ (criar) Rafael, o filho mais velho e hoje treinador de tênis em Florianópolis, e o caçula Guilherme, excepcional. "Por tudo o que _____________ (passar) juntos nesses anos difíceis, mais do que nunca _____________ (poder) comprovar o sentido de ser mãe. E agora, com todo o sucesso do Guga, _____________ (sentir) que _____________ (estar) sendo recompensada, porque não tem preço todo o sacrifício para _____________ (incentivar/eles) e _____________ (apoiar/eles) para _____________ (seguir) o caminho de uma vida sadia."

Apesar de _____________ (tratar-se) de um esporte onde o risco, comparado ao automobilismo, parece não existir, Alice Kuerten não _____________ (esconder) as suas preocupações. "_____________ (Ter) receios de contusões, de alguma lesão grave que _____________ (poder) prejudicar a sua carreira. Além disso, o Guga está sempre no ar, _____________ (voar) de um torneio para o outro. Só _____________ (poder dizer) que _____________ (ir) com Deus." Mas não são as viagens o seu maior temor. "_____________ (Ficar) mais apreensiva quando ele vai _____________ (divertir-se) no surfe. Há pouco tempo, ele ainda _____________ (ser) um prego, ou seja, _____________ (entrar) na água e _____________ (afundar). Agora, já está _____________ (melhorar)."

FONTE: REVISTA GOOD FOR YOU NEWS - ANO 2 Nº 08 - 05/98

psiu!

VOLEI (BOL)

CORTADA
DOIS TOQUES
LEVANTADA
MANCHETE
SAQUE
SET
TIE BREAKER...

SKATE

Benefícios: aumenta a agilidade e a capacidade de coordenação motora

Riscos: escoriações e fraturas em caso de queda

Onde praticar: nas pistas fechadas como o Buracão (Av. Fernando Simonsen, em São Caetano); Extreme Park (Rua Galatéia, 100)

Quanto custa: o preço de um skate é em média de 150 reais

VELA

Benefícios: desenvolve a musculatura do tronco, aumenta os reflexos e estimula a capacidade de direção

Riscos: tempestades e ventos fortes podem virar o barco ou arrastá-lo para longe

Onde praticar: Yacht Club de Santo Amaro, Tel. 247-0836; Federação de Vela do Estado de São Paulo, Tel. 5666-8511; BL3, Tel. 541-7028

Quanto custa: de 150 a 200 reais pelo curso da classe optimist

CANYONING

Benefícios: desenvolve equilíbrio, força muscular, poder de decisão e autocontrole emocional

Riscos: quedas e escoriações

Onde praticar: H2Homem, Tel. 3955-0099; Grade VI, Tel. (019) 254-7417

Quanto custa: de 30 a 50 reais por descida

RAFTING

Benefícios: melhora o sistema cardiorrespiratório, o equilíbrio, a força e a resistência muscular

Riscos: cair do bote e bater nas pedras do rio. A repetição contínua do movimento de remada pode causar lesão articular e muscular

Onde praticar: Canoar, Tel. 3871-2282

Quanto custa: cerca de 50 reais por descida

PÁRA-QUEDISMO

Benefícios: desenvolve o equilíbrio e a capacidade cardiorrespiratória

Riscos: a criança não tem capacidade para decidir se quer mesmo pular

Onde fazer: Brasil Salto Duplo, Tel. (015) 263-3078; e Azul do Vento, Tel. (019) 246-0455

Quanto custa: cerca de 300 reais por salto

MERGULHO

Benefícios: é um ótimo exercício aeróbico, melhora a agilidade do movimento e a potência muscular

Riscos: cortes em corais e embolia

Onde praticar: Diving College, Tel. 3061-1453; ACM, Tel. 256-1011; e Projeto Acqua, Tel. 820-4025

Quanto custa: de 100 a 200 reais pelo curso, mais nadadeira, snorquel e máscara (a partir de 130 reais)

KART

Benefícios: aumenta o controle emocional e a coordenação motora

Riscos: capotagem e perda de direção, entre outros acidentes

Onde praticar: Kartódromo da Granja Viana, Tel. 492-5055; Alpie Competições, Tel. 5666-3007; e Kartódromo de Interlagos, Tel. 5666-8822

Quanto custa: pelo curso pagam-se de 400 a 600 reais. O aluguel da pista com kart é de aproximadamente 50 reais por meia hora

Fonte: Revista Veja - 03/1998 - Ano 31 nº10

13 Leia atentamente os textos acima e escreva V (verdadeiro) ou F (falso) para as seguintes sentenças. Se a sentença for falsa, corrija-a.

1. ( ) Nenhum esporte acima citado oferece grave risco de lesão.
2. ( ) Kart é o esporte mais caro de todos os esportes acima mencionados.
3. ( ) Skate é o esporte que menos precisa de acessórios.
4. ( ) Rafting, pára-quedismo e conyoning apresentam um benefício em comum.
5. ( ) Com apenas 100 reais você poderia participar de duas das aventuras descritas.

Você sabia?

Numa partida de futebol, os auxiliares têm nova maneira de avisar o juiz na hora do impedimento.
- **A bandeira possui um botão que, ao ser apertado, emite sinal eletrônico.**
- **O juiz recebe o sinal pelo receptor preso ao braço.**

Fonte: Revista Época 01/06/98

ATLETISMO

CORRIDA COM OBSTÁCULOS
LANÇAMENTO DE DARDO
LANÇAMENTO DE DISCO
MARATONA
REVEZAMENTO
SALTO EM ALTURA...

psiu!

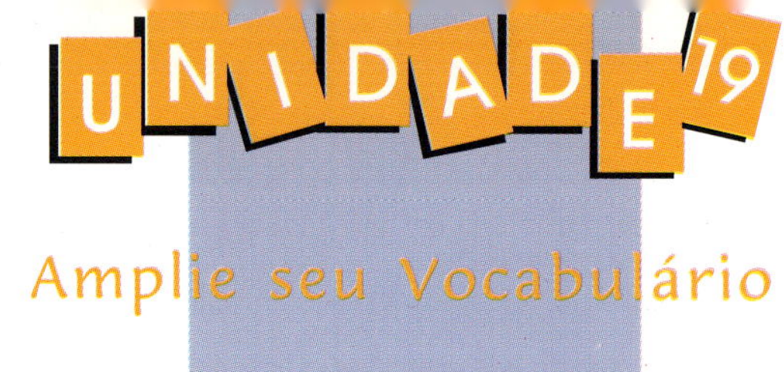

O moleque e a bola

À espera da Noruega, e estudando outros rivais com gráficos e afinco, vi Áustria x Chile, vi Itália x Camarões, depois vi mais uma partida cujo resultado não recordo, pois era um sonho e só me lembro do gramado azul. Acordo, almoço vendo a resenha da copa, vejo África do Sul x Dinamarca, vejo Arábia Saudita x França, e na minha cabeça as idéias já começam a carambolar. Porém, ainda que esses times jogassem com uniformes embaralhados, penso que não seria difícil distinguir o país rico do país pobre. Os pobres são os folgados, os esbanjadores, os exibicionistas, matam a bola no peito, a bola gruda ali que nem uma goma e o locutor francês faz "ôôôôô, bien joué, magnifique!". Ou, como diz o locutor brasileiro, eles têm intimidade com a bola. De fato controlam, protegem, escondem, carregam a bola para cima e para baixo, e em vez de intimidade, talvez tenham ciúmes dela. Já os ricos são alunos de outra escola, uma escola prática. Recebem a bola e um-dois, tocam, recebem, desprendem-se dela, não fazem questão dela, correm soltos por toda parte. Parecem conhecer e ocupar melhor o espaço de jogo, podendo se dizer que têm intimidade com o campo. Assim, quando se enfrentam países ricos e países pobres - na Holanda eles se enfrentam dentro do mesmo time - estão se enfrentando os donos do campo e os donos da bola.

Eram eles os donos da bola, marca Mac Gregor, quando sem refletir a desembarcaram na América do Sul, um século atrás. No Rio, em São Paulo, em Buenos Aires, os ingleses detinham, além de todas as bolas, o monopólio das chuteiras, das camisas listradas e dos campos de grama inglesa, como manda a regra, perfeitamente planos e horizontais. Em sensacionais torneios, com turno e returno, jogavam então Inglaterra versus Inglaterra. Aos nativos, além da liberdade de torcer por uma ou outra equipe, sobrava a alegria de catar e devolver as bolas, que já naquele tempo os britânicos catapultavam com freqüência. Em 1895, segundo a crônica paulistana, confrontavam-se Railway Team e Gas Team, quando huma pellota imprensada entre dous athletas subiu aos céos e foi cahir às mãos de hum assistente. D'improviso, o cidadão seqüestrou a pellota. Metteu-a sob o braço e escafedeu-se no matagal, perseguido por dezenas de crioulos. Foi alcançado ao cabo de meia hora, às margens do rio Ypiranga. E celebrou-se alli, em terreno pedroso e cascalhudo, o primeiro jogo de bola entre brasileiros, com cicoenta actuantes e nenhum goalkeeper.

Livremente inspirada no football association, a pelada é a matriz do futebol sul-americano e, hoje em dia mais nitidamente, do africano. É praticada, como se sabe, por moleques de pés descalços no meio da rua, em pirambeira, na linha de trem, dentro do ônibus, no mangue, na areia fofa, em qualquer terreno pouco confiável. Em suma, pelada é uma espécie de futebol que se joga apesar do chão. Nesse esporte descampado todas as linhas são imaginárias - ou flutuantes, como a linha da água no futebol de praia - e o próprio gol é coisa abstrata. O que conta mesmo é a bola e o moleque, o moleque e a bola, e por bola pode se entender um coco, uma laranja ou um ovo, pois já vi fazerem embaixada com ovo. Daí, quando o moleque encara uma bola de couro, mata a redonda no peito e faz a embaixada com um pé nas costas. E quando ele corre de testa erguida no gramado liso feito um mármore, com a passada de quem salta poças por instinto, é uma elegância. Mas se a bola de futebol pode ser considerada a sublimação do coco, ou a reabilitação do ovo, ou uma laranja em êxtase, para o peladeiro o campo oficial às vezes não passa de um retângulo chato. Por isso mesmo, nas horas de folga, nossos profissionais correm atrás dos rachas e do futevôlei, como o Garrincha largava as chuteiras no Maracanã para bater bola em Pau Grande. É a bola e o moleque, o moleque e a bola.

No fim da tarde vejo entrar um bando de garotos, de seus dez, doze anos, num desses complexos esportivos que a prefeitura administra na periferia de Paris. Não estão para brincadeiras. Chegaram todos paramentados, provavelmente de metrô, e gastam quinze minutos correndo em círculos. Há meninos muito, muito brancos, outros muito, muitos pretos, e outros tantos bastante árabes. Já se dispõem em campo, no sistema três-cinco-dois, antes mesmo do primeiro apito. Um marmanjo vestido de escoteiro autoriza a saída, e a bola rola correta na grama sintética. Penso nas escolinhas de futebol como a do Zico, ou a do Rivelino, onde o Toquinho matriculou o filho. Aliás, o Rivelino disse que o menino leva jeito, porque puxou à mãe. Tento imaginar - e não consigo - que espécie de futebol será o nosso, se um dia tivermos escolinhas para todos os moleques com o talento de um Pelé, ou pelo menos com o da mulher do Toquinho. Distraído, quase perco o primeiro gol, assinalado pelo árabe da camisa 9. Mas posso descrevê-lo: driblou dois na corrida, ficou cara a cara com o goleiro, fez que ia chutar, arrastou a bola com a sola do pé direito, estatelou o goleiro, concluiu com toque de canhota, abriu os braços e saiu cantando: "Ronaldôôôôô". Bien joué, penso eu, magnifique!

Fonte: Jornal "O GLOBO" - 21/06/1998 Chico Buarque

CURIOSIDADES

Timor Oriental

Muito antes da chegada de Vasco da Gama, Timor era conhecido como uma fonte 'inesgotável de madeiras preciosas'. Em 1859 o território foi dividido entre Portugal e Holanda cabendo a parte oriental aos primeiros. Com a superexploração do sândalo branco, a base da economia voltou-se para o café. Em setembro de 1974, após a Revolução dos Cravos em Portugal, foi constituída a Frente para a Liberdade de Timor Oriental Independente (FRETILIN). Neste período o consulado da Indonésia em Dili estimulou um grupo de timorenses a organizar a Associação Popular Democrática de Timor, que propunha a integração de Timor à Indonésia. A independência da República Democrática de Timor Oriental foi proclamada pela FRETILIN no dia 28 de novembro de 1975. No dia 7 de dezembro do mesmo ano a Indonésia invadiu o território. Segundo denúncias, a política genocida aplicada pela Indonésia custou a vida de quase um terço da população. Em outubro de 1989 a Subcomissão de Direitos Humanos da ONU aprovou uma menção que condena a ocupação e a repressão causadas a Timor Oriental pela Indonésia. Esse ano marca também uma forte movimentação popular com estudantes tomando as ruas, incendiando automóveis e destruindo casas de oficiais da Indonésia. Foi proibida a entrada de jornalistas estrangeiros e Dili ficou ilhada do mundo: sem comunicação telefônica com o exterior e sem representações diplomáticas. Em outubro de 1989 o Papa João Paulo II visitou Dili. Calcula-se que das 80.000 pessoas presentes à missa, 13.000 fossem membros das forças de segurança da Indonésia. Os jornalistas que cobriram a visita do papa conseguiram informar a situação do país ao resto do mundo mesmo tendo seu material gráfico e suas câmeras ficado em Timor. No dia 12 de novembro de 1991, durante um cortejo fúnebre massivo mas pacífico, o exército abriu fogo sobre a multidão matando 50 pessoas. O governo português incentivou então a Comunidade Européia a cortar relações comerciais com a Indonésia. Em março de1992 partiu o navio 'Lusitânia Expresso' da Austrália levando a bordo ativistas pelos direitos humanos de mais de 23 países além de personalidades políticas portuguesas, dentre as quais o presidente português Ramalho Eanes. O navio foi contudo desviado pelas autoridades da Indonésia para uma ilha próxima. No dia 11 de março de 1993 a ONU alertou sobre as violações aos direitos humanos e solicitou acesso a Timor Oriental. Tal acesso foi permitido no ano seguinte. No início de 1996 a Anistia Internacional solicitou livre acesso ao país para os observadores de organizações de defesa dos direitos humanos. Em dezembro do mesmo ano o ativista exilado José Ramos Horta e o bispo católico Carlos Filipe Ximenes Belo receberam o prêmio Nobel da Paz daquele ano. Na EXPO 98 foi montado um grande pavilhão que apresenta a história, as crenças e costumes de Timor Oriental, reforçando ainda mais a divulgação da luta do seu povo.

Onde fica

- **População:** 821.000 (1994)
- **Superfície:** 14.870 Km²
- **Capital:** Dili
- **Idioma:** Tetum (mas são falados vários dialetos). A ocupação da Indonésia proibiu estas línguas no ensino que é praticamente todo feito em bahasa, o idioma da Indonésia. Uma minoria fala também o português.
- **Religião:** A maioria pratica cultos tradicionais. 30% da população é católica.

Fonte: Guia del Mundo - 1998

São Tomé e Príncipe

Uma das primeiras colônias do império português, localizado a 300 kms da costa africana, seus portos naturais foram usados durante o século XV como 'escala para o abastecimento dos navios'. Holandeses, espanhóis, franceses, ingleses e portugueses compravam ali escravos vindos do continente e os que continuaram nas ilhas acabaram convertendo-as no primeiro produtor africano de cana-de-açúcar. Após uma série de movimentos revolucionários, os plantadores de cana se transferiram para o Brasil com seus escravos levando consigo o germe da insurreição que reproduziu no Brasil os quilombos. Alguns dos quilombos, como o de Palmares, resistiram durante um século, convertendo-se em verdadeiras repúblicas. As ilhas de São Tomé e Príncipe voltaram a ser um mero depósito de escravos até o século XIX quando foram introduzidos o café e o cacau. Em 1969 foi fundado o MLSTP (Movimento de Libertação de São Tomé e Príncipe) com dois objetivos básicos: a indepencência e a reforma agrária. 90% de São Tomé e Príncipe pertencia a empresas estrangeiras e embora as ilhas sejam férteis, quase todos os alimentos consumidos precisavam ser importados. Em agosto de 1963 houve uma greve geral de 24 horas que paralizou totalmente as plantações. O MLSTP fez um intenso trabalho político clandestino que lhe valeu uma posição de destaque na Conferência das Organizações Nacionalistas das Colônias Portuguesas. Foi o único interlocutor válido quando após a Revolução dos Cravos de 1974 Portugal iniciou a descolonização. Em 1975 foi proclamada a independência do país. Dentre várias medidas nacionalistas destaca-se a campanha de alfabetização inspirada no método do educador brasileiro Paulo Freire que estimulava os 'círculos de cultura popular'. Em 1985, no meio da maior seca da história do país, o governo iniciou um processo de abertura econômica e foi diminuindo seu controle sobre o conjunto econômico que até o presente é muito dependente de produtos primários como o cacau, o café e as bananas. O governo começou também a incentivar a participação estrangeira na agricultura, na pesca e no turismo. Ao mesmo tempo foi sendo feita uma abertura política que mudaria o sistema unipartidário para o multipartidário. As primeiras eleições parlamentares desde a independência aconteceram em janeiro de 1991. No dia 29 de abril de 1995 a ilha de Príncipe se declarou autônoma e estabeleceu um governo regional.

Onde fica

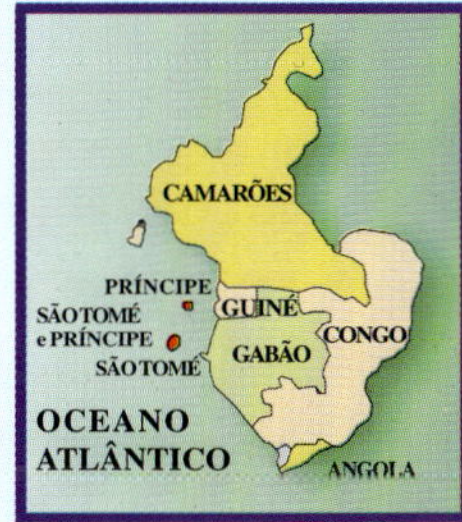

- **População:** 125.000 (1994)
- **Superfície:** 960 Km²
- **Capital:** São Tomé
- **Moeda:** Dobra
- **Idioma:** Português (oficial), a maioria da população fala o crioulo (derivado do português e das línguas africanas)
- **Religião:** 80,8% da população é católica mas há também protestantes e membros da Igreja Evangélica indígena.

Fonte: Guia del Mundo - 1998

Música Popular

Tem origem no século XVIII como expressão cultural da população das principais cidades coloniais, como Rio de Janeiro e Salvador, e é marcada pela síntese de sons indígenas, negros e portugueses misturando elementos de música folclórica e erudita. A ***modinha***, espécie de canção lírica e sentimental e variação do estilo de maior sucesso na corte portuguesa, foi uma das primeiras expressões musicais tipicamente brasileiras. Já no século XIX, predomina o **lundu**, dança de origem angolana trazida pelos escravos. Sua fusão com os ritmos estrangeiros resulta no ***maxixe***, surgido no Rio de Janeiro entre 1870 e 1880. Nessa época aparece o ***choro***, caracterizado pela improvisação instrumental executada basicamente por violão, cavaquinho e flauta. O ***samba*** aparece no final do século XIX, no Rio, influenciado pela marcha, pelo lundu e pelo batuque, entre outros ritmos. No final dos anos 20 surgem as primeiras duplas sertanejas, como Mariano e Caçula, que fazem as chamadas ***modas de viola***, que tratam da vida do homem da roça e são cantadas em duas vozes e acompanhadas por viola e violão. A partir da década de 30, a música brasileira faz sucesso no rádio e cria ídolos populares como Francisco Alves (o 'Rei da Voz'), Emilinha Borba e Marlene. Nessa época, durante o governo de Getúlio Vargas, a censura controla a música popular. É a época de ***Aquarela do Brasil***, de Ary Barroso. Nos anos 40, a Rádio Nacional, estatal, contrata artistas prestigiados como Sílvio Caldas e Orlando Silva. Já a década de 50 é marcada pelo samba-canção que fala das desventuras de amor, como ***Vingança***, de Lupicínio Rodrigues. No fim dos anos 40, início dos anos 50, acontece o primeiro momento de sucesso da música nordestina com Luís Gonzaga, autor de ***Asa Branca***, cantando as dificuldades da vida nordestina. Outro compositor de sucesso é Zé do Norte que fica famoso com ***Mulher Rendeira***. Em 1958 surge a ***bossa nova*** com João Gilberto, Tom Jobim, Vinícius de Moraes e jovens cantores e compositores de classe média da zona sul carioca. O primeiro disco de bossa nova foi gravado por Elizeth Cardoso, com músicas de Tom Jobim e letras de Vinícius de Moraes. O acompanhamento de duas faixas (***Chega de Saudade*** e ***Outra Vez***) é feito pelo violão de João Gilberto, que introduz uma nova batida, identificada mais tarde como bossa nova. Em 1962, o festival de bossa nova realizado no Carnegie Hall, em Nova York, dá projeção internacional ao movimento. Nos anos 60, o clima de militância política dá origem a músicas que abordam temas relativos à situação social e política do país. Aparecem várias canções de protesto como ***Caminhando*** de Geraldo Vandré e ***Upa Neguinho*** de Edu Lobo. Em meados dos anos 60, explode a ***jovem guarda***, reflexo brasileiro do rock internacional, com Roberto e Erasmo Carlos. Nos anos 70, o ***rock*** desenvolve-se com Rita Lee e Raul Seixas. A partir de 1965 aparece a sigla **MPB** que passa a identificar a música popular brasileira que surge após a bossa nova. A **MPB** diferencia-se da bossa nova por deixar de lado o intimismo, por apresentar-se em grandes espaços públicos e pela temática, ligada à situação política do país. Dá-se uma grande seqüência de festivais com grandes participações e belas composições como ***Arrastão***, interpretada por Elis Regina, ***A Banda*** e ***Roda Viva*** de Chico Buarque, ***Disparada***, de Geraldo Vandré, ***Ponteio*** de Edu Lobo e Capinan, ***Alegria, Alegria*** de Caetano Veloso, e ***Domingo No Parque***, de Gilberto Gil. A partir da decretação do A1-5, em 1968, toda a produção cultural entra em crise com o exílio de diversos artistas. Nos Anos 70, a ***MPB*** consagra intérpretes (algumas vezes também compositores) como: Os Novos Baianos, Gal Costa, Ivan Lins, Djavan, Fafá de Belém, Belchior, Alcione, Zizi Possi, Hermeto Paschoal, Gonzaguinha, João Bosco e Egberto Gismonti. Outros intérpretes como Ney Matogrosso, Alceu Valença e Elba Ramalho chegam ao sucesso com uma **fusão entre *samba-canção e música pop***. Já nos anos 80 alguns compositores trabalham ***elementos de música erudita de vanguarda, rock, reggae*** e ***funk***. Aparecem nomes como Arrigo Barnabé, Luiz Melodia, Leila Pinheiro, Marina Lima, e bandas e grupos como Premeditando o Breque, Blitz, Barão Vermelho, Titãs e Os Paralamas do Sucesso entre outros. O Carnaval de Salvador populariza ritmos afro-brasileiros e o primeiro nome a se destacar é Luiz Caldas, divulgador do gênero ***fricote***, por volta de 1987. A ***lambada*** invade então a Bahia e o Bloco de Carnaval Olodum passa a ter músicas gravadas por artistas como Gal Costa. Surge também Daniela Mercury, que mistura ***samba e reggae*** numa música chamada de ***axé music***. Uma nova ***música sertaneja*** aparece da fusão do estilo caipira brasileiro com o country norte-americano com duplas cantando músicas românticas, afastando-se de temas rurais como Chitãozinho & Xororó e Leandro & Leonardo entre outros. Já nos anos 90 temos o ***rap, o funk e o pagode*** ganhando espaço. A tendência da MPB é a mistura de ritmos regionais com rock, reggae e funk. Alguns nomes da nova geração são Chico Science, Carlinhos Brown, Marisa Monte, Adriana Calcanhoto, Cássia Eller, Chico César, etc. Entre os maiores sucessos de venda estão representantes do axé music (É o Tchan, Banda Eva e Cheiro de Amor) e do pagode (Só pra Contrariar, Negritude Jr. e Exalta Samba).

Fonte: Almanaque Abril - 1998

Revisão Geral

O Folclore Brasileiro

Na beira da "tuia" ou ao pé do fogo, o caboclo "garra a prosiá". Surgem histórias carregadas de fantasia, beleza e medo. Picando fumo, ele lembra daquela vez em que o cavalo de um compadre apareceu todo maltratado e com a crina trançada. "É coisa de **saci-pererê**", explica. A conversa muda de rumo e ele fala de festas religiosas onde fé e prazer se misturam. A tradição é sua escola e maior riqueza. Nosso personagem ganha nomes e trajes diferentes pelo País, mas todos têm em comum características marcantes: vivem da terra, aprenderam tudo do modo mais difícil e são os grandes responsáveis pela grandeza do folclore brasileiro.

Estudiosos e escritores, como Américo Pellegrini Filho, não se cansam de beber nessa fonte e algumas obras-primas nasceram dessa relação. Luís da Câmara Cascudo é um deles. O seu *Dicionário do folclore* é indispensável para quem quer conhecer o assunto e descobrir que folclore é bem mais que histórias de animais estranhos e festas religiosas ou populares. Ele ensina que o homem é fonte de divulgação e criação do folclore; que qualquer objeto que projete interesse humano, além de sua finalidade imediata, material e lógica, é folclórico. Uma ciência que tem como objetivo estudar as manifestações tradicionais e soluções populares, como os remédios caseiros, por exemplo, na vida da sociedade.

Não se pode negar, no entanto, que o lado mais conhecido do nosso folclore é o que trata de festa e histórias assustadoras de animais estranhos. Monteiro Lobato conseguiu como ninguém descrever essa fascinação no seu **Sítio do pica-pau amarelo**. Um lugar onde sabugo de milho e boneca de pano são gente, como bem disse Gilberto Gil; onde Dona Benta, Tia Anastácia, Narizinho e Pedrinho vivem o dia-a-dia envolvidos com as reinações do **saci-pererê**, com o medo da cuca e do barulhento galope da **mula-sem-cabeça**. O escritor utilizou no seu trabalho a chamada "literatura oral", que vem a ser toda manifestação cultural, de fundo literário, transmitida por processos não gráficos. O folclore brasileiro tem personagens de grande fama na área, alguns nascidos no País e outros trazidos por colonizadores e imigrantes.

O **saci-pererê** é um negrinho de uma perna só, cachimbo de barro na boca e capuz vermelho na cabeça muito difundido no interior da Região Sul e conhecido em todo o País. É dado a fazer travessuras, como entrar nas casas pelo buraco da fechadura para apagar o fogo de fogões e lamparinas. Também gosta de maltratar animais, como os cavalos, que cavalga durante toda a noite e depois faz tranças em sua crina, porém, não atravessa água, como todos os encantados. Os estudiosos acreditam que o mito tenha nascido no Brasil no final do século 18 ou início do 19.

Outro negrinho famoso é o do **Pastoreio**, lenda muito popular no Rio Grande do Sul. Menino escravo, depois de surrado por fazendeiro rico e jogado em um formigueiro, reaparece montado em um cavalo com a proteção da Virgem Maria. A tradição manda acender uma vela para o negrinho quando se quer encontrar algo. Os gaúchos também têm o **"generoso"**, espécie de duende que entra pelas casas, mistura sal com açúcar, toca instrumentos e surpreende pessoas na cama.

Em Botucatu, interior do Estado de São Paulo, é difundido o **"cão-da-meia-noite"**. Um cachorro enorme, negro, com orelhas matraqueantes e corrida lenta e pesada. Não molesta ninguém fisicamente, mas é um perigo para mulheres adúlteras. Sempre que deixa sua touceira de bambu, vai ladrar na porta de suas casas.

É grande o número de lendas e personagens folclóricos com raízes brasileiras. A região amazônica é o berço de muitas. A história de como surgiu a **vitória-régia** é uma das mais belas. Uma linda moça decidiu viver com a Lua e passou a perseguir o satélite da Terra, até que viu a imagem do seu objeto de desejo refletida em um rio. Atirou-se e nunca retornou. No local apareceu uma linda planta que floresce conforme as fases da Lua e só abre suas pétalas à noite. Outra lenda famosa é a do **boto**. Tem na crendice popular papel semelhante ao da sereia, que canta para seduzir garotas ribeirinhas. Qualquer filho de pai incógnito é atribuído ao boto. A sereia brasileira atende por **mãe d'água** ou **iara**. Vive nos rios e surge no final da tarde para atrair rapazes, que leva para o fundo das águas. É um tipo irresistível, com olhos verdes que brilham como esmeraldas.

O rio Amazonas é origem de muitas lendas, principalmente sobre grandes serpentes, e ele próprio proporcionou uma das mais belas da cultura indígena. A história começa com **Tupã** ordenando a separação do Sol e da Lua, que eram casados, para criar o mundo. A lua chorou e suas lágrimas caíram sobre o mar. A água doce não conseguiu misturar-se com a salgada e nasceu o grande rio. Os índios também contam que Tupã manda o uirapuru cantar quando quer silêncio na mata. O pássaro representa Uribici, uma noiva rejeitada pelo cacique Ururau, que pediu a Tupã para ser transformada na ave.

Fonte: Revista Kalunga Ano XXVI - 08/98 - nº 92

1 Responda de acordo com o texto:

1. O que é folclore no sentido real? O que é folclore no sentido tradicional, popular?
2. Diga o nome de alguns personagens do folclore brasileiro e o que esses personagens fazem.
3. De que personagem você gostou mais?
4. Qual é a relação entre folclore e literatura?

PROVÉRBIOS (1)

AS APARÊNCIAS ENGANAM.
AS MÁS NOTÍCIAS CORREM.
A UNIÃO FAZ A FORÇA.
QUEM CANTA SEUS MALES ESPANTA.
QUEM RI POR ÚLTIMO RI MELHOR.

psiu!

2 Revise o Estudo de... da Unidade 11 (Tempos Compostos) e complete:

REVISÃO

1. Eles ______________________ (ir) a Brasília uma vez por semana.
2. No dia da eleição, nós já ______________________ (escolher) o nosso candidato.
3. Se ele já ______________________ (concluir) o trabalho, poderá sair para o lanche.
4. Meu pai ainda não ______________________ (chegar) quando telefonei.
5. Ela não será admitida na empresa embora ______________________ (fazer) um bom teste.
6. Mesmo que eu ______________________, (avisar) eles não teriam me escutado.
7. José ______________________ (fazer) ginástica todas as manhãs, desde o mês passado.
8. Quando a guerra ______________________, (terminar) todos poderão viver em paz.
9. Daqui a cinco anos, ______________________ (juntar) dinheiro suficiente para comprar uma casa nova.
10. Se você ______________________ (falar) eu teria tomado as devidas providências.
11. Espero que ela ______________________ (entender) a explicação de ontem.
12. Se eu o tivesse convidado, você ______________________ (participar) da festa?
13. Até a próxima quinta-feira, ele ______________________ (terminar) este trabalho.
14. Quando ______________________ (pagar) toda a dívida, vou sentir-me aliviado.

3 Ouça as lendas e reconte as estórias com suas palavras.

Preferência Nacional

Uma pesquisa sobre os personagens folclóricos mais populares no País colocaria no topo da lista, ao lado do saci-pererê, a cuca, que pertence ao chamado ciclo da angústia infantil e não tem características físicas definidas. Por várias gerações, crianças que se recusam a dormir ou insistem em continuar tagarelando quando já estão deitadas são advertidas de que podem ser levadas pela cuca para um lugar misterioso. "Nana, nenê, que a cuca vem pegar", quem não conhece?

Outro campeão de popularidade é o curupira, um duende com cabeleira de fogo e calcanhares para a frente. É conhecido como guardião das florestas e em 1560 o padre José de Anchieta já registrava o terror que o mito causava aos índios: "É coisa sabida e pela boca de todos corre que há certos demônios e que os brasis chamam de curupira, que acometem aos índios muitas vezes no mato, dão-lhes de açoite, machucam-nos, e matam-nos. São testemunhas disto os nossos irmãos, que viram algumas vezes os mortos por eles." Sua fama é tanta que em 11 de setembro de 1970 o então governador de São Paulo Abreu Sodré assinou uma lei instituindo o curupira como guardião das florestas e animais do Estado.

A mula-sem-cabeça também provoca calafrios, não só no Brasil como em toda América Latina. É definida como a forma que toma a concubina do sacerdote – Hilda Furacão, personagem do romance de Roberto Drummond, que se cuide. Conta a lenda que a infeliz se transforma em um animal que assombra quem encontra. Seu galope é ouvido longe. Não tem cabeça, mas relincha e às vezes soluça como gente. Uma das formas de se quebrar o encanto é provocar um ferimento na vítima.

Essa é também uma das maneiras de livrar alguém da sina do lobisomem, uma lenda famosa em todo o mundo, que já serviu de tema para vários filmes e livros. A tradição vem da Grécia e na África existem tribos que em suas iniciações rituais garantem manter associações com lobos e tigres. Platão e Santo Agostinho falam dele. No Brasil não havia nada a respeito do lobisomem até a chegada dos portugueses. Foi importado da Europa e ganhou grande fama no País. É sina do oitavo filho de um casal com sete filhas transformar-se em lobisomem, meio lobo e meio homem, que aparece nas noites enluaradas de terças e sextas-feiras. No Nordeste dizem que doentes de amarelão também viram lobisomem.

Fonte: Revista Kalunga Ano XXVI - 08/98 - nº 92

Qual é o seu conceito de folclore?
Qual é o personagem folclórico mais popular no seu país?
Algum personagem folclórico é usado para tornar as crianças mais obedientes?
Existe algum personagem folclórico do seu país que tenha alguma semelhança com os nossos?

psiu!

PROVÉRBIOS (2)

A CAVALO DADO NÃO SE OLHAM OS DENTES (OU A IDADE).
ALEGRIA DE POBRE DURA POUCO.
CASA DE FERREIRO, ESPETO DE PAU.
DE GRÃO EM GRÃO, A GALINHA ENCHE O PAPO.
ERRANDO É QUE SE APRENDE.

4 Ouça a fita e identifique o desenho que corresponde ao evento folclórico:

1. 2. 3. 4. 5.

5 Vejamos o quanto você sabe sobre o *casamento católico* realizado no Brasil. Una com um traço:

- Antes do Dia do Casamento
- No dia do Casamento, antes da Cerimônia
- No dia do Casamento, depois da Cerimônia

Os noivos são saudados com uma chuva de grãos de arroz ou de pétalas de flores.
Os noivos saem para a "lua de mel".
O noivo não deve ver a noiva com vestido de noiva.
A noiva, de costas, joga o buquê de noiva às convidadas solteiras.
O noivo costuma reunir-se com seus amigos para uma "despedida de solteiro".
Alguns noivos costumam deixar uma lista de casamento em alguma loja de presentes.
A noiva se reúne com suas amigas para o "chá de cozinha".

O que acontece quando as pessoas se casam no seu país? Complete as frases dos balõezinhos acima com <u>suas</u> informações e discuta com seu colega/professor.

Com quantos anos normalmente os jovens se casam no seu país?
Eles se casam no civil e no religioso?

Onde e como é realizada a cerimônia?
Como é festejado o casamento?
Que tipo de presentes se costuma dar?
Quanto tempo costuma durar a lua de mel?

O que muda com o casamento? Dê a sua opinião, preenchendo o quadro abaixo:

	SOLTEIRO	CASADO SEM FILHOS	CASADO COM FILHOS
DIA-A-DIA			
VIDA SOCIAL			
RESPONSABILIDADES			

Escreva sua opinão a respeito do casamento (não coloque seu nome no papel).
Agora, passe suas anotações, assim como as de seus colegas, pela classe. Leia o bilhete de um dos colegas e tente adivinhar quem o escreveu.

PROVÉRBIOS (3)

A ESPERANÇA É A ÚLTIMA QUE MORRE.
A GALINHA DO VIZINHO É SEMPRE MAIS GORDA.
A MENTIRA TEM PERNAS CURTAS.
AS PAREDES TÊM OUVIDOS.
A PRESSA É INIMIGA DA PERFEIÇÃO.

psiu!

6 Aqui está uma lista de idéias, algumas já em prática no Brasil. O que você acha destas idéias? Preencha o quadro abaixo e veja quantas pessoas foram pró e quantas contra. Discuta em classe.

	PRÓ	CONTRA	MOTIVO
RODÍZIO (OS CARROS NÃO PODEM CIRCULAR DETERMINADOS DIAS DA SEMANA).			
PROIBIDO FUMAR EM LUGARES PÚBLICOS.			
ELEVAÇÃO CONSIDERÁVEL DO PREÇO DOS CIGARROS.			
HORÁRIO DIFERENCIADO DE ENTRADA E SAÍDA DO TRABALHO.			
SERVIÇO À COMUNIDADE OBRIGATÓRIO A TODOS, UMA VEZ POR SEMANA.			
LIMPEZA DE RUAS E PRAÇAS FEITA POR MORADORES.			
MULTA ALTA A CADA UM QUE SUJAR LOCAIS PÚBLICOS.			
PROIBIDO NAMORAR (BEIJAR) EM LOCAIS PÚBLICOS.			

7 Ouça a fita, anote as crenças e superstições mencionadas e discuta-as com seus colegas.

Existem crenças similares em seu país?
E você? Você crê em algumas delas? Quais?

Escreva sobre crenças e superstições que interferem na vida das pessoas e apresente-as ao professor(a).

8 Ouça a fita e preencha o quadro ao lado:

NOME DO EVENTO FOLCLÓRICO	DATA DO EVENTO	LOCAL	CARACTERÍSTICAS DO EVENTO

PROVÉRBIOS (4)

AMANHÃ É OUTRO DIA.
AMIGOS, AMIGOS, NEGÓCIO À PARTE.
AMOR, COM AMOR SE PAGA.
ANTES POUCO QUE NADA.
ANTES TARDE DO QUE NUNCA.

9 Ontem você discutiu com seu/sua colega sobre conhecer ao vivo o folclore brasileiro. Você acaba de ler no jornal o artigo abaixo e vai telefonar-lhe sugerindo programar uma viagem para conhecer um dos eventos folclóricos mencionados no artigo. Depois de conversar sobre a data, o local e as características de cada evento, escolha um deles e programe a viagem.

Não é só de histórias fantásticas que vive o folclore brasileiro. Algumas de nossas festas regionais são conhecidas internacionalmente e atraem turistas de todo o mundo. O ***"Círio de Nazaré"***, uma manifestação religiosa que acontece no segundo domingo de outubro, em Belém do Pará, é um bom exemplo. É tradicional desde o início do século XVIII e mistura fé e prazer. Arrasta uma multidão que dança, canta, bebe, come e paga promessas para Nossa Senhora de Nazaré. O ponto alto é a luta do povo por um lugar na imensa corda que acompanha a santa na procissão. É de origem portuguesa e é a festa mais concorrida do Norte e extremo Nordeste. Também tem grande prestígio na região o ***"Bumba-meu-boi"***, folguedo brasileiro de maior significação estética e social. Vai de meados de novembro a 6 de janeiro, Dia de Reis. Pertence ao ciclo do Natal e sua mais antiga citação foi feita pelo padre Miguel do Sacramento Lopes Gama, no Recife, em 1840. Vale a pena conhecer também a ***"A Procissão de Nossa Senhora dos Navegantes"***, realizada em Porto Alegre no dia 2 de fevereiro, chamada também de festa da Melancia. Centenas de barcos e milhares de fiéis participam da procissão fluvial. A imagem da santa é colocada em outra igreja e a procissão leva-a de volta à sua igreja, onde ficará até o ano seguinte. Tal qual na Bahia, como fazem os devotos de Iemanjá, os gaúchos lançam nas águas do rio Guaíba presentes para o Nossa Senhora dos Navegantes: flores, fitas, grinaldas. As moças que desejam arranjar um bom casamento prometem dar seu vestido de noiva a Nossa Senhora se forem atendidas. A promessa é cumprida neste dia com o vestido de noiva sendo lançado às águas. No fim da procissão começa a festa com barracas de comidas e bebidas típicas e muitas melancias.

Outra manifestação da riqueza do folclore brasileiro é ***"A Cavalhada"***. Todos os personagens típicos e tradicionais da cavalaria se encontram representados na Cavalhada brasileira. No passado constituía uma grande festa da qual participavam os grandes senhores de terras, os fazendeiros, que apresentavam os cavalos ricamente vestidos. Um dos poucos lugares a conservar a Cavalhada com o mesmo esplendor de antigamente é Montes Claros (Minas Gerais). Nas nossas Cavalhadas, a figura central é Carlos Magno, o rei cristão. De fato, a Cavalhada é um tema religioso e tem a finalidade de transmitir uma lição cristã, a de que o Bem vence o Mal. Há dois partidos: os cristãos, que se vestem de azul, representando o Bem, o Céu, e os mouros, que se vestem de vermelho, representando o Mal, o Inferno. Além da parte religiosa, existe ainda a brincadeira com jogos atléticos que demonstram a perícia dos cavaleiros.

O Jogo das Argolinhas - Este jogo também tem origem portuguesa. Apareceu no Brasil no século XVI e faz parte da cavalhada. Uma argolinha enfeitada com fitas é pendurada numa trave ou num poste enfeitado. Os cavaleiros devem retirar a argolinnha com a ponta da lança no momento em que o cavalo passa debaixo do poste. Em seguida, o cavaleiro oferece a argolinha à amada ou a alguma jovem da assistência. O jogo da Argolinha é muito apreciado. A parte religiosa ou dramática, cheia de ostentação, representa uma luta entre cristaos e mouros sendo os Infiéis batizados pelo rei cristão, Carlos Magno...

Fonte: Revista Kalunga Ano XXVI - 08/98 - nº 92 e Adaptação de *Brasil Histórias, Costumes e Lendas.*

Agora convide o seu/sua colega a assistir a um evento folclórico, no seu país, dando detalhes sobre ele: nome do evento, quando e onde ele se realiza, o que acontece nesse dia, etc.

10 Numere os parágrafos na ordem correta de forma a montar uma carta:

"Olá Carla:

( ) Foi uma Missa longa mas muito bonita porque, como você sabe, ontem foi domingo de Páscoa e aqui na Itália esta data é muito comemorada.

( ) Estou super ansiosa para te contar o que aconteceu ontem!

( ) Todos trouxeram algum tipo de comida e fizemos um piquenique em um vale perto do rio. Colocamos até uma melancia na água, para esfriar (ficou uma delícia).

( ) Ontem foi domingo e como todo domingo, eu acordei cedo para ir à Missa.

( ) Muitas outras famílias foram ao vale e o lugar ficou colorido. Foi uma festa linda!

( ) Muito bem... após a Missa toda a minha família se reuniu e fomos para as montanhas. Fomos de carro e todos vestiram roupas coloridas e alegres. Como você sabe, aqui é primavera e faz calor!!!

( ) Mas o melhor mesmo aconteceu na hora do almoço quando meu avô Carlos, trouxe os ovos de Páscoa. Adivinhe o que havia dentro do meu ovo? UM COLAR DE PÉROLAS!!

( ) Mas a parte mais divertida foi quando começamos a rolar os nossos ovos coloridos e pintados (deu um trabalho para fazê-los... trabalhamos vários fins de semana para deixá-los tão lindos)!

( ) Estou muito feliz!! Dei um monte de beijos nele! Foi uma Páscoa muito alegre.

Beijos,

Daniela".

Você sabe como se comemora a Páscoa no Brasil? E no seu país, existe alguma comemoração especial? É uma festa religiosa?

PROVÉRBIOS (5)

COLOCAR OS PINGOS NOS IS.
COM COISA SÉRIA NÃO SE BRINCA.
COM FOGO NÃO SE BRINCA.
DEVAGAR SE VAI AO LONGE.
DOS MALES, O MENOR.

psiu!

Veja as expressões abaixo:

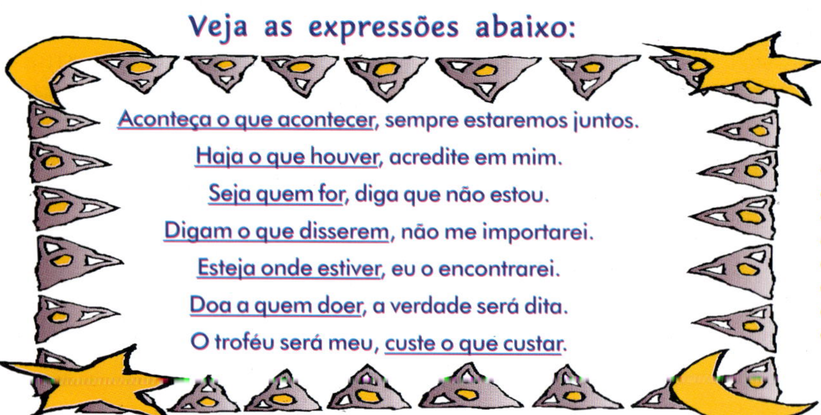

Aconteça o que acontecer, sempre estaremos juntos.
Haja o que houver, acredite em mim.
Seja quem for, diga que não estou.
Digam o que disserem, não me importarei.
Esteja onde estiver, eu o encontrarei.
Doa a quem doer, a verdade será dita.
O troféu será meu, custe o que custar.

São usadas para expressar: "qualquer que seja o dia, a pessoa, o acontecimento, o local, etc."

11 Vamos exercitar um pouco? Use-as nas respostas dos diálogos abaixo:

1. A:Tem uma pessoa lá fora procurando o senhor.
   B:Estou muito ocupado agora. ______________________
2. A:Você vai mesmo tornar pública essa história?
   B:Vou. ______________________
3. A:Você quer mesmo conseguir aquela bolsa de estudos?
   B:Claro! ______________________
4. A:Você vai se casar com aquele maluco de verdade?
   B:Sim, vou. ______________________
5. A:Você vai partir e logo se esquecerá de mim.
   B:Esquecer-me de você? Nunca! ______________________
6. A:Posso mesmo confiar em você?
   B:Sim. ______________________
7. A:Você não vai mudar de idéia?
   B:Não. ______________________

12 Vejamos a diferença de uso dos verbos no tempo simples com os verbos no tempo composto. Primeiro leia o texto no tempo simples.

Tento dormir mas não consigo pegar no sono. Os problemas aumentaram e estou preocupado. No ano passado, desde que eu abri o negócio, eu consegui aumentar o volume dos negócios e estava satisfeito. Abri novas filiais e parecia que tudo ia bem. Mas abrir novas lojas foi meu grande erro. Se não abrisse tantas lojas talvez eu estivesse bem. Talvez eu precise de um psiquiatra. Se não conseguir dormir antes de uma semana, não estarei bem de saúde e muito provavelmente não conseguirei resolver meus problemas na firma.

REVISÃO

Agora leia o mesmo texto com os verbos no tempo composto. Você nota alguma diferença no sentido? Discuta com seu colega/professor.

Tenho tentado dormir mas não tenho conseguido pegar no sono. Os problemas têm aumentado e tenho estado preocupado. Desde o ano passado quando eu abri o negócio, eu tinha conseguido aumentar o volume dos negócios e tinha estado satisfeito. Tinha aberto novas filiais e parecia que tudo ia bem. Mas ter aberto novas lojas talvez tenha sido meu grande erro. Se não tivesse aberto tantas lojas, talvez eu estivesse bem. Talvez eu esteja precisando de um psiquiatra. Se não tiver conseguido dormir antes de uma semana, não estarei bem de saúde e muito provavelmente não terei conseguido resolver meus problemas na firma.

psiu!

PROVÉRBIOS (6)

É MELHOR PREVENIR DO QUE REMEDIAR.
EM BOCA FECHADA NÃO ENTRA MOSQUITO.
ESMOLA, QUANDO É MUITA, O SANTO DESCONFIA.
FALAR É FÁCIL, FAZER É QUE SÃO ELAS.
GOSTO NÃO SE DISCUTE.
HÁ MALES QUE VÊM PARA O BEM.

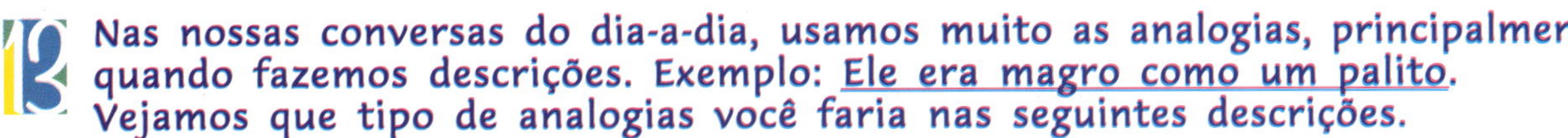

13 Nas nossas conversas do dia-a-dia, usamos muito as analogias, principalmente quando fazemos descrições. Exemplo: Ele era magro como um palito. Vejamos que tipo de analogias você faria nas seguintes descrições.

1. Não consegui dormir bem. A cama era dura como__________.
2. Não sei o que a caixa continha mas era pesada como__________.
3. Estava muito contente. Me sentia leve como__________.
4. Aquele cavalo é excepcional! É rápido como__________.
5. Esta história é verdadeira, sim. É tão certo como__________.
6. Quando os ladrões entraram no ônibus, mascarados e empunhando pistolas, comecei a tremer como__________.
7. Quando Paulo termina de comer, a sua mesa está uma imundície! Ele come como__________.
8. Desde pequeno ele nada muito bem. Nada como__________.
9. Não confio nele. Ele é traiçoeiro como__________.

14 Existem expressões com nomes de animais no seu idioma materno? No Brasil existem expressões como "peixe fora d'água", "olho de lince"... Você saberia usá-las? Os nomes de animais também são utilizados com sentido figurado? Quais? Com que sentido? Têm mais sentido positivo ou negativo?
Tente descobrir com que sentido são usados, no Brasil, os seguintes animais:

CORUJA __________ COBRA __________ ANIMAL __________

15 

Existem diversos festivais brasileiros onde se premiam os mais variados gêneros de arte, como literatura, música, teatro e cinema. Os principais são:

a) ***Festival de Brasília*** - o mais antigo festival de cinema, realizado desde 1965, onde os vencedores recebem o troféu Candango e um prêmio em dinheiro.
b) ***Eldorado de Música*** - o prêmio mais importante de música erudita no Brasil, criado em 1985, é concedido, atualmente, a cada 2 anos.
c) ***Festival de Gramado*** - realizado desde 1969 como parte da Festa das Hortênsias.Torna-se independente a partir de 1973 quando acontece a 1ª Mostra de cinema competitiva. A partir de 1992, o festival passa a receber filmes de outros países de língua latina.
d) ***Jabuti de Literatura*** - é o mais importante de literatura brasileira, concedido anualmente desde 1959, pela Câmara Brasileira do Livro. Possui 15 categorias, entre elas romance, conto, poesia e ensaio.
e) ***Molière*** - o mais prestigiado prêmio de teatro do Brasil, criado em 1963, é entregue no ano subseqüente à temporada teatral.
f) ***MTV Awards*** - premia a produção de videoclips. Possui 19 categorias e existe desde 1984 quando acontece sua 1ª edição nos EUA. No Brasil começa a partir de 1995.
g) ***Sharp*** - oferecido aos melhores da música brasileira em todos os gêneros. Existe desde 1987 e as principais categorias são: samba, MPB, infantil, instrumental, clássico e canção popular. Em 1995 institui sua premiação para teatro.

Fonte: Almanaque Abril 1998

PROVÉRBIOS (7)

NÃO ADIANTA CHORAR O LEITE DERRAMADO.
NÃO CANTE VITÓRIA ANTES DO TEMPO.
NÃO DEIXE PARA AMANHÃ O QUE VOCÊ PODE FAZER HOJE.
NÃO FAÇA COM OS OUTROS O QUE NÃO QUER QUE FAÇAM A VOCÊ.
NÃO SE DEVE FAZER TEMPESTADE EM COPO D'ÁGUA.
NÃO SE METE O NARIZ ONDE NÃO SE É CHAMADO.
JAMAIS DIGA NUNCA.

psiu!

Amplie seu vocabulário

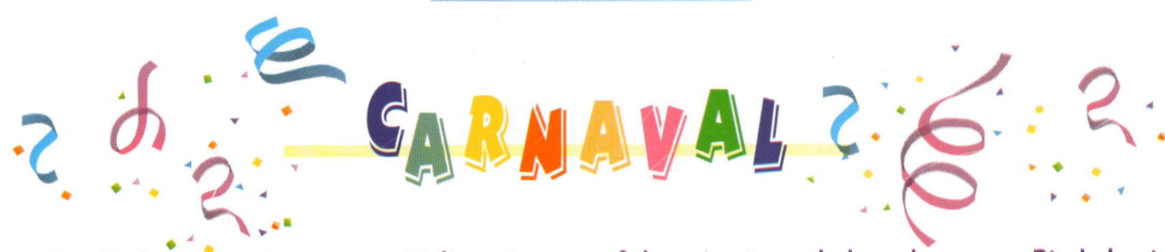

Carnaval

Festa móvel realizada em fevereiro ou março, 40 dias antes da Semana Santa, contados a partir do Domingo de Ramos. Oficialmente é comemorado durante três dias, de domingo a terça-feira, e termina na Quarta-feira de Cinzas. Mas, na realidade, tem duração variada. Uma das maiores manifestações de cultura popular do Brasil, mistura festa, espetáculo, arte e folclore. Além do brasileiro, são famosos o Carnaval de Veneza, na Itália, e o de Nova Orleans, nos Estados Unidos.

O Carnaval tem origem pagã em festas e orgias da Antigüidade, nas danças da Idade Média e nos bailes de máscara do Renascimento. Chega ao Brasil no século XVII trazido pelos portugueses. Chamado de entrudo, era uma brincadeira na qual as pessoas atiravam umas nas outras bexigas com água e farinha. No fim do século XIX surgem sociedades carnavalescas, como os cordões, os blocos, os ranchos e os corsos, que desfilam, dançam e cantam músicas anônimas. Em 1899, a pianista Chiquinha Gonzaga (1847-1935) lança a marcha *Ó Abre-Alas*. É a pioneira a compor especialmente para o Carnaval.

Escolas de samba - São agremiações que desfilam durante o Carnaval com fantasias, alegorias e coreografias relacionadas ao tema escolhido a cada ano. Muitas têm organização quase empresarial e mantêm funcionários assalariados. Os figurantes desfilam ordenados em setores (alas), cantando o samba-enredo da escola. A concepção das fantasias e a ordem das alas e dos carros alegóricos são determinadas pelo carnavalesco – o diretor do espetáculo.

A primeira ala é a comissão de frente, cuja função é apresentar a escola. Em seguida vem o carro abre-alas, que carrega o símbolo da escola e apresenta o tema do enredo ao público. Independentemente do tema, existem alas ou figurantes permanentes. Toda escola, por exemplo, possui três casais de mestre-sala e porta-bandeira. Outras alas fixas são as das baianas, formadas pelas mulheres mais idosas da escola, das crianças e da bateria. Funcionando como a orquestra do desfile, a ala da bateria é composta apenas de instrumentos de percussão acompanhados por violão, cavaquinho e pelos intérpretes do samba-enredo.

A denominação escola de samba nasce no Rio de Janeiro em 1928. O compositor Ismael Silva (1905-1978) é o primeiro a usar a expressão para se referir a seu grupo carnavalesco, o rancho Deixa Falar. O primeiro desfile oficial é realizado em 1935. Atualmente há desfiles de escola de samba em todo o país. O do Rio de Janeiro, no entanto, continua sendo o mais tradicional e o de maior projeção. São cerca de 70 escolas de samba, divididas em seis grupos. O principal é o grupo especial, formado pelas 14 maiores escolas. A avaliação para a premiação das escolas é feita por 36 jurados, que dão notas de 1 a 10 aos seguintes quesitos: bateria, samba-enredo, harmonia, evolução, enredo, conjunto, alegorias e adereços, fantasia, comissão de frente e mestre-sala e porta-bandeira. A escola deve apresentar-se durante, no mínimo, 65 minutos e, no máximo, 80. Cada 5 minutos de atraso sobre o prazo máximo tira 1 ponto da nota final.

Trios elétricos - Caminhões equipados de palco e aparelhagem de som – com até 100.000 watts de potência – que fazem shows ao vivo se deslocando pela cidade. Criados na Bahia, saem no Carnaval animando milhões de pessoas que dançam atrás deles. O primeiro trio elétrico, o de Dodô e Osmar, surge em 1950. Com o tempo, passam a comandar o Carnaval de Salvador (BA), ao lado dos blocos afros, afoxés e bandas, como Ilê Aiyê, Filhos de Gandhi, Olodum, Ara Ketu, Timbalada, Chiclete com Banana e, mais recentemente, Cheiro de Amor, Eva e É o Tchan. O ponto alto do Carnaval baiano é o encontro dos trios na praça Castro Alves.

Micareta - Festa carnavalesca comemorada fora da época do Carnaval. Atualmente, mais de trinta micaretas acontecem no Brasil durante todo o ano. As principais são as nordestinas, como a Recifolia (Recife-PE), o Carnatal (Natal-RN), o Fortal (Fortaleza-CE) e a Micaroa (João Pessoa-PB).

Frevo - gênero musical e tipo de dança característicos do Carnaval de Pernambuco. Música de ritmo bastante acelerado, é tocada por instrumentos de percussão e de sopro e dançada com passos quase acrobáticos. Os dançarinos usam pequenos guarda-chuvas em sua coreografia. No Carnaval do Recife e de Olinda (PE) desfilam clubes de frevo, como o Vassourinhas e o Lenhadores, e blocos, como o Flor da Lira e o Flor da Magnólia.

Fonte: Almanaque Abril - 1998 - Foto: Ormuzd Alves/Folha Imagem

Boa Vista
RORAIMA
AMAPÁ
Macapá
Manaus
Belém
PARÁ
AMAZONAS
ACRE
Rio Branco
Porto Velho
RONDÔNIA
Palmas
TOCANTINS
São Luiz
Teresina
Fortaleza
MARANHÃO
CEARÁ
RIO GRANDE
DO NORTE
Natal
PARAÍBA
João Pessoa
PIAUÍ
Recife
PERNAMBU
Maceió
ALAGOAS
Aracajú
SERGIPE
BAHÍA
Salvador
MATO GROSSO
Cuiabá
Brasília
GOIÁS
Goiânia
Campo Grande
MATO GROSSO
DO SUL
MINAS GERAIS
ESPÍRITO SANTO
Vitória
Belo Horizonte
SÃO PAULO
São Paulo
RIO DE JANEIRO
Rio de Janeiro
PARANÁ
Curitiba
SANTA
CATARINA
Florianópolis
RIO GRANDE
DO SUL
Porto Alegre